中华优秀传统文化传承发展工程

CCTV

记住乡愁 第六季

中央广播电视总台 编

学习出版社

图书在版编目（CIP）数据

记住乡愁. 第六季 / 中央广播电视总台编. -- 北京：学习出版社，2024.1

ISBN 978-7-5147-1229-2

Ⅰ. ①记… Ⅱ. ①中… Ⅲ. ①古城－文化史－中国 Ⅳ. ①K203

中国国家版本馆CIP数据核字（2023）第179470号

记住乡愁·第六季

JIZHU XIANGCHOU · DILIUJI

中央广播电视总台　编

责任编辑：朱仕娣
技术编辑：贾　茹
装帧设计：和物文化

出版发行：学习出版社
北京市崇外大街11号新成文化大厦B座11层（100062）
010-66063020　010-66061634　010-66061646
网　　址：http://www.xuexiph.cn
经　　销：新华书店
印　　刷：北京联兴盛业印刷股份有限公司

开　　本：787毫米×1092毫米　1/16
印　　张：20.5
字　　数：305千字
版次印次：2024年1月第1版　2024年1月第1次印刷

书　　号：ISBN 978-7-5147-1229-2
定　　价：65.00元

目录

CONTENTS

第1—2集

平遥古城

晋商故里 汇通天下

早在商周时期，平遥古城便已在史家笔墨中，活跃于山西省晋中一带。这里曾是尧帝的封地，古称“陶”。北魏时，平陶才改名为平遥，沿用至今。历经千年风雨的洗礼，古城挺拔如故，一代代人满怀美好愿景耕耘在此，平遥得以作为“保存最为完好的四大古城之一”享誉华夏。

晋商故里，汇通天下。历史上，平遥曾经掌控了整个中国的金融走向和经济命脉。正所谓“千万金银日夜穿梭，大小商队往来不断”，一语道出了古城昔日的繁荣景象。如今，层层叠叠的古城墙，高大宏伟；青砖铺就的街道，古朴厚重。一首悠扬渺远的晋曲，沿着传承不断的商脉，将古城的前尘往事，不断从岁月的留声机中追忆回味。

平遥古城街景图

一　穷则思变闯西口，鹰隼展翼试锋芒

据万历《汾州府志》记载：“平遥县地瘠薄，气刚劲，人多耕织少。”500多年前，平遥是一片贫瘠之地，自然灾害频发，一方水土养不活一方人。为了生计，平遥先民穷则思变，开始向外寻找出路。

江南、东边等商业环境较好的市场早已被占，平遥人只能另辟蹊径。俗话说“南来烟酒糖布茶，北来牛羊骆驼马”，平遥人从草原牧民和中原农民商业交换的需求中发现巨大商机，于是在明朝中期至民国初年400余年间，一代又一代平遥人带着亲人的嘱托，毅然离开家乡到西北谋生，俗称“走西口”。

“走西口”路线图

董培良的祖上就是这城里最早走出去做生意的人之一。他拥有敏锐的商业嗅觉，在机缘巧合之下发现了平罗（今宁夏回族自治区）石嘴山上大量无法处理的发菜，于是迅速整装出发。当时城门已闭，董培良的祖上为了不错失这个机会，便让一个伙计把他和另一个伙计放进箩筐里，并连夜赶路，最终赢得了这笔财富。靠着这种敢为人先和吃苦耐劳的精神，董家及时抢占先机，在草原上把小买卖做成了大生意，最终创办了当时在平遥城里首屈一指的大买卖——“祥泰隆”商号。

1920年，阿拉善遭遇大旱，大批牛羊被活活饿死，牧民生存都成了问题。这时候，有的商号趁机哄抬物价，大发黑心财。当掌柜向“祥泰隆”东家董枢汇报了这个情况后，他认为越是这个时候越要讲信义。当初是牧民让“祥泰隆”积累了大量的财富，当牧民有难时，“祥泰隆”必

须站出来尽一把力。于是他在和大掌柜商量后，火速从全国各地高价购进大批粮食运往阿拉善，并平价卖给牧民，没钱的牧民也能先打借条领走粮食。后来大灾年一过，牧民纷纷赶着最好的牛羊来还债，“祥泰隆”的生意也因此更加兴隆。在“走西口”这个漫长且艰辛的行程中，一代代平遥人民迎难而上。坚毅是他们的品格，诚信是他们永不褪色的底色。

商贾之路的开拓并非一帆风顺，晋商的辉煌也非轻易取得。口外恶劣的自然环境，频繁出没的土匪和野兽，使得西口之路危机四伏。那个时期，从平遥县城到内蒙古草原，行程1000多千米，一趟下来需要四五个月。路途中无处不在的危机，使得葬身于此的平遥人不在少数。“哥哥你走西口，小妹妹我实在难留……”一首《走西口》记录了黄土高原的贫困农民迫于生计，背井离乡到西口谋生，试图用男子汉的强韧筋骨开辟出一条摆脱贫困的坦途的意志与决心，也包含了妻子送别丈夫的不舍，少女告别情郎的伤感，分别之后不知何时再见的盼望与失望。

西口古道上深深的车辙记载着“雁行客”的辛酸，也书写着晋商的执着与坚韧。寒来暑往，春去秋回，历尽坎坷挫折，他们用汗水、泪水，甚至血水，开拓着一条条商贾之路，足迹遍布大江南北，打响了晋商的名号，也让平遥这座古城为世人所瞩目。“纵横欧亚九千里，雄霸商界五百年”，晋商在血泪和辛酸中实现了它的辉煌。

二　自古行商在信诚，一言为重万银轻

取“旭日初升，繁荣昌盛”之意，以颜料庄帮人兼营汇兑为灵感，“西裕成”颜料庄的大掌柜雷履泰转变思路，改颜料庄为票号。由此，1823年中国第一家票号——“日升昌”应运而生。

“日升昌”专营存款、放款、汇兑业务，百年间从未出现被误领、冒领的现象，技术防伪能力高超。总号设于平遥县城内，其余遍布全国大中城市、商埠重镇。清朝末期，平遥商人把票号开到了今天的蒙古国、俄罗斯、朝鲜、日本等国家，汇通天下，名副其实。在晋商精神中，信誉至上、诚实守义可谓其精髓，“日升昌”的名声大震究其根本也是其从商以诚

■“日升昌记”牌匾

信为本、童叟无欺。

相传清末时期，平遥城内有一位沿街讨饭的孤寡老太太，有一天拿着一张数额为一万二千两的张家口分号汇票到“日升昌”总号提取银两。伙计与大掌柜仔细查阅了数十年的账簿，发现这张汇票签发时间在同治七年（公元 1868 年），与取款时间相隔了 30 多年。于是，两人询问汇票来历。原来，老太太的丈夫早年到张家口经商做皮货生意，同治七年收拾盈余，在“日升昌”分号汇款一万二千两白银，起程回原籍，不料途中得病身亡。家里没了经济来源开始败落，老太太也沦为乞丐，十几年靠沿街乞讨度日。一日，老太太拿起丈夫生前留下的一件夹袄，偶然从衣角摸到了这张汇票，抱着试试看的心理，便来到了“日升昌”。大掌柜认真鉴别了真伪之后如数兑付，不单是本金，还有多年的利息。“日升昌”的守信义最终使其名声大震，成为国内首屈一指的金融机构。“日升昌”开诚布公、一诺千金的立商信条不仅对外赢得高度赞誉，也在票号内部树立起了一个标杆。

19 世纪末，中国票号同西方银行迎头碰上，处于黄土高原的平遥与面海而起的上海打起了金融擂台。现代银行凭借其雄厚的实力发行纸币，代替银两流通，从此传统票号逐渐没落。即便如此，山西商人并未轻易言败，不少能人志士通过长远的眼光看到了票号自身存在的种种弊端，并积极倡导票号改革。在势不可当的时代潮流面前他们亦不服输，化作黎明的曙光，去冲破黑暗的桎梏。

随着中国传统政治格局的变化和时代的变迁，票号在激烈的金融竞争中走向淘汰。当时正值时局动荡、军阀混战之际，“日升昌”等传统票号的经营危机日渐加深。其中“日升昌”南宁分号的大掌柜冀祖荫在票号停止营业后，回到老家平遥，创办了协和银号。那时晋钞大幅贬值，25 元晋钞才能换 1 元新币。如果按照市价兑付，协和银号可以大赚一笔，而当地储户就会倾家荡产。冀祖荫为了不使乡亲存款受到损失，变卖了他在晋北投资的7座蛋厂，坚持用1元晋钞兑换1元新币，直到资金全都补贴了进去，他才被迫关门停业。冀祖荫放弃了东山再起的机会，用自己的信义之举维持了晋商票号最后的尊严。

历经百年风雨，直到今天，这座四方古城依旧在续写着属于它自己的篇章。经过后人的不懈努力，平遥古城被列入世界文化遗产保护名录，“日升昌”也以票号博物馆的形式再次开门迎客。天道酬勤，地道酬善，人道酬诚，商道酬信。在一代代平遥人的努力下，平遥古城所承载的信誉至上、诚实守义的晋商精神最终成了一笔难以估价，真正属于天下的财富。

三 技艺传承保初心，品德至上显坚守

平遥古城底蕴悠悠，享誉天下，其中名产、特产更是数不胜数，牛肉就是其中之一。平遥牛肉源于西汉、立于唐宋、兴盛于明清，久负盛名。它的制作工具却十分简单，一撮盐、一只缸、一口锅而已，无需佐料，即可绵香可口、唇齿留香。瘦而不柴、肥而不腻的平遥牛肉不仅在山西人心中举足轻重，而且颇受全国人民的喜爱，更是无数入晋游客必带的伴手礼。

清嘉庆年间，邑人雷金宁创办“兴盛雷”牛肉铺，之后其子孙三代继续在城内文庙街经营。一代又一代的传承使得“兴盛雷”牛肉铺经营长达百余年，不负“兴盛”之名。不仅如此，他们的牛肉更是随着平遥票号的商队走遍大江南北，甚至被慈禧太后御批成了宫廷专属贡品。

相传，雷金宁年轻时在一家牛肉作坊做学徒。由于他忠厚踏实、聪明好学，很快得到了坊内老师傅们的青睐。在成为学徒后不久，他就成功通过了掌柜的金银考验。鉴于他忠厚踏实的人品，掌柜便放心地交给他一些送货、进货的重要工作，老师傅们也倾囊相授，开始传授给他一些制作牛肉的独特技艺，并且在传授制作技艺时严格要求他每一道工序都必须按照传承规矩办，比如屠宰、分割、腌制、卤煮等技艺都要严格按照培训时间训练。凭着踏实的做人理念和勤奋好学的态度，雷金宁早

早学会了全套的牛肉制作技艺。

好景不长，道光年间，受国内日渐严重的财政危机的影响，许多商铺纷纷面临破产。迫于生计，雷金宁只好离开牛肉铺另谋生路。在很长一段时间里，他四处筹钱购买原料，走街串巷出售自制的牛肉。日复一日，年复一年，他忠厚踏实的品质最终被“日升昌”票号掌柜雷履泰发现。为了照顾这位同族的牛肉生意，雷履泰便时不时地让雷金宁往“日升昌”送牛肉。之后，更是出于保障商队伙计饮食安全的需要，预付定金助他开店。凭借支持，雷金宁不断学习钻研，改进制作工艺，提升牛肉的口感与风味，并且研究出了牛肉的保鲜技术，将平遥牛肉越做越大。即便如此，他仍葆有初心，坚持将忠厚、踏实、诚信作为“兴盛雷”牛肉铺的开店宗旨，始终将诚实守信的从商理念作为传承的第一要素。

“薪旺万代家业隆，火留子孙沐春风。”雷金宁的后人雷秉义继承了祖辈对平遥牛肉的坚守。20世纪，由于种种原因，平遥牛肉销量和名气有所下降。为了改变平遥牛肉面临的困境，使其适应现代市场环境，雷秉义不断克服设备、批量生产、资金周转等方面的问题，以“冠云”之名，赋予平遥牛肉以新的生机，最终成就了老字号的商业传奇。

平遥牛肉的文化同晋商文化一脉相承，从当年的“兴盛雷”到今天的“冠云”，岁月更迭间，平遥牛肉仍坚守着那份融进骨子里的忠厚、踏实、诚信的晋商精神，历经上千年的岁月积淀，依旧在谱写属于自己的不朽传奇。在平遥大大小小的晋商心中，坚守初心、开拓进取不仅是他们经商必备的行为准则，也是他们做人做事必须奉行的圭臬。

四 忍辱换衣学朱亥，纵死不惭世上英

“常思奋不顾身，而殉国家之急。”古往今来，许多爱国志士在国家危难之际从未退缩，宋梦槐便是其中之一。宋梦槐自幼聪明好学，仕途平步青云，因治好荣禄及其妻室的病而获重用。八国联军攻破北京城后，他弃武卫军身份转战商贾，其颜料庄、银号、转运站等分布在华北很多大城市。民国时期，军阀混战、日寇入侵，他曾两次用谋，使平遥

转危为安，生灵免遭涂炭，在强权面前守护住了平遥的气节。

国难当头，匹夫有责。每当国家面临危难之际，晋商总会挺身而出，解危济困。辛亥革命后，袁世凯派遣将领卢永祥赴太原讨伐宣布起义的阎锡山部。卢永祥一路抢劫百姓，行至平遥时，民众惶惶不安，拒卢军于城垣之外。卢永祥气急败坏，下令血洗平遥。宋梦槐扛起肩上的责任，急忙出面会同字号与店铺，汇银两、筹军饷犒赏卢军，并在西城楼上与卢永祥对话许久，最终双方达成一致。宋梦槐用巧计安抚住了卢永祥，使得平遥免受其害。

1938 年 2 月 14 日，时逢正月十五，平遥城本应张灯结彩、鞭炮齐鸣、仰首赏月、汤圆入腹，但这原本该有的一切美好都被日寇的进攻打破。日军两万多人大举进攻平遥，城防部队骑兵营的 500 名将士和日寇展开了生死之战。在敌人的枪林弹雨下，400 多名士兵壮烈牺牲，城破。日军以清查户籍为由，四处搜查抗日人士并对城内的百姓进行报复性屠杀。平遥城一夜之间平添了 1000 多座新坟，众人在惶恐与悲痛中度过了漫长而寒冷的一夜。

看到这种惨状，已经 85 岁高龄的宋梦槐冒着生命危险，把幸存的 30 多名士兵全部藏在了自己家中。随后，为了把将士们安全送出城外，宋梦槐不得不忍辱负重，顶着“汉奸”的骂名，做了日军的维持会会长。

宋梦槐以协助清查户口为由向日军提议：必须先把城里街市、战场上的尸体运送到城外掩埋，才能清查户口。通过这个办法，他成功地帮助藏在家中的战士逃出了城门，在日本人的眼皮底下救出了许多战士和乡亲。对他而言，既然身为中国人，那一辈子便只有一个宗旨、永远不做对中国人不利的事，这样的信念贯穿了他的一生。在与日寇汉奸的斗智斗勇中，宋梦

宋梦槐家隐藏抗日志士的地窖口图

愧殚精竭虑、毁家纾难。

古城东面城墙上几个巨大的炮弹孔，记录着这座千年古城经历的浩劫。平遥古城有 8 条小街和 72 条蚰蜒巷，名称各有由来，但宋梦槐巷是古城里唯一一条以人名来命名的街巷。街巷以青石铺就，承载着宋梦槐淳淳爱国情，一直蜿蜒至今。日军的刀枪并未折损平遥的气节，宋梦槐终生护平遥，以一己之力展现爱国晋商不惧强敌、忠勇报国的民族气节。

五 休叹战后悲逢血，夕阳花生路重开

在承载着厚重历史文化的平遥，文人无数，才子辈出，其中有一位文、书、画、设计俱佳的全才，他就是平遥文管所所长李有华。他毕其一生之力，致力于平遥文物的保护和修复，造福桑梓。

当时的平遥由于经历了战争的洗礼，早已变得面目全非。众多大院只剩下一个空壳。晋商的往昔辉煌，似乎在时代的大起大落中逐渐褪去。不久，一场突然而来的天灾更是让平遥古城雪上加霜。1977 年，平遥遭遇到了罕见的特大洪涝灾害。城墙坍塌 34 处，400 多万块城砖和 6 万立方米夯土流失。城内票号、县衙和庙宇等文物都变得面目全非。当时，有人提议将受损严重、难以修复的古城借此机会改头换面成一座现代化的城市。这个想法被部分人认可，但有些人始终不肯点头。他们认为古城的一砖一瓦都承载着平遥千年的风土变迁，蕴含着厚重的历史底蕴与无法忘却的民族记忆，岂能轻易丢掉？这其中就包括李有华。

为了留下古城修复的第一手资料，在洪水未退、人们纷纷出城避险时，李有华却逆向而行，不顾危难，拿起相机冲进了受损严重的地方，拍下古城珍贵的历史画面，他的这一举动为后来的古城修复起到了极大的作用。为了恢复古城原貌，李有华白天环城查看灾情，晚上整理古城被破坏情况，再按照古代结构方式描绘出修复设计图。在他的影响下，许多热心古城保护的平遥人纷纷加入其中，他们收集汇总了大量修复工作的基础资料。最终，大家的努力引起了省里的高度重视，也得到了国内一些知名建筑学家的强烈呼应，古城修复被相关机构提上日程。

由于工作辛劳，李有华不幸患上了食道癌。从 1977 年开始这项工作到 1999 年去世，22 年间李有华一直奔走在古城的修复与重建工作中。即使在退休后，他也依旧在为平遥古城申遗日夜操劳。在生命的最后时期，每天只能睡两个小时的他，拖着浮肿的病体依然顽强地工作，也因为挂心城隍庙的修复情况，他嘱托孙女找辆三轮车带他去现场查看。李有华对平遥文物的调查、保护、修复、开发、设计，特别是平遥被评为历史文化名城，平遥古城申报“世界文化遗产”等工作作出了巨大贡献。现今平遥城里人们目所能及的文物古迹，90% 以上的修复工作都有他的参与。

1997 年，平遥城被联合国教科文组织列入《世界遗产名录》。古城经济由此腾飞，李有华倾尽心血的文物事业以崭新的面貌迎接八方来客。

平遥人有情有义，平遥人恋土恋乡。2700 多年来，他们在一片荒芜上建起了一座城，又在历史巨变中守住了这座城。时至今日，平遥古城依然展示着山西生活的特色，彰显着这块土地最厚重的底色。从晋商故里到汇通天下，平遥人不断开拓进取，却从未放弃守护与传承。他们将“珍视遗产、保护遗产”刻进生命、融入血液，让一代又一代的平遥人担负起保护古城的历史使命。

六　朝求夜索虽辛苦，吹尽尘土始到银

赵家先祖赵云兴本是平遥城内走街串巷的小货郎，每天都按时按点地出来做生意。因缘际会，他吃苦耐劳的做事态度与心系家人的优良品质被当地富商米财东发现，得到了米财东的青睐。于是，两人达成合作，“兴隆义”由此成立。靠着布庄生意，赵家积累下大量财富。清朝末年，传到赵大第的时候，正值家道鼎盛，他又把祖传的老宅修葺一新，直到今天，老宅依旧庇佑着后世子孙。进门处的大石头、忠义的杨家将、屋内别具匠心的木雕等处处都彰显着当年晋商忠勇仁义、踏实勤奋的态度。

祖辈们踏实勤奋的精神一直激励着后代族人不断进取，刘兴东便是其中之一。1999 年，大量机器生产取代了手工作坊。原先一枚小小的戒指，手工打造需要 3 天，售价 500 元；而当下机器一天能生产 100 枚，

■ 赵大第故居“忠义杨家将”木雕图

却只卖50元。在这种市场环境下，传统手工艺人越发难以生存，甚至都难以维持最基本的生计。迫于无奈，原本在古城里做手工银器的刘兴东也关了自己的铺子。

为了养家糊口，刘兴东开始背着自己打制的银器到全国各地做推销。刚开始的时候，人生地不熟，吃了许多暗亏。有一次，他在市场上摆摊，一天下来不但没有开张，还丢失了一整袋银锁。在现实的打击下，刘兴东准备放弃回家。退堂鼓打响之际，他又想起了先祖赵云兴做生意刚起步时挑着担子四处卖货，甚至连过年都不曾休息的那种拼劲儿，决定咬咬牙继续干。延续着祖上吃苦闯荡的劲头，刘兴东最终还是坚持了下来。十几年后，市场需求慢慢发生了改变，手工制品更受人们青睐。靠着良好的技术和口碑，刘兴东把生意做了起来，细碎银子的悦耳之声重新在耳边回荡。

清朝咸丰年间，平遥城进行了历时3年的大规模修缮。在这项巨大的工程中，古城人极力将儒家文化融入砖瓦之中。经过修缮后的平遥城，城墙上有3000个垛口，72座敌楼，代表孔子的3000弟子和72贤人，彰显着“孝悌忠信，礼义廉耻”的儒家风尚。这些建筑风格潜移默化地影响着晋商的行为方式和处事理念，他们将具体的实物变为个人的经商法则，将晋商精神贯彻于行。

七　丹心未泯创新愿，娇娥犹柔求是辉

徐悲鸿曾言：“新者生机也；不新则死。”无论是追求物质发展和精神发展的双丰收，还是平衡经济增长与生态保护，创新都在其中扮演着一个不可或缺的角色。只有激活古城创新发展的“红色引擎”，推动其迈

上高质量发展新征程，古城才能焕发新活力。面对时代的变迁，晋商精神支撑着平遥逐步转型，在保护更新中复苏，在创新中迎接更多的挑战与机遇。

袁翠芳是古城里一个普通的居民，1996 年从供销社下岗之后就一直待业在家。那时，家中所有的开销都要依靠丈夫一个人，日子过得十分拮据。就在生活压得袁翠芳喘不过气的时候，平遥古城申遗成功的消息传回家乡。眼看着城里越来越多的游客慕名而来，袁翠芳瞅准了商机，凑钱开了一家旅行社。起初，公司只有 3 个导游，由于旅行社缺乏名气和经验，每天只能接到极少数散客，一个月下来，只有 200 多元的盈利。为了旅行社的发展，她不得不像祖辈“走西口”那样，背着行囊，开始外出闯荡。

“物离乡贵，人离乡贱”，这是当年晋商闯荡时常说的一句老话，也是袁翠芳面临的考验。身在异乡，无依无靠，其中艰辛自是不言而喻。饿了她就在路边吃一碗面，累了就坐在马路牙子上歇一会儿。经验与资源缺乏的她没有别的门路，只能一家一家去推销旅行线路。辛苦了一年，结果收效甚微，她连一个订单都没接到。

最终，袁翠芳无功而返，但她并没有放弃努力。回到家乡之后，她开始到处查阅资料，琢磨出一套简单易懂又让人印象深刻的宣传词。“平

袁翠芳创办的旅行社

遥的牛肉，太谷的饼，清徐的葡萄甜盈盈，祁县太谷平遥城，拉面削面香坏人。”朗朗上口的民间歌谣，生动形象的民俗话语，引起了人们对平遥的兴趣，也让人们记住了这个热情的平遥女子。渐渐地，有人主动上门希望袁翠芳能带他们游玩古城，她的生意就此发展了起来。现在，她的旅行社业务越做越大，每年接待游客超过 4 万人次，家里的生活也越来越好。

如今，平遥借助一跃而起的中国经济、蓬勃发展的文化旅游产业顺势而动，再次聚集了世界的目光。2001 年，平遥国际摄影大展花落古城，平遥国际电影节、平遥国际雕塑节也成为这里一年一度的盛会。中外文化在这里碰撞交流，历史与现代在这里展开对话。晋商之魂从未远去，它默默守护着这座千年古城。从过去的“八荒争凑，万国咸通”，到如今的每天 2.5 万人慕名来到这座小城，街道熙熙攘攘，繁华依旧，人们热情地做着小本买卖；巷弄深处，柴米飘香，话说着家长里短，温馨惬意；民俗庆典，轮番上演，热闹非凡。历史与现实就这样在此重叠，鲜活着这座千年古城。

“日晟昌汇通天下，明察秋毫。魁星楼最美是彩云飘，数着满街的老字号哇，我的童年长大了。”一首《平遥家》流露出平遥人对家乡朴素的眷恋。他们深爱着城里的万千事物，纵然外出谋生，他们也从未抛弃自己的家乡。他们靠着不怕吃苦、敢为人先的劲头与精明过人的才思打响了晋商的名号，凭着“开拓”与“信义”给平遥带来财富与兴旺。

久远的故事不会消逝，正如城墙上的一块块青砖，连接着城内和城外，也连接了历史和未来。从万里商路的传奇往事，到汇通天下的经世姿态；从晋商的衰落，到改革开放的再次见证，平遥的角角落落都在讲述着财富背后诚信为本、勤俭开拓的商道守则。岁月长逝，平遥人始终保留着祖辈们的胆识与智慧。在时代面前，他们及时抓住机遇，乘风而上，顶住压力与苦楚，不断探寻着属于自己的辉煌与传奇。

编　　导：王晓宇　胡涵嘉
撰 稿 人：陈　倩　杨　玲
指导撰稿：韩晓芳

第3集

铜山古城

海上家国梦 忠勇石头城

铜山古城位于福建省东山县铜陵镇的东北部，是一座建在海岛上的石头城池。明洪武二十年（公元1387年），江夏侯周德兴备海防倭，在东山用坚硬的岩石筑起固若金汤的城垣，再加上驻守的地方紧邻铜砵，故得名铜山。驻守在海岛上的士兵，生存条件极为恶劣。岛上常年刮大风，淡水缺乏，风沙成灾。为了戍守海防，士兵们开凿水井，用石头垒起房子，在贫瘠的海岛扎下了根。坚固耐用的石头房子，为代代古城人遮风挡雨。

石头打造了铜山城，也磨砺出如同石头一样刚硬顽强的铜山人。由于都是军人的后代，古城中家家户户供奉着代表忠勇仁义的关帝。周德

铜山古城全貌

■ 铜山关帝庙

■ 关帝像

兴修建的铜山关帝庙，经过远征士兵的传播后，关帝庙的香火自铜山跨越海峡在台湾落地生根。从铜山关帝庙分灵入台的关帝庙，已达 172 座，遍布台湾各地，成为联结两岸人民的情感纽带。铜山人尊关公为“帝祖”，尽管姓氏不同，但大家都把关公视为共同的祖先。因为关公身上凝聚着忠、信、仁、义、勇的精神，渗透着大气浩然的华夏之魂，这正是自古有着英雄气概的铜山人所追寻和敬仰的。“义不负心、忠不顾死”的关公精神，就在这晨昏不断的香火里延续着，见证着一代代铜山人的忠诚勇敢。

一 保家卫国：沈有容抗击倭寇

铜山城建成后，又修建了负责海上巡防作战的水寨，由此开启了保卫海疆的光辉岁月。明万历年间，大批倭寇盘踞台湾，四处侵扰袭击福建沿海。镇守水寨的将军沈有容决定利用冬季突袭台湾，驱逐倭寇。他率领 21 艘战舰秘密出海。当时正值隆冬时节，台湾海峡刮起了大风，而木质战舰渡海，困难重重。

沈有容在经过台湾海峡的黑水沟，也就是现在的澎湖沟一带时，遇上了风暴，风暴瞬间吞没了 7 艘战舰。面对出师不利的挫折，幸存战舰上的官兵在狂风巨浪中等待着沈有容的决断。这时，他果断发布了一个命令：有退者斩！

浊浪滔天的海面上，14 艘战舰义无反顾地前行。当船队神不知鬼不觉地抵达台湾时，倭寇以为是天兵神将，四散溃逃。船队救回了 300 多名被劫持的百姓，把倭寇赶出了台湾。为了庆祝胜利，福建南路参将施德政来到铜山犒赏官兵，在山石上写下了一首豪情万丈的《横海歌》。诗中这样写道："舟师自古无此盛，军锋所向真无前"，生动体现了沈有容东征台湾时舰艇的浩浩荡荡和一往无前。

保家卫国，守疆卫土，一首《横海歌》激励着无数铜山男儿无畏艰险，驰骋在浩瀚的大海上。沈有容突袭台湾 60 年后，1661 年和 1683 年，郑成功和施琅亦是在这里指挥船舰出海东征，收复台湾。抗日战争期间，铜山军民击退了日本侵略者的 3 次入侵。1953 年，国民党军队对古城发动猛烈进攻，铜山军民奋勇反击，决不退缩。铜山城如同它的名字，筑起一道海疆的铜墙铁壁。

二 奔赴国难：黄道周建"书生扁担军"

明末大儒黄道周的故居坐落于关帝庙旁边的小院。黄道周既是一名因读书金榜题名的登科进士，也是一位承袭了祖上军籍的军户，骨子里流淌着保家卫国的军人血液。

明朝末年，清军攻陷北京，明朝宗室和大臣逃往南方，建立起南明王朝。那时的黄道周已年过六十，本可以在小城里安度晚年。然而眼看山河危难，他明知道这不是他该做的事情，明知道一去肯定就不可能回得来，但他还是飞蛾扑火，去完成最后一次壮举。于是他毅然作别妻儿，赶到福州辅佐南明。身为文臣，黄道周既没有兵卒，朝廷也没有能力给他钱粮。于是他就写信招募自己的学生和铜山乡亲，拿着家里的扁担、锄头和菜刀组建出一支数千人的"书生扁担军"。由于实力太过悬殊，黄道周战败被俘。妻子蔡玉卿给狱中的他捎来口信："忠臣有国无家，勿内顾！"黄道周从容赴死。在他就义之前，古城人陈瑸、陈士奇也为国殉难。3 个人的名字被古城人刻在了一块巨石上，称为“铜山三忠臣”。

这块刻有三忠臣姓名的巨石有200多吨，但是跟地面接触面积只有十几平方厘米，风一吹它就动，所以叫“风动石”。看上去摇摇欲坠的石头，不知经过多少风吹浪打，依然屹立不倒。在古城人眼中，风动不倒的海上磐石，就是以黄道周为代表的铜山人永不放弃的信念和永不言败的勇气。

■ 黄道周故居

■ 风动石

三 抵抗外侮：孙有全组青红龙船队

铜山港海岸线长达20多公里，自古以来，就是军船、渔船和商船停泊的天然良港，海运业十分发达。铜山商船游走南北，把布匹、木材等货物运送到各大港口。海运的繁荣使古城出现了许多富庶的航运家族，散居在各处的孙家人正是其中之一。

孙家祖先孙有全最早并不是从事海运生意的，而是经营布匹买卖。鸦片战争后，中国沿海被迫开港，他在坐船贩卖布匹时目睹了外国列强的兵舰和商船在海面上耀武扬威，本地一些民船受到排挤欺压，祖辈世代耕耘的海上家园被肆意践踏。这让孙有全悲愤不已，他认为对抗欺辱的最好办法就是强大自己。于是他决定拿出全部家产发展海运，先后建造了8艘百吨级大型商船。

海面上危机四伏，不仅有列强船只横冲直撞，凶残的海盗也频繁出没。为了确保船队安全，铜山商船每次航运都结伴出行。与孙有全船

铜山船队航海路线

队结伴的是古城人黄献珍的船队。两支船队船头分别漆上红色和青色，插上红龙旗和青龙旗，几十条商船威风凛凛，多次合力打退海盗。有一次，船队到了天津港，他们看到海盗船正在打劫一艘货船。红龙船队和青龙船队立刻掉转船头围攻海盗船。海盗船上的海盗看到声势浩大的红、青龙船队后，立即吓破了胆，纷纷落荒而逃。

经此一战，铜山船队扬名海上，海盗望风而逃。自此之后，100 多艘铜山商船劈波斩浪，往南直抵越南和新加坡，往北到达朝鲜，东面则往来于澎湖和高雄，称雄一时，向世人展示了铜山人抵抗外侮的实力和魄力。

四　心怀人民：谷文昌排除万难治理风沙

“春夏苦旱灾，秋冬风沙害。一年四季里，季季都有灾。”20 世纪 50 年代的东山，是个荒凉贫瘠的海岛，风、沙、旱、涝等灾害让东山民众痛苦不堪。一年 6 级以上大风多达 150 多天，全岛森林覆盖率仅为 0.12%。沙随风势不断向人们进逼，当地农民有田无法种，种了无收成，粮囤空空，锅里煮着青菜，一年到头缺吃缺烧。许多人扶老携幼，拿着空篮破碗外出讨饭，乘船过海到大陆上割草砍柴。

面对多灾多难的群众，谷文昌吃不好饭、睡不好觉，做梦也在想着战胜风沙，根治旱涝，让人民过上好日子。他动情地说："要向风沙宣战，条件再差也要建设社会主义！"时任东山县委书记的谷文昌面对肆虐的风沙，带领东山干部群众踏上了治理风沙的漫漫征途。治理风沙并非一帆风顺，谷文昌多次遭遇失败。他先是连续 3 年引进了十几种树种，却因为生态环境太恶劣，没有一棵能在沙地上存活下来。后来，有人发现木麻黄在沙丘上能够存活，于是在 1958 年，谷文昌带领全县人民，数天时间种下 20 万株木麻黄。不料遇到持续一个月的倒春寒，树苗大部分被冻死，仅剩下 9 株树苗。面对又一次重大挫折，谷文昌没有泄气，鼓励干部群众："能活 9 株，就能活 9000 株、9 万株！"9 株弱小的树苗，在当年就是 9 颗小小的火种，驱走了寒风，跳动在人们的心头。1958 年冬天，数万人参加了植树造林誓师大会。谷文昌在会上发誓："不治服风沙，就让风沙把我埋掉！"台下很多人深受鼓舞，感动得流下了泪。

■ 谷文昌带领人民种树

■ 东山岛绿化现状

在极度缺水的海岛，雨水是保证树苗存活的关键。从誓师大会那天开始，只要一下雨，县里大大小小的广播马上播送紧急通知。无论身在何处，人们都会披上蓑衣，没有蓑衣的就戴上斗笠，上自六七十岁的老人，下至 10 多岁的少年，立刻赶赴沙滩种树。这时的谷文昌也总是身先士卒、率先垂范。他骑着一辆拴着锄头的自行车，冲在最前面。几年下来，在一场又一场的春雨中，他带着人民群众种下了 177 条林带，每条宽 50—100 米，总长达 194 千米。一排排木麻黄四季常青，昂首挺立，构成第一道防线。用材林、经济林次第展开，纵横交错，宛如一条条绿色长龙，顶狂风、镇飞沙、抗怒涛，在海岸线上筑起了绿色的生命之墙。从那时起，清明节要先祭谷公，后拜祖宗，已经成为多年来东山人的习俗。

1981 年，谷文昌在漳州离世。按照他的遗愿，骨灰安葬在了东山岛，融入了那一片绿色的海洋。他心中时刻装着人民群众，为改变东山的破旧面貌，带领全县干部群众治理风沙，让荒岛变成绿洲。家和国的梦想，忠和勇的传承，在石头城交汇成情义的森林，茂盛生长。

五　乘风破浪：陈若海引领捕鱼新风尚

今天的东山岛绿化率高达 94%，郁郁葱葱的海岛每年吸引着 600 多万游客，通过跨海大桥和高速公路来到这里。优良的生态环境孕生出东山岛多达 1200 多个海鲜品种，其中东山鱿鱼远近闻名。一到夏季夜晚，灯捕小管的夜船就会点亮渔火，成为古城一道独特的风景。

时代的变化，让许多古城年轻人不再像祖辈一样以捕鱼为生，然而

陈若海捕鱼

他们从未远离家乡的这片大海。出生在渔民家庭的陈若海，大学毕业后第一次下海工作，还没体会到丰收的喜悦，父亲却突然去世，许多老客户也不再光顾。因此他分外重视每一笔订单，总是尽自己最大能力满足每一位客户的需求。有一年夏天，台风来袭。一个客户打来电话，急着要 1000 斤扇贝。石头城里长大的年轻人，从不惧怕风浪的挑战，陈若海顶着风浪下了海。那是他出海以来经历过的最大风浪，他刚站起来把扇贝笼投入海中，就被风浪打趴在船上。打趴下，他再站起来，接着拉起重七八十斤的扇贝笼，如此反复，在海上整整忙活了 5 个多小时，按时完成了客户的紧急订单。走出风浪的陈若海带着 20 多个古城年轻人，成立了一个海鲜电商联盟，搏浪在互联网的海洋。

古城中地势并不平坦，石头台阶支撑起古城人家岁时寒暑不曾停下的脚步。顶街是古城最早的街道，街头到街尾不过千米，却像一条时间长廊，600 多年的岁月积淀，铺就了它深厚的历史底蕴和独有的海岛风情，成了东山人最清晰的家乡记忆。从战火纷飞中保家卫国、抵抗外侮，到和平年代治理风沙、建设海岛，铜山人都毫不退缩，奋勇向前。这座石头垒砌的城池，在战火与浪涛声中不断讲述着忠勇的家国故事。

编　　导：张曙丽　陈海清　林丽银
撰 稿 人：肖　扬
指导撰稿：韩晓芳

第4集

凭祥古城

热血边关 共建家园

“千年雄关凭祥城，凭关而祥祈和平。”北宋皇祐五年（公元1053年），宋仁宗初设“凭祥峒”，中国的版图上第一次出现了“凭祥”这个地名。凭祥古城位于中国的西南边陲，广西崇左市西南端，面积650平方公里，西南两面与越南接壤，有长达97公里的边境线，是中越边境最大的口岸城市，被誉为“祖国的南大门”。

凭祥属于喀斯特地貌，透迤险峻，四面环山，狭长地带中只有一条道路通往南边，是中国西南边境最重要的一道咽喉锁钥，有着“一夫当关，万夫莫开”的险峻地势，自古以来就是兵家必争之地。

“凭祥凭祥，凭关而祥”。凭祥百姓饱受战争困扰，渴望和平，希望

“祖国的南大门”——凭祥古城

凭借四面天险守住安详的生活。特殊的地理环境让凭祥人民与保卫边防的军队建立了深厚的情感。军队缺少粮食的危难时刻，班夫人捐献“姑娘谷”；蒙大带领队伍协助冯子材智取镇南关大捷；廖乾卫爱军拥军情怀代代相传；徐文洪诚信经营赢得国际客商称赞。赤诚的凭祥人民自古以来就用自己的行动支持和协助边关军队，军民一心才有了国家边防的安宁和人民生活的安定。

一 班夫人：献粮报国存大义

东汉初年，盘踞在今越南一带的征侧征贰等纠集当地奴隶主贵族起兵反汉，在绵延的战火中，当地百姓纷纷举家逃离住地，难民人数与日俱增。3 年后，汉光武帝刘秀派伏波将军马援率兵马 5000 多人南下凭祥平定叛乱。但是当汉军一路征剿进入凭祥时才发现，由于这 3 年来“交寇”几次到边关抢劫，损失了很多粮食，城中米铺早已被敌军与难民劫掠一空，根本无法就地补给。将士们食不果腹，军心浮动，战况堪忧。

当地有个习俗，未出嫁的姑娘都自己去种粮，年年储粮，用作结婚时购置嫁妆，这些稻谷也被称作“姑娘谷”。班都英在三军断炊的关键时刻，毫不犹豫地把自己珍藏多年的“姑娘谷”捐献出来，并挨家挨户去动员各姐妹捐献军粮。仅仅用了两天时间，她就发动百姓捐献了可以装满几个房子的粮食，解决了军队的燃眉之急。汉军得到百姓的支援，士气大振。马援将军一声号令，军队一鼓作气平定交趾寇盗，把残敌赶到同登、文渊，才收兵回关。

马援将军回朝后上报了班都英的事迹，皇帝听后很高兴，加封班都英为太尉一品夫人，随即派钦差大臣赴凭祥宣诏。钦差大臣到了凭祥，却得知班都英已病故，他只得揭棺宣诏，之后将诏书一起入棺埋葬，后人也因此尊称其为班夫人。

助饷征蛮存大义，芳魂长向堡山依。献粮报国忠且惠，英风凛凛壮边民。虽然班都英生前未享荣光，但是她深明大义、赈济王师的故事被人们代代相传。如今，班夫人墓依然完好地保存在古城中，享世代香火，受后人膜拜。每到农历十月初四的班夫人庙会，人们都要抬着班夫人神像穿街过巷，祈求平安顺利，福寿安康。

二 蒙大：助军智取镇南关大捷

镇南关（现更名为友谊关）始建于汉朝，是中国十大名关之一，也是中国现今唯一还在使用并具有口岸功能的边关，关楼上的斑驳弹孔记录着历史的沧桑。建关御敌，凭关而祥，2000 多年来，这座雄关始终是凭祥古城的前沿哨所，也是中国西南边境最重要的一道咽喉锁钥。

清光绪十一年，法国殖民者乘虚而入，从越南北部进攻广西。清军提督杨玉科不幸中炮身亡，镇南关失陷。冲入凭祥的法军大肆烧杀抢掠，边民死伤无数。危亡之际，早已解甲归田的 67 岁老将冯子材挺身而出，召集旧部组成十八营萃军，抬棺出征，抱着与敌人誓死一战的决心奔赴战场。

1885 年，冯子材率领军队开赴边关抗法。由于军队人数有限，他到

老将冯子材抬棺出征，誓死保卫边关

处招请豪杰，集揽英雄。听说当地的蒙大正气凛然、英勇善战，他便亲自前往拜访，想说服他协助打法国侵略军。面对冯老的请求，蒙大立即应承。他十分熟悉边关的地形，领着冯子材实地勘察。当二人行至镇南关后5千米的隘口至关前隘时，发现东侧是高耸入云的大小青山和马鞍山，西侧是凤尾山，两条山脉自北向南延伸，形成一只“口袋”。在“袋子”的口上又横排着一排石山，如同栅门，只有镇南关、弄尧和弄怀、浦寨等几个口子可以通过。于是蒙大为冯子材出谋划策，因清军使用的马刀、长矛与敌人的开花炮武器相差太远，须借助关山的有利地形，引诱法军孤军入关，迫使他们打肉搏战，并动员边关的老百姓都来参战，这样才能获胜。

在关前隘一战中，蒙大命令敢死队把猪杀了，拿猪血洒在人的身上，几百名敢死队队员装死埋伏在长墙前面的梅花坑中。当法军进入埋伏圈时，蒙大出其不意，率兵四起，用长矛、大刀杀得法国侵略军尸横遍野。战场上空枪炮骤息，刀剑铿锵。在搏斗中，鲜血溅得蒙大满身都是，他双手结满血痂，手指由于长时间贴着刀柄，竟要别人帮忙掰开才能把刀取下。战斗进行到最激烈的时候，凭祥百姓主动拿着家里的锄头、镰刀和狗，组成运输队，为清军抢运武器、护送伤员，同时参加敢死队到战场上战斗。经此一战，法军伤亡惨重，退守越南。

■ 中国十大名关之一——友谊关

中法战争结束后，冯子材为蒙大请功，举荐他外出任职。蒙大婉言谢绝了老将军的好意，退避深山老林，继续以打猎种地为生。

南关巍巍，雄风凛凛。精神不死，威震蛮夷。镇南关大捷是晚清反抗侵略者取得的一次重大胜利。为了这场胜利，无数凭祥子弟献出了生命。这些为国捐躯的勇士大多没能留下姓名，但他们的血肉和英魂从此与莽莽青山融为一体，日夜守望着这座千古雄关。

三 廖乾卫：爱军拥军代代传

曾经，凭祥人用鲜血和生命换回和平；今天，和平也需要有人来继续守护。对于远离父母，来到西南边境守护边关的年轻战士们，凭祥人把他们当成了自己的亲人，每年都有上千人到边防站慰问。逢年过节带上些当地特产，与边防官兵一起吃顿团圆饭，已经成为当地的传统。

廖乾卫是凭祥镇竹山村巴登屯的一名普通村民，从 1962 年开始，他经常去边防连队慰问。五十余载寒来暑往，在这条通往八连的山路上，廖乾卫从 17 岁少年走成了 75 岁的老者。

"最美国防人"——廖乾卫

由于对边境地形熟悉，也深谙当地方言，廖乾卫给边防部队做起了向导工作。1984 年年初，他在随部队执行任务的途中，一辆敌人的汽车向他们猛冲过来。由于车速太快，根本来不及避让。重重的撞击，让他们瞬间倒在水沟中。昏迷 10 多天后他才醒来，由于伤势过重，他的左腿做了截肢手术。在这次执行任务的过程中，他险些失去了生命，但他没有一丝后悔，坚信只要是为国奉献，一切都值得。两年后，部队帮廖乾卫装上了假肢，这位坚强的汉子又重新站了起来，继续走上那条熟悉的道路。

每次到部队慰问，廖乾卫总要和战士们在边境线上走一走，看着静立的界碑，他一边抬起那双饱经沧桑的手掸去界碑上的微尘，一边感慨着："界碑是不知道牺牲了多少条生命，多少鲜血立起来的，那是国家的生命线，一寸土一寸血！"

在建军节、新兵入伍、老兵退役的时候，70 多岁的廖乾卫依然会带

廖乾卫手抚界碑

着礼物走访慰问子弟兵。从手推车到面包车，从泥泞土路到平坦的柏油马路，几十年如一日，他用一条腿走出了矢志不渝的拥军之路。时光荏苒，在这座热血关城，无论是巍峨耸立的城门，还是戍守边关的将士，他们千年的守望，为的都是家园的安宁、百姓的安康。

四　徐文洪：合作共赢诚信路

今天的凭祥，终于不负所望，真正迎来了“凭关而祥”的盛世。1992年国务院批准凭祥市为沿海对外开放城市时，凭祥边贸互市点还是肩挑背扛的小额贸易，经过长期发展如今已经转变为物流型的大宗贸易，成了国际知名的“中国—东盟水果之都”，这座古老的关楼敞开大门，伸出友谊之手，迎接四方来客。

徐文洪是一名退伍军人，他每天都要从越南进口五大卡车东南亚水果。从事边贸生意十几年，徐文洪与客户之间建立起了深厚的友谊，相处得如朋友一般。2015年春节，火龙果滞销，有一位越南客商年前收购的火龙果卖不出去，眼看就要烂在仓库，他不得不找徐文洪求助。面对5柜滞销的火龙果，徐文洪没有片刻犹豫，立即着手联系经销商，利用自己的销售渠道，帮他把这5柜火龙果都卖了出去，但是每售出一柜徐文洪都亏损两万元。虽然在经济上遭受了不小的损失，但是他说："这位越南客商与我合作已经有两年了，在跟越南友人做生意的时候，我代表的不仅是自己，而是一个中国商人的形象，绝对要诚实守信，不能给祖国抹黑。"

退伍军人徐文洪诚信经商

在边境贸易中，徐文洪代表的不仅仅是自己，他把中国人特有的诚信、合作共赢的形象展现给国际客商，也正是诚信的可贵品质让国际客商长期支持着凭祥的边境贸易。

过去，古城人怀抱一腔热血守卫家园；今天，凭祥人又满怀激情建设家乡，他们知道只有边疆繁荣了，人民安定了，国门才能永久稳固。

每年十月初四，凭祥班夫人庙会如期举行，庙前香火袅袅，人头攒动。班都央成为百姓心中守护一方的神灵。蒙大协助冯子材共同抵御法军入侵，军民一心，保家卫国。生于边关、长于边关的廖乾卫依然一如既往地走在拥军的路上。徐文洪诚信经营，与边境商人共同传承着中国人诚信的品格。时光在古老斑驳的城墙上留下了历史的印记，今天的凭祥，如其所愿，迎来了"凭关而祥"的盛世。

"千年雄关新时代，丝路凭祥果飘香"，借助"一带一路"建设契机，凭祥与东南亚国家的往来日益密切。昔日的军事重镇转变成今日的物流大通道，成为中国连接东盟乃至世界经济的重要贸易口岸，凭祥这座千年古城正焕发出新的生机。

编　　导：何汉立　周应军　张艳娜
撰 稿 人：郭小雪
指导撰稿：韩晓芳

第5集

嘉峪关古城

大漠戈壁 众志成城

“到了嘉峪关，两眼泪不干。”被称为“天下第一雄关”的嘉峪关，位于甘肃省嘉峪关市。北连黑山悬臂长城，南接“天下第一墩”，展现出“金戈铁马，气吞万里如虎”的气势。发源于祁连山的讨赖河水，切割出壮阔的峡谷，成为一道天然屏障。因地势险要，历史上嘉峪关又被称为“河西咽喉”。“得嘉峪关者得天下”，历史上，在河西走廊的东部西部，再没有哪个地方像嘉峪关这样具备三面设防的地理条件，嘉峪关的得失就是中原和中亚此消彼长的分水岭。

古有征西将军收复河西，兴建嘉峪关，芮宁将军舍生忘死终得北漠尘清；今有嘉峪关人万众一心只为荒原变绿洲，齐心协力建设新钢城。

■“天下第一雄关”——嘉峪关

在漫长的历史古道上，雄伟的关城与它的人民一起，把“团结一致，众志成城”刻入了大漠黄沙。

对嘉峪关人来说，嘉峪关已经不仅仅是一座古城，它更代表着先辈们世世代代传承的团结精神。张骞出塞、班超北征、玄奘西行都曾途经此地，都与嘉峪关结下了不解之缘。从丝绸之路到今天“一带一路”建设，一代代精诚团结的嘉峪关人见证了丝路兴衰。如今，嘉峪关正向世界散发出独有的魅力。

一 征西将军冯胜率部建关

雄关险隘自古以来为兵家必争之地，嘉峪关镇守着河西走廊天堑，又有着三面设防的特殊属性，让它在2000多年的建城史中无一例外地扮演着战略要道的角色。从霍去病西征开始，这座横亘于沙漠戈壁上的关城，就保卫着中原大地。为了修建嘉峪关，从明朝开始，在征西将军冯胜的带领下，无数将士将保家卫国的斗志化为力量，众志成城，克服艰难险阻，最终建成了嘉峪关。

明朝洪武年间，征西将军冯胜率军收复河西。为了加强河西的军事防御，控制西去的交通要道，冯胜便选址建立关隘。由于修建于西麓的嘉峪山上，因此得名嘉峪关。嘉峪关“初有水而后置关，有关而后建楼，有楼而后筑长城，长城筑而后关可守也”，但从建关到成为坚不可摧的防御工程，前后经历了数百年，克服了重重困难。当年跟随冯胜将军来到嘉峪关的，大多是安徽、江苏一带的士兵。在生存条件极为恶劣的茫茫戈壁，要克服水土不服，还要在这不毛之地修城戍边，其困难程度可想而知。

为了建关，士兵们从几十里外的黑山采下重达千斤的巨石，就地打磨成石条，但在没有现代化运输工具的年代，人抬不起，车拉不动。士兵们就只能等到冬季，在通往关城的路上泼水成冰，再把石条放在冰道上运到关城。数年时间，士兵们像燕子衔泥一样，运来各种材料，在戈壁荒原上筑起了一座城。

■ 嘉峪关关城

建成后的嘉峪关，成为一座由内城、外城、罗城、瓮城和南北两翼长城组成的雄关险隘。五里一燧、十里一墩、三十里一堡、百里一城的防御体系威震大漠，竭尽所能地把战乱阻隔在城墙之外，也把众志成城的精神融入了这座坚不可摧的城中。

二　芮宁将军舍生忘死换太平

嘉峪关建成之后，明朝边境冲突不断，西域势力常常引兵进犯河西。为保卫家国安定，无数英雄故事在古城里上演。“金鼓动地，战旗猎猎映大漠；铁垒悬月，轻骑得得出长城。”游击将军府议事大厅前的这副对联，写满了古城将士保家卫国的壮志豪情。

明正德年间，吐鲁番汗国出动两万大军，向东进犯河西走廊。镇守嘉峪关的游击将军芮宁，率领将士们坚守城头。然而，敌人却悄悄翻过祁连山，绕开嘉峪关防线，直扑肃州城。肃州一旦陷落，嘉峪关将陷入敌军重围，河西四郡必将不保。

为解肃州危难，芮宁将军率领驻守嘉峪关的841名将士，孤注一掷，星夜驰援。面对数十倍于己的敌军，芮宁将军身先士卒，率领800

多名勇士，冲向两万敌军。为了进一步杀敌，将士们从地上捡起敌军射来的箭，反射敌军，捡来的箭射完了，含泪拔出身旁牺牲战友身上的箭，又射向敌军。最后一支箭矢射出后，身陷绝境的将士们已经无法继续战斗。芮宁将军挥刀斩断讨赖河谷上的绳索，切断了敌人前进的道路，也断绝了自己唯一的退路。他挥舞着佩刀，最后一次向敌人发起冲锋。经此一战，肃州城得以保全，但 800 多名将士全部战死沙场，为国捐躯。此后 300 多年里，嘉峪关周边先后发生过大大小小近百次战斗，有 18 位游击将军马革裹尸，埋骨荒原，与雄伟的长城融为一体，成为丝路永远的守护者。

芮宁将军与守城士兵石雕

明朝后期，由于有了嘉峪关的防卫，河西走廊战火渐消，商贸日盛。越来越多的人迁居至此，在外城形成了一条繁华的街市，人们建起了店铺酒肆、饭馆驿站。古道漫漫，驼铃声声，南来北往的使者与商队，穿越大漠戈壁，往返于嘉峪关内外进行交易，茶马互市。当时的肃州兵备道郭师古看到民族和谐、人民安康，挥笔写下了“北漠尘清”4 个大字。

古老关城中的关帝庙，至今保存完好。世代驻守嘉峪关的将士都把这里视为圣地，在一次次祭拜中，把关公的忠义精神化为保家卫国的力量。每当鼓乐声响起，关帝庙对面的戏楼下，总会聚集起众多前来听戏的百姓。数十人百万雄兵，三五步走遍天下，忠臣良将的故事与民族融合的大戏在这里一一上演，由后人编写的秦腔大戏《北漠尘清》就经常在这里演出。嘉峪关人把团结勇敢融入了生活，把爱国爱家写进了戏曲，把先辈的精神融入了骨血。

三　嘉峪关人齐上阵，荒漠戈壁变绿城

随着时间的推移，嘉峪关不再是战场，而是连接中原与新疆的重要交通线。曾经横贯东西的“陕甘新大马路”，就是如今的312国道陕西到新疆段。在古城国道旁，有8棵挺拔粗壮的杨树。悠悠时光中，几棵大树守望着雄伟的关城，见证了嘉峪关人在寸草不生、飞沙扬砾的环境中艰难植树，也见证了他们在碧波荡漾、绿水青山中的幸福生活。

“到了嘉峪关，两眼泪不干，往前看，戈壁滩，往后看，鬼门关，抬头看，灰色天。”这句当地流传的谚语，形象地道出了嘉峪关从前的生态环境。20世纪50年代，嘉峪关公路修通了，但维护起来十分困难。上午平整好的路面，下午就被风沙掩埋，沙石刮得路面坑坑洼洼。那时的嘉峪关，周围都是不毛之地，只要一起风，黄沙就漫天飞舞，风沙刮到玻璃上噼里啪啦，周围一片昏暗，不见天日。

为了保护公路，当时公路局的工人郑占乾和工友乡亲，开始在路边植树，凭着一股不服输的蛮劲，也为了给子孙后代留点东西，他们矢志不渝，坚持种树。古城人常说：“嘉峪关有多少树，就换了多少土。”第

嘉峪关人与自然和谐相处

一批种下的几百棵树，虽然只活下来8棵，但它们就像希望的种子，深深扎根在这片戈壁，长成参天大树。也就是从那时起，古城人看到了希望，掀起了一股全民植树的热潮。

有一年初春，5万多棵树苗被拉到嘉峪关，这本是绿化队一个月要完成的任务。然而寒流突袭，气温骤降。如果不尽快栽种，树苗就会被冻死。消息传开，许多嘉峪关人闻讯赶来，大家各自带着工具，会聚到茫茫戈壁滩上。成百上千的工友乡亲团结一致，终于在寒流到达之前种下了树苗。

当年的嘉峪关先民，靠着众志成城的精神，在戈壁大漠上建起了关城。今天的嘉峪关人延续着古老的精神，要在荒原上建一座“绿城”。他们引来祁连雪水，修筑人工湖，用几十年的时间，把一座荒漠古城变成一个绿色奇迹，使戈壁滩上的嘉峪关市绿化覆盖率接近40%，实现了“绿水青山就是金山银山”的美好愿景。

四 千锤万凿出深山，同力协契建钢城

20世纪50年代，西北地质局的勘探人员在祁连山腹地发现了一座大型铁矿。此时的嘉峪关古城，已经在黄沙戈壁中沉寂了近百年。为了加快祖国的发展进程，利用好优质的铁矿资源，工程师们决定在离铁矿最近的酒泉建设钢铁厂。不仅嘉峪关人，来自中国各地的钢铁工人、工程队员、大学毕业生、退伍军人会聚大漠，一如当年修筑关城的中原子弟一样，齐心协力建设钢城，千年古城迎来了一个新的发展机遇。

然而，真正的建设过程并非想象中那样简单。祁连山崇山峻岭、高峡深谷，如何才能把矿石运下山？经过几番论证，建设者们决定修一条距离最短但线路最艰险的铁路。海拔5200多米的镜铁山，氧气稀薄，施工难度极大。但为了嘉峪关新钢城的崛起，几千铁路工人共同上阵。他们铺设桥梁，开凿隧道。为了加快施工进度，打炮眼、放炸药的工人甚至打起了干钻。百斤重的干钻全靠肩膀硬扛，铁路工人不断地打，打几米深有了炮眼之后，再把炸药放进去爆破。凭着对建设钢城的热情，工

■ 镜铁山铁路

人们放弃了使用粉尘较少的水钻，坚持用速度较快的干钻。8 年时间，靠着简单的工具，无数工人们一锤一凿，齐心协力，建起了嘉镜铁路。74 千米的线路上，就有“九桥十八洞”。其中垂直高度近 80 米的北大河一号桥、全长 3400 多米的大落海子隧道，建设难度更是可想而知。但是嘉峪关的工人们没有退缩，用团结奋斗写就了嘉峪关新篇章，创造了多个中国第一和亚洲第一。

铁路建成后，镜铁山的矿石被一车车运出，酒泉钢铁厂运转了起来，成为那个年代中国西北地区最重要的钢铁企业，不仅为古城的发展注入新的动力，也为新生的共和国打下了坚实的工业基础。

嘉峪关城市博物馆里陈列着当年工人们炼出的第一块铁和第一代采矿工的安全帽，这些饱含着嘉峪关人自强不息、团结一致精神的物件，有嘉峪关人对青春的记忆，也有这座城对那个火热年代的怀念与眷恋。它们记录着一代代人用青春和热血创造出来的大漠辉煌，也饱含着嘉峪关人的故乡深情。

白驹过隙忽而已，千古光阴一霎时。如今的嘉峪关，每当夜晚来临，大唐美食街上游人熙来攘往，被做成风雨雕画的戈壁顽石和唐诗里的“葡萄美酒夜光杯”，早已变成游客们喜爱的工艺品。相聚小酌，亲朋好友间的一顿嘉峪关烤肉，尽显边关人家的热血豪情。尽管战事不再，困难已过，但传承在古老嘉峪关的团结奋斗精神，早已如奔腾不息的讨赖河水般融入了嘉峪关人民的心中。

众擎易举，众心如城。如今，尽管长城内外都是家园，但雄关仍在，虎威犹存。嘉峪关在漫卷黄沙中拱卫疆土，守护万里长城第一墩；在丝路驼铃声中通达西域，开启文明的对话。千百年来，嘉峪关人民早已把团结一致、众志成城的精神融入了骨血。现在，在新一代古城人的努力下，这座戈壁钢城、大漠绿城巍然屹立。这座千年古城，承载着过去，担负着今天，更连接着未来。

编　　导：吕明月　马莉娜
撰 稿 人：王含雨
指导撰稿：韩晓芳

第6集

会理古城

川南明珠

会理古城位于四川省凉山彝族自治州的最南端，地处四川和云南的交界处。这里四季如春，享有“小春城”的雅称。西汉时期建县，距今已有2000多年的历史。自古以来，会理土壤肥沃，水源充沛，物产富饶，百姓衣食无虞。

会理不仅是一个景色秀丽、物资丰富的洞天福地，还是古代南方丝绸之路的重要驿站。不管是来自滇缅的马帮，还是南下印度的中原商贩，南来北往的客商都会在这里进行中转贸易。熙熙攘攘的商队，交织着各色口音的交易声，让小城变得热闹非凡。清朝时，因这里“川原并会，政平颂理”，改名为会理。

■ 会理古城全景

会理古城如今仍保持着4街3关23三巷的基本格局，南北长1770米，东西宽920米，总面积约25万平方米，至今保存有风貌完整的明代卫城格局、传统居民院落。在现代文明的包裹下，古城依然展现出原有的生态气息和深厚的文化底蕴。在这里，听不到喧嚣的汽笛声，也很少见人们匆忙的身影。在这多民族的聚居区中，会理人用心经营着自己平平淡淡的幸福，诉说着一个个平凡而又伟大的家城故事。

一　齐心协力重建家园　各族文明交融共生

明洪武年间，土司月鲁王割据西南，发动叛乱，明太祖朱元璋派遣30万大军南下平叛。平定叛乱后，大批出征的将士就地戍边，在一片废墟上开始重建城池。

然而，建城并非易事。当时城内百姓的构成极为复杂，既有北方的蒙古族，也有湖广四川的汉族移民，还有从云南迁徙而来的彝族。历史上，各部族之间常有冲突，积怨颇深。但战乱过后，所有人都陷入居无定所、亲人离散的痛苦中，过往的一切纷争在重建家园的迫切愿望面前，变得微不足道。

拱极楼

一些有智慧的长者提议，百姓应该协助明军来重建家园。建议得到众人响应后，大家便如火如荼地展开了分工合作。青壮年到周边的山地间采集石块，家中的妇孺老幼就烧糯米浆拌石灰，用作砌墙原料。一年过后，一座崭新的城池建成。会理百姓也在建城过程中化干戈为玉帛，各民族之间的壁垒被打破，变成了真正的一家人。

会理城的重建，再加上明王朝屯垦政策的实施，使中国西南少数民族地区结束了几百年的部落纷争，人民得以安居乐业。如今在会理，不仅可以看见北方的戏楼和四合院，还可以看到南方的园林厅堂、云南少数民族风格的石雕。不同风格的建筑鼎立于一方城中，让这座群山环抱的古城有了海纳百川、兼容并蓄的不凡气度。

二　悠久传说警示后人　知足常乐拒绝贪欲

在古城北边有一座建于清乾隆年间的道观：白云宫。有一年大雪封山，道长救回来一个已经被冻得昏迷不醒的小乞丐，又给小乞丐喝了一碗热气腾腾的粥。在热粥的温暖下，小乞丐慢慢苏醒。但他发现身旁道士们脸上神情极不自然，有的还在流口水。原来，道观里的生活十分艰辛，道士们常常食不果腹。深受感动的小乞丐来到道观旁的山崖边，用手中的木棍往崖壁上敲了几下，一股稻米就流淌出来。当米刚好淌满小乞丐喝粥用的盆后，就不再涌出，每天都是如此。后来，遇到水旱灾害，道长就把每日流淌下来的稻米分给贫困百姓，帮人们渡过了一个个难关。

多年过后，一位刚上任的道长嫌道观生活太清苦，便找石匠用凿

淌米洞

子把淌米洞洞口凿大。凿洞过程中突然一声巨响，从洞里淌出大量的米糠，足足淌了三天三夜。从那以后，淌米洞不再淌米，而米糠流过的地方却长满了茂密参天的米糠树，仿佛以此来警醒世人：贪婪者终将一贫如洗，永无止境地贪婪，只会毁灭自己。

贪婪是最真实的贫穷，满足才是最真实的财富，从小听着古老故事长大的古城人都明白这个道理。数百年间，古城人始终用平和的心态看待生活中的得与失，在悠然美好的日子里经营着一份绵长的幸福。

三　多年邻居守望相助　平凡点滴流露真情

会理人善良朴实，人与人之间真诚相待，温暖的情意流淌在古城的每条街巷中，也流进每个古城人的心里。邻居之间朝夕相处，换来的不仅是融洽的邻里情，更是一段彼此相依相伴的难忘时光。

邓、李两家已有50多年的邻里情谊，由于李家夫妇年岁已高，儿女们也都在上班，为了让年轻人没有后顾之忧，热心肠的邓焕芬就主动承担起李家夫妇的饮食起居。老人家的牙口不好，邓焕芬就专门做一些松软的食物给他们。虽然只是简单的饭菜，但这一做便是几十年。热气腾腾的饭菜不仅温暖了老人的胃，更温暖了空巢老人几十年的斑驳岁月。日复一日，年复一年，陪伴早已成为一种习惯。邓焕芬对于老人来说，不是亲人却胜似亲人。

■ 邓焕芬

相遇已是缘分，相守更显珍贵。会理人用内心最诚挚的善良和温暖诠释了一个道理：原来能持续永恒的不仅是血浓于水的亲情和天长地久的爱情，还有朝夕相伴的邻里情。煎炒蒸煮是情感的升温，糖盐酱醋便是生活的调味剂，悠悠漫长的岁月就在这锅碗瓢盆的碰撞声中有了温度，有了滋味。会理人在这平淡如水的日子里把温柔诉说到极致，将陪伴进行到底。

四　厚道为人诚信做事　彰显古城精神风貌

简简单单的家常菜中，融汇的是邻里之间的深情厚谊。而一碗滚烫美味的羊肉粉，凝聚的则是会理游子对家乡最直接的思念。羊肉粉是会理真正的当家招牌小吃，羊肉选用会理著名的黑山羊肉，所用米粉也比成都等其他地区的要粗许多。肉肥粉粗、汤宽料足、蒸汽氤氲、小料伴香，带着几分山野古城的豪气与热情的羊肉粉，也体现出会理诚信大方的待客之道。

■ 羊肉粉

郭德富是一家羊肉馆的老板，开店至今已有 30 多年。他不仅做的羊肉粉美味，待客更是大方有礼，品行有口皆碑。他始终坚守诚信之道经营生意，也坚信只有凭借自己辛勤的汗水所挣的钱才最光荣。

■ 顾客送给郭德富的锦旗

2016 年的一天，一位顾客把包遗落在郭德富的店里，里面有 3 万元现金和几张银行卡。由于没有联系方式，他只好把包收起来，等待失主回来认领。客人回来之后，郭德富经过反复核实和确认，最终物归原主。失主要给他 1000 元以表感谢，但他明确表示不会要客人的钱。最后，这位顾客送给郭德富一面锦旗，上面写着“品德高尚 拾金不昧”。这面锦旗一直被悬挂在店内墙壁上，短短 8 个字，包含的是顾客对郭德富的赞美和崇高的敬意，也时刻提醒着郭德富不忘初心，坚守诚信之道。

不妄求，则心安；不妄作，则身安。内诚于心，方可外信于人。千百年来，诚信始终被中华民族视为自身的行为规范和道德修养，郭德富在实际行动中成为中华传统美德的传承者和弘扬者。诚信做人，本分做事，也充分展现了会理人高尚的道德情操和忠厚朴实的精神风貌。

五　教书育人代代传承　古城再现蓬勃生机

历史上，会理不仅是一座商贸重镇，也是一处文教振兴之地。坐落于古城西北部的金江书院，于清乾隆十六年（公元 1751 年）修建，有 260 多年的历史，曾是会理的最高学府。清同治年间，时任翰林院编修的廖坤培曾在这里任教。

因母亲去世，廖坤培回到家乡。在会理守孝期间，他接到友人邀请，到金江书院与来自各地的文人学子交流心得。在交流中他发现，与

翰林院重修廖坤培生平石碑

本地学子相比，外地学子在作诗时格局更大，本地学子虽饱读诗书，但还是小情小调。巨大的落差感使廖坤培意识到，会理学子未来即便不入朝为官，也必须拥有开阔的眼界和格局。从那以后，廖坤培就决定辞去官职，留在家乡教书。

在任教期间，廖坤培不仅教授经文典籍、诗词歌赋，还把自己在外为官的阅历与见识传授给家乡的子弟。在他的带领下，会理的文风高涨，举人、进士相继涌现。廖坤培为家乡培养人才而放弃高官厚禄的事迹，成为会理古城的一段佳话。同时他告诫子孙，永远遗爱于后世，无论是在工作中还是生活中，都要勤于奉献、甘于奉献、乐于奉献。

人生的价值不在于索取，而在于付出，廖坤培淡泊名利的处世态度深深地影响了一代代会理学子。近10年来，就有200多名年轻人陆续回到家乡任教，张源媛就是其中一位。

2006年，还在成都上大学的张源媛回到会理一中当实习老师。那时的会理，古道早已废弃，后来修建的成昆铁路和雅攀高速公路也绕过了古城。因为交通不便，信息闭塞，很多当地人对群山之外发生的新鲜事物并不了解。一次考试中，题目涉及“淘宝体”的内容，至少有30%的孩子并不了解当时已风靡亚洲的淘宝网，这带给她很大的触动。张源媛很早就下定决心要当一名老师，现在家乡又遇到这样的窘境，于是，大学毕业后她放弃了在大城市生活工作的机会，回到家乡任教。

■ 张源媛

■ 张源媛在给孩子们上课

张源媛就像是一座桥梁，连接着孩子的求知欲和世界已经敞开的大门。在张源媛的引导下，孩子们探索世界的好奇心被打开了，可以接触到更多的知识、智慧和艺术，享受现代文明的成果，探索自己的兴趣和爱好。

学生做游戏

如今，张源媛在会理一中执教已十几年，从曾经只是为梦想冲动的年轻姑娘变为已是桃李满天下的优秀教师。在会理前辈们的影响下，越来越多的年轻人选择留在家乡，使这座古城又重新焕发出生机。

一座城市的历史遗迹、文化古迹、文化底蕴，是城市生命的一部分。2000多年来，一直徜徉在“春天”怀抱的会理古城，在感受温暖的同时，也散发着温情与魅力。今天的会理，游客熙来攘往，咖啡厅和茶馆比邻而居，时尚小店与传统手工交相辉映，现代风格与古典气息水乳交融。“川原并会”的会理，如今不仅是“政平颂理”，更多了一分蒸蒸日上的新气象。

早在唐朝时期，会理就因石榴“籽粒透明似珍珠，果味浓甜似蜂蜜”成为朝廷贡品。今天，会理依然是“中国石榴之乡”。如果说石榴是会理的珍珠，那会理就像是一颗镶嵌在川南版图上的明珠，永远散发着璀璨的光芒。

编　　导：李金燕
撰 稿 人：孔愿愿
指导撰稿：韩晓芳

第7集 代县古城

晋北之城 忠武安邦

代县古城坐落于山西省忻州市东北部的代县，自古以来便是边关重镇、军事要塞。为了争夺生存空间，游牧民族与农耕民族在这里发生过上千次战事。明朝时期，朝廷为提高防御能力，在雁门关上修筑起内长城，与万里长城连通一体。同时又在雁门关内、滹沱河两岸建起了39座城堡，整个代县成了内外连通的防御体系的一部分，构成了中国古代极为宏大的军事要塞建筑群。

明清时期，随着疆域的变化，代县不再是一座边塞之城，雁门关也从战争的要塞变成了通商的坦途。无数晋商经由这里贸易往来，古城迎来了商业的繁华。清朝中期，代县境内就有商号700多家，当铺26家，

■ 代县古城牌楼

钱庄30家，素有“商埠经济多门路，财源如水流代州”的说法。

数千载光阴飞逝，经历的朝代不知凡几，代县也从广武县、雁门郡一路演变至今。现在的它已不是比邻外敌的军事要地，也不是商贾如云的贸易盛地。如今代县古城已被列入国家历史文化名城，文化和旅游部将代县命名为“中国民间绘画画乡”和“中国民间文化艺术之乡”。千年前浴血杀敌的豪气已逐渐转化为古城人骨子里待人接物的热情，保卫疆土的报国之心也成为家乡无私奉献精神的根基。古城一直在发展转变，人们也在这一方土地上一代一代地繁衍，但日月轮转间从未变过的是代县人对代县古城的热爱。

一 守边疆御蛮夷，忠义永传杨家将

“执干戈而卫社稷，闻鼓鼙而思将帅。”北宋名将杨业，一生驰骋沙场，卫国卫民。上马他是率千军破敌百里的大将军，下马他是培养出杨家满门忠勇的杨氏族长。他一生忠义刚烈，代县是他最后守护的地方。

公元980年，辽军十万铁骑南下攻宋，杨业奉命驻守雁门关这一中原王朝抵御北方少数民族的重要边防线。为了中原无数黎民百姓，杨业以身犯险，率领百名骑兵突袭辽军后方。由于敌众我寡，战况十分惨烈，就连杨业自己也被流箭所伤，但他只是拔出流箭，号召士兵破釜沉舟，拼死一搏，最终擒获了敌方将领，大获全胜。紧接着他又率杨家军大败契丹，自此“杨无敌”的威名在边疆如雷贯耳。

雁门关防线的防御武器

6年后，杨业为了掩护关外百姓顺利入关，放弃奇袭作战，选择了与

■ 杨忠武祠正门

敌军正面较量。他率领三千守军打开关门，与两万辽军展开殊死搏斗。虽然百姓安全进城，但是杨业和他率领的守军陷入敌人重重包围之中。他带领仅剩的200多名部下，与辽军浴血奋战，最终由于敌我力量悬殊，所率部下和二子杨延玉皆战死，杨业自己也不幸被俘。虽然被俘，但是面对辽国丰厚的诱降条件，他始终不为所动，毅然拒绝辽国招揽，绝食3天而亡。

古城中的杨忠武祠是元代时杨家十七代孙奉旨所建，用来纪念杨业父子的功绩，明清时期曾重修。忠武是杨业的谥号，也是杨家世代恪守的信条，以忠尽国，以武卫国。祠堂内，"奕世将略""一堂忠义""三晋良将"3面金字匾额悬于祠门。在古城人眼中，杨家将们虽其身已逝，但那种无惧死亡、守卫疆土的大无畏精神和保家卫国的忠勇之义将永远为后世传颂。

二　抵外侮尽党心，抗日不屈李秀清

古城人爱吃莜面栲栳栳，也常说自己身上有股"莜面愣子"劲儿。就像爱吃的莜面一般，坚韧异常，每当危难之时，他们总会挺身而出。而这其中，抗日战士李秀清将古城人坚韧不屈的品格体现得淋漓尽致。

李秀清1917年出生于代县下砂河村的一户普通农民家庭。父亲勤劳朴实，踏踏实实和土地打了一辈子交道，母亲在她6岁时就去世了，她由祖母抚养成人。李秀清从小就不喜欢穿红挂绿、不拘泥于封建礼法，性格勇敢倔强，17岁时嫁给同样是农民的丈夫。李秀清勤快能干，婚后生活虽平淡但也安稳，原本以为一辈子就这样平平淡淡活下去的她，没想到自己的生活会发生翻天覆地的变化。

1939年春的一天，一队日军来村里烧杀掳掠、无恶不作。有两个日军窜进李秀清家的院里，她赶忙翻墙逃出家，到了野庄村。经姨母介绍，参加了县游击大队，从此走上了革命道路。为了开展妇救工作，她经常深入农村，先后在几十个村子做妇女工作。她常年出生入死、四处奔波，她的父亲和二叔很为她担心，一再劝阻，李秀清却不在乎。1940年，李秀清光荣地加入中国共产党，整天活动于代县根据地的村村寨寨，坚持抗日工作。

1941年1月，李秀清因为送宣传材料被敌人发现，她迅速将携带的宣传材料埋掉，自己却不幸被捕。面对敌人的严刑拷打和威逼利诱，她始终没有透露党的一点机密。日军得不到情报，又想收买她，便将她带到古城的首饰店、服装店，企图制造李秀清叛变的假象，利用群众舆论来压垮李秀清。但李秀清很快便清楚日军的图谋，大骂日军，并发出“宁可站着死，也不跪着生”的呐喊。恼羞成怒的日军只得将她转到红部，并要求立即执行枪决。1941年2月13日下午，李秀清在被押赴刑场的路上不断大骂：“日本侵略者，永远是中国人民的死敌！日本侵略者绝没有好下场、中国人民一定要报仇！”就这样，李秀清用自己年仅23岁的生命，捍卫了自己的信仰，保护了党，也保护了无数同志。

李秀清烈士墓

青山埋忠骨，浩气永长存。后人在李秀清就义的地方建了烈士墓，以此来表达对先辈们舍生取义、慷慨捐躯的爱国精神的追缅和敬仰。

三 先为人后为文，文风谨遵冯氏训

历史上，代县既是尚武之地，也是文风兴盛之城。早在西汉，古城里就出现了官学。发展到明清，由于商业兴盛，经济发展，代县文风达到鼎盛。“五子登科”“兄弟进士”“文武济美”的牌坊，成为古城重要的文化符号。而这其中，冯氏一族所出进士之多，令人称道。冯氏先祖冯盛在明成化年间奉命驻守代县，冯氏家风重文，从代县走出的 108 名进士中，有 18 名都出自冯氏家族。“先为人，后为文。”冯氏后人也一直坚持着先祖遗训，尤其重视后代教育。

著名作家冯苓植是冯盛的第十八代后人。“子欲为事，先为人圣。”家乡文化为冯苓植的文学创作打下了基础，他不媚上，不媚俗，自称为“文坛的游牧者”，文章被赞赏为“真情才有真文章。”他之所以能取得如此让人瞩目的文学成就，与家族遗训和家乡的风气精神紧密联系。“月是故乡明，人是故乡亲”，冯苓植是和书打了一辈子交道的人，最明白书籍对孩子成长的重要性，同时他希望古城的孩子能好好感受家乡文化底蕴，树立人生信条，走好人生每一步。因此，在回乡祭祖时冯苓植带回

■冯苓植（左一）给家乡学校捐赠书籍

数万册图书，捐给家乡的学校。

远行的游子虽定居在外，但对家乡的牵挂并未减弱，以家乡为根，传承发扬家乡精神，这是冯苓植对后代的期望，也是对家乡的祝福。

四　修古楼传精神，保护历史杨继东

在中国北方，有这样一句顺口溜：“代州鼓楼，应县塔，正定府的大菩萨”。其中的代州鼓楼，说的就是位于古城中心的边靖楼。它是当年将士们用于瞭望敌情、指挥作战的军事设施，也是山西省保存最完好的木质结构建筑，距今已有600多年历史。

20世纪90年代，边靖楼内的斗拱、横梁出现了不同程度的损坏，修缮文物迫在眉睫。当时县里财政经费有限，如何修缮成为大家讨论的焦点。如果拆掉重建，花300万元就能盖一座新的仿古建筑。但如果用传统工艺修缮，则至少要花600万元。为了保护古城的文化地标，给子孙留下有迹可循的历史文脉，当时在县文化局工作的杨继东说服众人，决定用古法修缮。然而，边靖楼结构复杂，随着工程的开展，大家发现实际的修复费用远远超出了当初的预算。但杨继东和工友们并未被困难吓

杨继东（中）与工友就保护边靖楼进行讨论

倒，文物保护者的责任感促使他们做了一个“艰难”的决定：将自己的工资拿出来，一起贷款再一起还款。随后的几年时间里，为了修复边靖楼，杨继东和工友们一直过着省吃俭用的日子，甚至一天仅靠一包方便面来果腹。他们花了 3 年时间，终于用工资一点一点将贷款还清。

如今，这座凝聚着无数心血，被梁思成称赞为“一座规划得极好的城市”的边靖楼，仍旧在古城中心高高矗立，成为代县人心中不朽的精神丰碑。

五　风雨行十余载，尽职养路刘眉如

历史的烟尘渐渐消散在时光的长河中，现在的代县古城利用自身丰富的文化遗存和多彩的民俗活动吸引着天南海北的游客，四通八达的公路为古城的经济发展提供了诸多便利，而养路工则为沿途路况提供了安全保障。

■ 刘眉如工作地点

■ 刘眉如（右）与工友在路边清理碎石

刘眉如是代县的一名普通养路工，208 国道是他工作多年的地方，也是代县古城通往外界的一条重要通道。国道位于雁门关山峰上，山高路险，几乎没有 100 米的直线路段，一个急弯接着另一个急弯，当地人称之为“雁门十八旋，环环皆是险”。

工作环境险要，工作任务繁重，刘眉如经常十天半个月才能回家一趟。2019 年 9 月，他像往常一样匆匆与家人道别，收拾工具准备出门。大雨后的国道上碎石满地，为保证道路畅通，他和工友们紧急出动，排除路障。就在他们紧张工作的时候，刘眉如的父亲突然打来电话，问他什么时候完工，能不能回来一下。刘眉如再三追问，父亲也不肯说为什么，只是嘱咐他好好工作。虽然他内心着急，但是为了保障路过雁门关公路的车辆和行人的安全，刘眉如还是选择留在了岗位上。

天黑交班后，刘眉如匆忙赶回家中，才知道白天父亲给他打电话是因为母亲突然生病，幸好他的哥哥及时赶回家，陪老人度过了危险期。得知实情后，刘眉如对于母亲生病自己却没有陪伴身侧满怀自责。但父亲并没有责怪，反而安慰他。父亲对刘眉如工作的理解和支持，也反映

传统工艺继承

古城戏台表演

忠烈杨家将

了古城人对于工作朴实却无私的想法：凡事以集体利益为先，个人利益在后。兢兢业业多年，刘眉如的工作愿望实际上很简单，就是让所有人平安回家。实际上，这不仅是刘眉如的期许，也是所有养路工最大的心愿。

不计得失、顾全大局的精神在代县这方水土早已深深扎根。无论是数千年前外出征战的将士，还是今天坚守岗位的员工，尽忠职守成为串联古城昨天和今天的精神纽带。

今天的代县古城犹如一位历经沧桑的老者，它见证过边疆的血雨腥风，感受过商贾如潮的繁华喧闹，沐浴过红色的革命曙光，也享受过如今的祥和安宁。古城人也坚信，杨家将、李秀清的精神需要不断传承，为人为文的文化风气需要自己发扬，家园需要像杨继东、刘眉如一样尽心地守护。千百年来忠武安邦的精神在这里代代相袭，而今，古城人也正在通过自己的方式将这样的精神不断传承与发扬。无论身处何方，古城的精神永不会泯灭，忠武安邦的守护精神永远在古城人血脉里奔腾。

编　　导：赵东青　邵　晨
撰 稿 人：刘梦婷
指导撰稿：韩晓芳

第8集

镇远古城

太极古城 勇于担当

镇远古称奖州，位于贵州省黔东南苗族侗族自治州。翠绿的㵲阳河在城中蜿蜒盘旋，将古城一分为二。河北岸为府城，南岸是卫城。从高处俯瞰，整个镇子犹如太极图一般。这里是由湖南进入贵州的水陆要冲，曾被称作“黔东门户，军事重镇”，历史上一直是兵家必争之地。1256年，蒙古军队进攻南宋。为抵御蒙军入侵，南宋皇帝将当时地处前线的奖州赐名为镇远，用以鼓舞士气。

明朝洪武年间，朝廷实行卫所制，大批军士携带家眷来到镇远屯垦戍边。会聚了天南海北的大量人口，借着水陆之便，镇远很快发展起

俯瞰镇远

来。当时仅在城内就有八大集市，百工百业非常兴旺，12个省的生意人在镇远设有商帮会馆。一时间，镇远集军屯、民屯、商屯于一身，有着“滇黔之孔道，西南一大都会”的美誉。

熬过了战争中艰苦的岁月，经历了商贸发展中生意的往来，镇远人深深地认识到，人与人之间相互托付、相互支撑的关系，帮助他们保全了生命和财产，也帮助他们获得了物质和文化上的兴盛。因此，镇远人将担当视作立身的根本。心怀责任，相互扶持，共同担当起对国、对家、对人的责任，是镇远人内心一直的坚守。

一　田景贤舍身护国保家

田景贤是南宋末年镇守镇远的土司。1271年，蒙古军队进攻临安，京城告急，南宋危在旦夕。朝廷命令田景贤即刻带兵保卫京城。这让田景贤陷入了两难：若是此时率军驰援，镇远必定会被早已虎视眈眈的敌人乘虚而入；但若守卫家乡，又难以尽到臣子对朝廷的职责。最后，田景贤毅然选择代表镇远所有老少，担当起了保护国家的责任。然而南宋气数已尽，最终仍然走向了覆灭。

元朝入主中原后，以镇远全城百姓的生命要挟田景贤进京。戎马一生的将军知道此行必然有去无回，但为护百姓周全，他还是毅然掉头带领几十名亲随远赴元大都，从此再没能回来。

田景贤雕像

为了纪念这位曾经为镇远百姓放弃一切的勇士，人们在文德关建起一座巨大的雕像。数百年来，田景贤的身躯始终守护着故土家园，也把男儿的血性与担当沁入这方水土，世代相传。

二 潘光福匠心修复古建

青龙洞是镇远的地标建筑之一，紧贴山崖而建。儒家的书院、道家的宫殿、佛家的香堂全都汇聚在这里。其间的紫阳书院始建于明嘉靖年间，因建筑之精美，环境之清幽，被誉为“㵲水无双福地，黔山第一洞天”，历史上盛极一时。20 世纪 80 年代，为发展经济，镇远决定开发旅游业，青龙洞古建筑群因其代表性被列为首批开发项目。但由于年久失修，青龙洞的建筑已经严重损毁，因此修复古建筑群成为当时首要的任务。

特殊的历史和多元的文化造就了镇远自成体系的建筑工艺，但能够掌握这种建筑工艺的人十分稀少，所以主持修复工作的专家组决定从外省聘用工匠来解决人员不足的问题。然而修复工作刚刚开展，就遇到了技术问题。得知此事，木匠潘光福主动要求参与修复工作。

潘光福家族世代定居镇远，几代人都从事木匠工作。潘光福自小便喜爱细木匠活儿，特别是雕花。他曾从老建筑上摹下雕花的样式，再将其转绘在木板上，一点一点照着样子刻下来。经年累月，潘光福逐渐掌握了镇远独有的雕花工艺。当看到外来施工队运用现代雕花技术代替镇远传统雕花技术施工时，潘光福非常着急。身为镇远木匠，潘光福认为自己有义务担当起保护这种独特建筑工艺的责任，否则青龙洞前人的技术，就会消失在自己这一代人手里。为了引起主持修复工作的专家们的重视，他跑遍了青龙洞每一间房屋，将上边的古老雕花转绘成图

青龙洞建筑雕花

样，一点点雕刻下来，再将其与现代雕花对比。经过对比和验收，专家组意识到问题的严重性，为了保留青龙洞原有的艺术价值，他们决定辞退外省的工匠，可这样一来，又找不到足够的人来接手。

为了完成修复工作，潘光福发动其他掌握镇远建筑工艺的匠人凑成一个建筑队伍。他们每天起早贪黑，累了就靠墙眯一会儿，饿了就生一堆小火，把自带的干粮烤热了吃。手上磨出了血泡，他们拿刀挑破，往身上一抹，闷头儿继续干。当时大米 0.3 元一斤，他们每天的工资却只有 1.5 元。就是在这样艰苦的条件下，潘光福和同伴们耗时近 3 年，终于完成了青龙洞的修复。令潘光福和他的团队惊喜的是，他们的修复成果得到了故宫专家的一致好评。

如今，潘光福的团队已经走出古城，面向更大的市场。人们都认为，是潘光福的技术成就了他今天的事业。但潘光福认为，是古城世代传承的担当精神，促使他对雕花工艺和古建筑的保护负起责任，是古城的精神成就了他。

三　傅家人仗义赔付损失

傅家先祖本是江西人，清嘉庆年间迁徙到镇远，在码头靠给人挑货讨生活。经过几代人的努力，傅家慢慢发展成大商家。鼎盛时期，古城一半以上的码头都有傅家的买卖。其中，复兴巷的堆栈规模最大，存储着镇远许多商铺人家的贵重货物。

当时正值匪乱严重的年月，一天，一伙土匪冲进城来，一把火点燃了傅家裕盛老行，整个仓库被付之一炬，许多商家寄存的货物也随之焚毁，损失极为惨重。按道理说，这不是傅家引起的火灾，可以不赔。但是傅家老太爷认为，这事情发生在傅家，必须赔。于是他们宣布，凡拿着存单来提货的，一律按市价折现。如遇一时还不上的，就商定好日期择日再还，绝不推脱。

傅家不惜散尽家财，主动担负起商户损失、偿还主顾的义举，受到当地人的推崇。事后，傅老太爷看淡名利，不再经商，但家族这段不逃避、敢担责的兴衰往事一直影响着后人。

20 世纪 90 年代初，傅家的小女儿考上北京交通大学，全家人都非常高兴，临行前，家里人特地请了城中有名的木匠，选用上好的红木，打造了一个精致的行李箱作为礼物送给小女儿。但是当她毕业回到家乡的时候，父亲傅舜德发现她并没有带回箱子，详细问过后才知道，女儿看到一名同学家里条件十分困难，就把箱子送给了那位同学。

作为傅家的子孙，女儿善意的举动让傅舜德非常欣慰。不仅傅家，镇远还出现过许多心怀担当精神的家族，享有美名的还有全家。全家大院传自上官仪、上官婉儿的支系，全家人接手后，在这里经商，造福古城百姓。直到今日，全家人仍旧以镇远人的身份在自己所处的时代力所能及地贡献着力量。

四　蔡酱坊力助共同富裕

道菜是镇远最有特色的食材之一，是应季青菜经过加工和长时间的发酵而成，是当地逢年过节餐桌上必不可少的食材。蔡英就经营着一家出售酱菜的商店，在古城中设有一家门面，门面看着不大，却供应着全城大部分道菜。

小时候，蔡英很喜欢到母亲工作的“舒祥泰”酱油厂玩耍。听老人们说，“舒祥泰”的掌柜舒万龄曾在抗美援朝时期捐赠了一架飞机给祖国。这对幼年的蔡英产生了很大的震撼。口耳相传的古城往事一直潜移默化地影响着她。抱着“做一些力所能及的事”的想法，蔡英决定在古城附近的乡村建立蔬菜基地，与村民签订保

道菜

障合同，这样既能保障菜农的生活，又能为蔡酱坊提供稳定的货源。

在以往青菜成熟的季节，菜农们需要挑着担子把菜送到城里出售。许多六七十岁的老人，挑着50多斤重的担子，要走三四十里的山路才能把菜送进城。山路崎岖艰险，担子沉重，青菜鲜活易腐，出售的过程往往非常艰辛。为了方便菜农，蔡英带领团队每年上门收购青菜，这样村民就可以免受挑着担子赶路的辛劳。

不仅如此，蔡英还对情况特殊的农户制定了一对一扶贫方案，以解决村民生活的困难。几年时间，蔡英和她的团队带动了周边1000多户村民脱贫，人均年收入提高了几千元到数万元。姚祖松是箱子岩村人，和母亲相依为命，前些年又把伯母接到家中赡养，三口人的生活重担全落在他一个人身上。为了让这个善良的小伙子不再为生计发愁，蔡英和她的团队帮助他安排应季的养殖、种植计划。起初帮助他养鸭脱贫，后来又分给他4亩地来种，预计这片土地可以收获3.2万斤青菜，能为姚祖松带来一笔不小的收入。这样一来，两位老人的生活有了保障。姚家以前一年忙活下来也就千把元收入，在蔡英的帮助下，现在能有数万元，收入翻了几十倍。如今，姚祖松再也不用为一家人的生计发愁了。

不仅乡亲们跟着蔡英受益，蔡英和她的团队也从中收获良多。有一年，蔡酱坊与村民签订了大蒜收购合同，每斤大蒜按1.2元的价格收购。由于市场的波动，当年市面上大蒜一路飞涨到4元，当地菜农为了支持蔡英，都按合同价出售，这样的相互扶持，深深感动了蔡英。蔡英和村民们相互信任，相互扶持，共同建立了长久而稳定的生意往来，共同担当起让大伙都过上好日子的责任，让扶贫这件事落到了实处。

五 陶湘黔奋身保护游客

随着知名度的提高，镇远每年都要接待数十万的游客。旅游业的发展也让更多古城人开始从事相关的工作。陶湘黔是高过河漂流区的一名护航员，每天，他都要在河边的指定位置，保护漂流游客的人身安全。

2010年的一天，在湍急的漂流河道中，有一位游客玩得过于兴奋，松开了橡皮艇的扶手。突然，一个浪头打来，游客一下子就被拍到了河水里。陶湘黔下意识地跟着跳到了水中，朝着惊慌失措的游客游去。河流湍急，他多次尝试才将落水者抓住。但两人又随即被水流冲往下游。由于游客身体重，陶湘黔被压在了水下，一连呛了好几口水，腿也重重地碰到河道的石头上。即便这样，他仍然紧紧地抓着游客不放手。好在下游河段的同事发现了他们，多人合力才将两人救上岸。

当时陶湘黔的内心也十分慌张，但他认为，作为护航员，保护游客人身安全是他必须担负的责任，再危险也得上。

护航员的工作地点

湍急的河流

如今的镇远古城，为了能给远道而来的客人带来便利，㵲阳河两岸每隔数百米，都有船老大摆渡来往游人。自行车协会每次骑行时，大家伙儿都要顺带清捡垃圾。大街上、巷子间，只要有人遇到麻烦，就会有人伸手帮上一把。古城一以贯之的担当精神，不光继续沁润着古城人的心，也潜移默化地影响着每一位来到古城的游客。历史上，天南海北的人来到古城，共同创造了独有的担当精神。如今古城正将担当精神通过游客传往世界各地，用各种各样的声音，继续延续着担当精神的血脉。

编　　导：范虹润　邵　晨
撰 稿 人：韩宜霏
指导撰稿：韩晓芳

定海古城

第9—10集

向海而生

定海古称“翁山”，位于浙江省舟山市的一座小岛上。它背靠长江三角洲而生，依太平洋而建。定海古城与中华民族同生共存，5000年前便有先民在此定居。北宋时期，在鄞州做知县的王安石路经此处时，发现这里不仅是长江门户、南北要冲，更是前往朝鲜、日本的必经航道，地理位置十分优越。他便上书皇帝，以“实海中之巨障，足以昌壮国势焉”为号，让定海成了中国海防线上最重要的一座军事要塞。宋元时期，作为贸易交通的重要枢纽，定海是海上丝绸之路坚实的支撑。时至明清，丝绸、茶叶、瓷器等大宗商品随着纤绳与泥沙，奔流到海，遍游各地。

定海自建城以来，经历的战争不下百次，两次定海战争、解放战

定海一貌

争……从春秋时的“南甬”到明代的“翁洲”再到如今的“定海”，时间的流逝改变了古城的名字，也改变了这城中人的面庞，然而他们心中的血气却还是一如前日。定海的老百姓每次面对外敌入侵时，都凭着心中的那份热血一次次直面迎击，从不退缩。在定海人守望这片波涛的千年时光里，那份曾经的一腔热血早已在一次次斗争中化成一种知难而上、不畏艰辛的精神，潜移默化地影响着每一个定海人。

一　复翁同归　英雄盖世不畏死

定海古城历经千年岁月，现在留存下来的建筑也大多传承了百年，或是祠堂院落，或是楹联碑刻，复翁堂和同归域就是其中的代表。它们映照着那些动人的过往，彰显着定海人传承千年的抗争精神。

复翁堂位于定海城的西北面，是为了纪念为民请命的王国祚而建。明初，中国东南沿海长期被倭寇侵扰。朱元璋实行海禁政策，下令“寸板不许下海”，迫使舟山四十六岛居民离开祖祖辈辈生长的地方，迁入内地生活。当时还是平民的王国祚不忍看家园被毁，为了守住定海城，他毅然决定独自上京，请求朱元璋解除禁令。

在京城的前三个月，王国祚人微言轻，处处碰壁，最后还是靠着对朝中大将军沐英的救命之恩，才得以面圣。王国祚在朝堂上细细说明了留守定海的重要性：一旦迁徙，以后打仗国家就是腹背受敌；如果留守，一旦倭寇来犯，百姓可以自建民团，自备刀枪进行反击，守住东南门户。最后朱元璋亲自下旨，准许定海人不予搬迁。定海也因此成为明初唯一一座保留下来的“海上古城”。因为当时定海被称为“翁洲”，人们尊称王国祚为“复翁先生”，王氏祠堂也被敬称为“复翁堂”，从此被定海人世世代代香火供奉。

比起“复翁先生”王国祚的仗义执言，被安葬在龙峰山“同归域”的那些与古城同赴生死的孤军和百姓更让人心生悲悯与敬畏。

1649 年，鲁王朱以海驻扎定海，与清军隔海相抗。虽然那时的南明王朝早已摇摇欲坠。而定海人仍坚守着这片土地，哪怕濒临险境，也不

■"同归域"

曾逃离。

南明永历五年，清顺治八年（公元1651年），九月初二，定海城破。同日，城内官民商儒，或举火共焚，或就义而死。明军将领蒋若来明知城陷难守，依旧坚持巷战，单人击杀40多名清兵，直至兵刃卷起。大学士张肯堂全家27口人，皆因城陷而自杀殉难。城中1.8万多具遗体累累相枕，大火昼夜，古城将倾。

"水火刀兵顷刻，忠孝节义千秋""忠魂各遂当年志，白骨同垣千古香"，这些已经矗立在"同归域"旁300多年的楹联，写尽了当年面对清兵入侵苦守孤军的决心，以及与城同赴生死的定海百姓的悲愤。时至今日，每年九月初二，定海都会全城鸣钟击缶，祭祀死难英烈，悼念过往曾经，以望来日。

二　捐躯殉国　赤子丹心照祠辉

定海古城依山傍海，四通八达，历来是兵家必争之地。但清政府在这里的军事布防极其薄弱，英国人看准了这一弱点，两次进攻定海。虽然当时清政府羸弱，英军猖狂，但定海人民没有屈服，即使头破血流，粉身碎骨仍誓死守卫。在古城西侧的晓峰岭上，有一座"三忠祠"，里面的石刻碑文记录着这段历史。

当40多艘战舰在海面上对定海古城形成合围之势时，英军大言不惭地要求县令姚怀祥投降，将古城拱手相让。是可忍，孰不可忍！姚怀祥明白，在只有2000多兵力、武器装备落后的情况下，面对强大的英军，这场战役必输无疑。但他还是坚决地驳回了英军的蛮横要求，同时怒斥英军，勒令其撤退，不得犯境。

英军留给姚怀祥筹备兵马应对战争的时间只有一天，况且清王朝闭关锁国多年，平日里军队也疏于防备，根本无力应战。姚怀祥只得在一天之中，拉练起一支根本没有接受过专业训练的军队。

在他的带领下，每个士兵都在用生命践行着“守土有责，当示无畏”的信条，在那场战斗中没有一个人后退。在最终失去城池时，姚怀祥牢记城在人在，城亡人亡的古训，义无反顾地跳入梵宫池以身殉国，壮烈牺牲。

定海失守，中国腹地危险。清政府以割让香港岛为代价，让英军撤出定海。但短短一年，英殖民者就按捺不住蠢蠢欲动的野心，再次挑起争端，庞大的英国舰队重临定海。

当时请假在萧山老家守孝的定海总兵葛云飞得知军情后，携带着亡父留给他的两把佩刀——“昭勇”和“成忠”，立即主动奔赴前线，深入海岛，勘察地形，应对英军入侵。葛云飞深知清军的实力难以抵抗来势汹汹的殖民者，多次飞书镇海大营请求拨款修复受损的安防设施，但都没有结果。他只能上书请奏预支自己 3 年的俸禄捐做防务军费。

姚公殉难墓地

战争期间，葛云飞与士兵同甘共苦。定海民众有感于他为镇海的付出，特地熬了参汤给他喝，但他拒不接受。百姓和士兵见他孝服上全是泥水，脸颊瘦削，眼睛布满血丝，纷纷围上来劝饮。葛云飞感动得热泪盈眶，但当他想到和他一样忍饥杀敌的将士们时，不禁高喊一声：“公等随我守城，忍饥杀贼，我何忍一人独饮乎?”，并将参汤倒入旁边小河里，与众将士一起用手捧着喝。在“城亡与亡，誓死不离定海半步”的信念下，葛云飞身先士卒，带领 5000 名将士冲向城头。当炮筒打到通红不能发射时，他们就用大刀、长矛与敌人肉搏。不得已时，葛云飞命人关上城门，自断后路，带领仅存的200名将士，杀向敌军。最终，葛云飞身负重伤，左眼被敌军用指挥刀劈开，鲜血直流，又被抬炮击中胸膛，壮烈牺牲。

六天六夜，五千将士血洒古城。为纪念定海保卫战这段历史，告慰长眠于此的英魂，定海居民建成了“三忠祠”。当年的故事也被编成一幕幕戏曲，在民间传唱。“捐躯赴国难，视死忽如归”的英雄忠魂就这样流传，延续至今。

三 苦守灯塔 一门五代守希望

和那些风里来雨里去的打鱼人不同，守塔人的工作是真正的“向海而生”。他们几乎与世隔绝，每天凝望着最孤寂的海，与灯塔相伴，守护着每个渔人归家的希望。

叶中央的家族从清朝光绪年间就开始守着定海七里屿的灯塔。开始是他的祖父，如今是他的孙儿。一门五代，百年时光；一脉相承，绵延岁月。

守塔无疑是孤寂的，一人一塔三两灯火。对叶中央来说，守塔的代价却不仅是一个又一个孤寂的夜晚。在1971年春节前夕，叶中央因为守塔不能回家，他的妻子和女儿乘船来陪他过年。一年未见，一家三口满心欢喜地等待着团圆。只可惜天不遂人愿，因为风大浪高，小船半夜翻了，母女双亡。他期盼的是阖家团圆，但看到亲人时已阴阳两隔。

事故过去没多久，纵使心中千般悲痛，叶中央还是重新回到了灯塔。在以后无数的漫漫长夜中，他只能一个人悲恸地瞭望着海面，幻想妻女可能在某艘船上面朝自己而来。自己守住了灯塔，也是为她们照亮了一条回家的路。就这样，叶中央在灯塔上守了41年，直到退休。

叶中央离开了灯塔，但叶家五代的故事没有完结。2013年，叶中央的孙子叶超雄成了这个家族最年轻的守塔人。他听着灯塔的故事长大，最后也登上了那座灯塔。

叶超雄守护的七里屿岛很小，面积只有 0.03 平方公里。叶超雄曾以为那份守望是清闲且毫无意义的，直到 2015 年 8 月的一个傍晚。那天暴雨倾盆，闪电击中灯塔，主灯备灯全部损坏，他守望的海面一片漆黑，没有方向。

按照规定，下午 6 点灯塔必须准时亮灯。如果超过一个小时不能恢复，就要发布航海通告，附近的渔船也要原地抛锚，禁止航行。但暴雨中的抛锚对渔船来说，危险重重。叶超群知道，灯塔是大海的眼睛，只有灯一直亮着，在茫茫大海上航行的船只才会安全。他时刻记得爷爷“人在灯亮”的叮嘱，所以他尽快平复心中的胆怯，咬牙在电闪雷鸣中爬上了 16 米高的塔顶进行抢修，最终如期修复灯塔，照亮了渔人归家的路。

叶超雄从那时起才真正明白，守塔人这个看似清闲的工作背后的重要意义——守护希望。他要让灯塔一直亮着，让每个归家的渔人都看得清归家的路，看得见希望。

近 30 座灯塔矗立在舟山海域，有 60 多位如叶中央祖孙这样的守塔人，他们夜以继日地守望着这方圆 2000 海里海域的希望。他们背靠最热闹的万家灯火，却看着面前黑色的大海不曾回头。他们明白，只有自己耐得住寂寞，抗得过平淡，才能迎来千百里海面的光明。

叶超群孤单守塔

四 横跨大洋 迎风开拓万里航

明清时期，定海的海运及造船业极为发达，当地打造的绿眉毛船成为浙江沿海商船的代表。当年，这种绿眉毛船作为运输船，曾随着郑和船队七下西洋，最远到过非洲东海岸。

出生在将军桥下六号定海大屋的董浩云，从小就对郑和有一种特殊的感情。在他只有六七岁时，老师提起郑和七下西洋，弘扬国威，通过规模浩大的航海活动与沿途国家建立了友好邦交的事迹，他的钦佩之情油然而生。从此，好奇、探索与开拓的精神在他的心中埋下了种子。

许多定海人十几岁就背起行囊，闯荡四海，董浩云也是这样。即使他怀着梦想长大，但当时的中国正处于抗日战争时期，大陆战火连绵，董浩云也不能像郑和一样七下西洋，开拓国运。

抗战胜利后，国内经济环境虽然稍显平稳，中国的国际形象也有所改善，但由于多年战争，中国在很多方面的实力仍然较弱，一些行业实际上还是由外国人控制，远洋航运也不例外。大一点的跨洋运输完全掌握在外国公司手中，中国的货船只能在内河近海一带开展航运，发展受到了极大的限制。

董浩云并不屈服于现状，陆续购置了“慈航”“慈运”等 10 艘轮船，建立起自己的船队。他相信曾经海运发达的定海不会这么沉寂下去。在潜心钻研先进技术的同时，他一直在耐心地等待时机，一个能够让中国船队逆风翻盘，让中国船队足迹遍布世界的机会。

1947 年，国内一家公司要运送一批货物到法国，但当时正值印度洋和大西洋风暴频发的季节。跨洋航运本就危险重重，况且在这种极端恶劣的情形下出海，无疑是在用生命做赌注。押赢了当然好，一旦出现意外就意味着船毁人亡、满盘皆输。过高的风险让各个航海公司望而却步。但有多年航海经验的董浩云没有退缩，他意识到，这次航行是中国航运开辟海外版图的绝佳机会。一旦成功，就是开天辟地的壮举。因此，董浩云迎难而上，决心和大洋上的风浪抗衡。“不到外海洋，难识大风浪”，这是定海人常常挂在嘴边的话，也是董浩云敢下决心放手一搏的勇气来源。

经过几个月的时间，这次航行从人员船只到各项物资都已准备齐全，董浩云信心十足地派出了旗下的“天龙号”货轮，开始了这趟九死一生的航程。和出发前预想的一样，他们遇上了海上风暴。巨浪翻涌，奔袭而来，冲击着船只，船员们强忍着船只颠簸带来的呕吐、眩晕等让人不适的症状，最终完成了任务。为了躲避风暴的袭击，他们在海上兜兜转转了一个月，甚至有一次“天龙号”遭受重创，船只头部沉入海中，只剩尾部露出海面，螺旋桨在打转，整艘船像要散架一样。

尽管整个航程异常艰难，但船员们还是如期把中国的“天龙号”驶到了法国，完成了交易。当中国航船战胜风暴抵达法国时，众多报社记者对此争相报道。“你们哪里的?”“我们中国航运公司。”简单的对话，足以使身处异乡备受屈辱的国人振奋，一些华侨甚至跪在岸边痛哭流涕。面对风暴，中国航员没有畏惧，没有退缩，而是奋力拼搏，向全世界展现了知难而上的定海精神。

这次航行创下了中国人独立驾驶巨轮跨越大西洋的壮举。1948 年，董浩云旗下的“通平号”又从上海出发，横渡太平洋，成功抵达美国旧金山。从此，中国航运正式开拓了海外版图，为长远发展打下了坚实的基础。

不仅董浩云，生长在海边的定海商人都有一股敢为人先的开拓精神。中国第一家保险公司、第一家机器染织厂、第一家出租车公司……都相继在定海人手中诞生，蕴藏着开拓与不屈精神的血液在世世代代的定海人身上流淌。

五　潜心创业　研发导航散家财

“千船万船风篷飘，南洋北海任我走。”这是舟山船歌对渔民生活的描述，看似浪漫，却藏着闯海人孤伐重洋的辛劳与不易。多变的天气、陌生的航路、海底的暗礁……一次次的航海就是一次次地用生命做赌注。

定海人不怕风浪，但在科技发达的今天，一款精确的海上导航软件无疑可以降低出海时遇见风险的概率。但是市面上销售的精确的海上导航软件往往价格昂贵，定海渔民有的大部分是12米以下的小船，又只靠夫妻两人经营，根本无力负担。几年后，吴德仁开发的平价导航软件改变了这一现状。

吴德仁是一名军人，在他29年的军旅生涯中，曾多次率队参与沉没的长江“东方之星”号、东海海域沉船和飞机坠落等事件的救援。10年前，他随一艘4000吨的轮船出海，在船只将要靠岸时，一艘渔船却横在了大船船头。由于渔船处在大船的视线盲区，两艘船只发生了碰撞。最后还是靠岸边百姓的叫喊声才让他们发现船被撞沉了。在打捞的时候，渔船上的人已经失踪，只剩下一艘空荡荡的船。这件事给了吴德仁极大的触动，他迫切地想开发一款人人都用得起的导航软件。

吴德仁（中）指导研究“千里眼”

于是，吴德仁退役之后，不顾家人反对，几乎变卖了全部的家产，投入到海上导航软件的研发之中。这是一场和时间的赛跑，更是一场和死神的战争。早一天研发成功，就会少一分伤亡。但就公司当时的状况而言，他们所掌握的数据远远撑不起整个导航系统，很难满足海上航行和保障渔船打捞作业安全的需求。

定海人从来不怕困难，没有数据就自己测量。为了能够积累数据创建完善的数据库，吴德仁沿着海岸线遍访渔民，记录下他们多年来遇到的暗礁位置，又租下渔船，亲自出海核实。别人见到暗礁绕着走，可吴德仁偏向虎山行，正面迎战暗礁。经历了几次触礁险情后，一些船员不愿再冒险，放弃了出海。于是，吴德仁成了光杆司令，一个人披荆斩棘独自冒险。从广东、福建一直到山东、辽宁，吴德仁亲自摸清了近10万个暗礁的大小和具体位置，然后逐一编进数据库。

如今，渔民出海航行只要带上手机，通过吴德仁公司的产品“e航海”App输入目的地，屏幕上就会显示出需经航线、航程、沿线可靠泊码头、途经海域、水文气象等实时信息。除此之外，这款软件还附加了维修服务、燃料物资补给等延伸服务。

2009年，西堠门跨海大桥的建成让50万定海人告别了舟楫往来的交通历史；2015年，吴德仁的“千里眼”走进了14万定海渔民的家，让几十万人出海时的安全得到了保障。定海人用骨子里的忠魂和开拓进取战胜了灾难，做到了与海洋的和平共处，赢得了美好的生活。

六　临海而渔　回首同难抗风浪

面朝大海，靠其而生，守其而死。

定海城外的西堠门海域盛产鮸鱼，但那里捕捞条件恶劣，海域暗礁遍布，极难分辨，稍有不慎，船只就会触礁。难上加难的是，鮸鱼的汛期与当地的台风季重合。每个定海渔民都明白，想要捕到好鱼就只能迎着风浪前行。面对困难，定海渔民毫不惧怕，而是携起手来共同面对，

■ 定海古城居民创作书法作品

实现了靠海而生。

2010 年，刘常军在海上捕鱼时突遇狂风骤雨，需要及时返航。然而在狂风中，渔船因故障失去动力，随时都有倾覆的危险，绝望之中他发出了求救信号。在附近海域进行捕捞作业的另一个船老大王功明收到了刘常军的信号。每个渔民都知道，在暴风雨中救援他人是极其危险的。前来救助的一方需要在起伏的海浪中用绳子把对方的船只拴在自己的船上。稍有不慎，两只船就会撞在一起，船毁人亡。当时王功明本已经准备返航，但他一收到信息就立即调转船头，冲向风暴深处，决定救出处在风浪中的刘常军。

风急浪高，王功明用了两个多小时才将救命的拖绳系在船上。在暴雨之中航行，过快容易船翻，太慢危险系数翻倍，原本十几个小时的路程，他们二人走了一天两夜才安全抵达港口。生死之际，一条拖绳将两艘渔船紧紧相连。从那以后，这两位船老大的心也被拖绳紧紧地系在了一起。每每渔船平安归来，这两位船老大都要举杯共盏。他们都是在大海上讨生活的人，在一次次的推杯换盏之中，好像生活中的所有苦辣心酸，都能被一饮而尽。生死相依的深情，随着酒香氤氲开来，温暖着整个海岛古城。

每当天空低垂，迎着夕阳，走在定海的小路上，白墙青瓦，飞檐叠嶂，远方的大海宁静而美好。人们将餐桌摆到外面，海鲜上桌，亲友小酌，便是最好的时光了。那些向海而生的定海人也早就习惯了这种迎风出海、收获大自然馈赠的日子。

海定而波宁，对那个名为“定海”的小镇来说，“守护”早就成为那片土地上每个人的习惯。若是风平浪静，那便安安稳稳地活着，春看百花冬赏雪，迎着略显腥咸的海风，也就有了一切；但若一朝风起云涌，也定会乘风破浪，知难而上，虽身死而未悔。

编　　导：吕明月　吕　妍
撰 稿 人：弓绮慧　程　洁
指导撰稿：韩晓芳

第11集

巍山古城

众人拾柴火焰高

巍山古城地处我国云南西部，红河源头，始建于元代，明朝时正式建成，是旧时南诏的发源地。古城方正如印，2000多米长的巍山大街作为中轴线贯穿全城，25条街、18条小巷分布两侧。拱辰楼与星拱楼遥相呼应，在600多年的时光里，始终坚守着“为政以德，譬如北辰”的初心，将古城人民牢牢凝聚在一处。今天的古城里，彝族、回族、白族、苗族、汉族等20多个民族勠力同心、共建巍山。

悠长的时光里，巍山古城酝酿出了独具特色的民族风情。细嫩稠滑的火巴肉饵丝、甜香鲜美的燕南瓜、千米不断的巍山一根面……美美与共的饮食文化中升腾出万家烟火。千万支火把共燃，是古城人面对自然

巍山古城轮廓图

生发的智慧，也是齐心协力、共克难关的巍山精神。街边小店里各色的扎染布，古城南部巍宝山上就势而建的数座道观，城内的一砖一瓦、一草一木都在向人们娓娓道来它的故事。“同舟共济扬帆起，乘风破浪万里航”，600 多年的时光里，巍山用实际行动传承着和衷共济、团结一致的古城精神！

一　古城起源：发于南诏成于明

唐朝初年，彝族先祖细奴逻在巍宝山上建立起名叫“蒙舍诏”的部落联盟，巍宝山位于今天的古城南部，是中国的 13 座道教名山之一。当时，巍宝山周围由少数民族建立的部落联盟还有很多，由于山林和土地资源有限，部落间冲突不断，百姓不堪其苦。在无休止的战争中，各个部落终于意识到“分则俱伤，和则共赢”的生存真谛，约定推选一位贤者成为共同领袖。

各部落都有私心，推举自己的领袖能为本部落谋取更多利益，因此，在争论中，领袖人选迟迟无法确定。就在这时，天空中突然飞来一只绚丽的五彩鸟，缓缓落在细奴逻的肩上。有人说这是天意，提议推选细奴逻为领袖。论战斗力和财富，各部落旗鼓相当，难分胜负，但从公正心和治理的智慧出发，细奴逻是不二人选。公元 649 年，细奴逻统一各部，以巍山为首府，建立了南诏。南诏对中土文化十分仰慕，公元 653 年，细奴逻派遣儿子逻盛炎进京朝贡，受封巍州刺史，南诏从此归附唐朝中央政府，还以汉字为基础发明了彝族自己的文字，引进中原先进的生产技术和管理制度，教导百姓耕田种稻，植桑养蚕。部落纷戈成为过去，齐心协力建设富

五彩鸟落在细奴逻的肩膀上

庶南诏成为他们新的奋斗目标。

为铭记先祖功德，巍山人在巍宝山土主庙里世代供奉着细奴逻的塑像，塑像高丈余，左右两侧还分立着文臣波逻旁、武臣郭群矣的泥像。每年，彝族百姓都要在此举行祭祖仪式，信仰于心，从未遗失。

巍山文明早在南诏时期，就在时光的画卷中刻下笔笔风采，协力创造出“家饶五亩之桑，国贮九年之廪”的富庶景象。但巍山正式建城的故事还要从明代讲起。巍山在南诏时期已初步形成村舍，元代发展成为土城，但当时连年战乱，百姓为求自保纷纷躲进山林村寨，因此土地荒芜，人烟稀少，直到明代才正式建城。

当地县志记载，明朝初年，武官范兴在云南剿灭元军有功，被封为明威将军，委派至巍山担任蒙化卫指挥使，蒙化卫就是今日巍山。赴任后，范兴报请朝廷，希望能在巍山建城，给当地百姓一个安居乐业的环境。得到批准后，他开始召集工匠修建城池，而号召却无人响应，百姓固执地认为躲入山林村寨更能抵御外侵。不久，流寇来犯，分散的村寨受到攻击，毫无还手之力，几百人性命危在旦夕时，范兴率领数千士兵前来营救，危机得以化解。经此一难，百姓深刻意识到集结成城更有战斗的力量。他们痛下决心，纷纷走出山林，齐心协力修建巍山城，不过数年，巍山城便拔地而起，在此后600多年的时光里，始终庇佑着巍山人民。

细奴逻塑像

范兴建城

巍山人用团结的智慧化解部落纷戈，同心同力建设美丽家园。一派盛景里，在这片土地上成长起来的子民也在细细体味着勠力同心的巍山精神。

二　火把文化：众人驱蝗盼吉祥

火把节是中国西南众多少数民族共同的节日，在巍山尤其盛大。相传，很久以前，彝族先民在巍山以耕作为生，辛苦劳作，祈盼丰收。然而天有不测风云，一场蝗灾突降巍山，庄稼被啃食殆尽，百姓无以果腹以致饿殍遍野。尽管为此作了诸多努力，但面对蝗灾百姓始终束手无策，愁云惨淡爬上百姓眉梢，声声哀叹遍布巍山乡野。

一天，一位年轻人无意间撒了些香面到火把上，火苗竟瞬间蹿高，将周围的蝗虫一烧而尽。他欣喜万分，道路相告，很快巍山人都知道了这个办法，大家相约在农历六月二十四这天共同燃起火把，消灭蝗虫。冲天而起的火光映红了整片天空，猖獗已久的蝗虫终于化为灰烬，伴随蝗灾而来的阴霾在巍山一扫而空。此后，每年到这一天，古城就会化身火的世界，烧尽一切不祥，在载歌载舞中，祈盼一年的吉祥，这就是火把节的由来。

火把节这天，各族人民会在村口、路口、广场上竖起大火把。巍山的大火把直立起来比人还高，由松木制成，需要提前一年砍下，再经过12个月的晾晒，彻底干透，劈出大量裂缝后在其间插满松枝，一是助

■火把节的狂欢

■庆祝火把节

燃，二是方便挂一些装饰物。写满照岁祈年吉祥语的彩旗和“升斗”、红色的火把梨与海棠果点缀在鲜绿的松柏树枝中，跳跃的火光里寄托着巍山人民的美好心愿。人们聚集在火把底下欢呼舞蹈，争抢从火把上掉下来的挂件，抢的越早越多，寓意着来年更加吉祥。之后，青少年们会手持小火把奔向街头巷尾，遇到过往行人，就在火把上撒上松香面，用绽放出的小小火花去燎行人身体，以表祝福。

火把文化是巍山文化的重要组成部分。百姓极其注重火把文化的传承，父教子，子长为父再教子，独特而古老的“撒火把”仪式，巍山齐心聚力的民族精神，就这样在一束束火光里、一辈辈子民间传承下来。

2019 年 7 月 26—28 日，巍山举办了云南巍山国际火把节，一族文化的传承邂逅新时代风采，从历史传统故事到科技创新手段，绿色、环保成为火把节的新鲜元素，民族文化与时尚科技、生态建设擦出火花，而后散发它在新时代的魅力。但不变的是，巍山人民始终热爱用“火”来表达炽热的感情，创造沸腾的生活，凝聚民族的团结。

三　古迹留存：旧时拱辰凝今情

对于祖先留下的建筑瑰宝，巍山人民一向珍视万分，小心维缮，今天的古城依然较完整地保持着建城时的格局，是中国保存最完好的明清古建筑群之一。古城方正如印，四面皆列城门，东“忠武”，南“迎熏”，西“威远”，北“拱辰”，彰显着“为政以德，譬如北辰，居其所而众星共之”的初心和智慧。

罗家靖是古城里有名的木匠师傅，几十年的职业生涯里，他曾参与修复古城数百座建筑，但在他的记忆里，最难忘的还数修复拱辰楼。1996 年，罗师傅接到修复拱辰楼的任务，这是全城关心的大事，也是一次前所未有的艰难挑战。为了保持拱辰楼的文物状态，修复工作禁止使用新型建筑材料，需要搜寻数万块明代的砖、瓦当和青瓦，这成为最棘手的问题。缺少明代砖瓦的消息迅速传遍了巍山，整个古城都为此奔波起来。

拱辰楼

罗家靖（右）与杨家新

有一天，居民杨家新在自家的老院墙里发现了数十块明代城砖，只是要取出这些古砖，自家的院墙势必要推倒重建。杨家新毫不犹豫地作出抉择——推墙取砖。人心齐，泰山移，为修复拱辰楼而推倒自家院墙的不止老杨一家，每天都有络绎不绝的古城居民推着四处搜集来的明代砖瓦送到工地。原本两年才能竣工，在巍山人民通力合作下，仅用了几个月的时间，还余下了四五万块的砖瓦。

“舍小家，成大家”，古城人在巍山文明的滋养中，养成了公而忘私的美德。谈及自家的牺牲，老杨指着修缮后的拱辰楼说：“我家院墙没拆，这就是我家院墙。”这不只是老杨，也是全体巍山人民的心声。他们对古城的情感早已深入到每一棵草木、每一座建筑中，保护、修缮都极其用心。

当年因众星相拱而得名的拱辰楼，在600多年后的今天依然像一弯明月，照亮古城各方的同时，也凝聚古城义气。

四 阡陌交通：先时古道变关蒙

明清时期，巍山马帮曾书写一段传奇历史。他们行遍四方，北至朝鲜，西到尼泊尔，南达缅越，凭借捍卫家国的坚定信念，成就了巍山茶马古道重镇的地位，古城也因此盛极一时。

茶马古道成就的，不仅是巍山发展经济、振兴家乡的光辉历史，还是一部赤胆忠心、助力革命事业的光荣史。当抗日战争的烽火烧至滇西，巍山回族马帮在战火纷飞中，组成了一条炸不断的运输线，风雨兼程运送了万吨军用物资支援前方，在英勇顽强、团结协作的巍山精神里又添进了浓墨重彩的一笔。后来，解放大军进军西藏，在万人赶修滇藏公路的号角声中，巍山的马帮人更是义无反顾前去支援。

进入 20 世纪上半叶后，巍山随古道的荒废而没落，茶马古道渐行渐远，成为回忆里的故事，但同心同德、团结协作的巍山精神，却沿着古道北去，化身成关蒙公路的基石。

穷则思变，百姓迫切渴望修建一条属于巍山人民的公路。修路热情高涨，可材料、技术、资金的匮乏成为摆在他们眼前的难题。1950 年，参与修建滇藏公路的巍山工人返回家乡，带来了成熟的修路技术，百姓出人出物，就这样开始了关蒙公路的修建之旅。关蒙公路连接巍山与大理下关镇，其间要穿越 61 千米的崇山峻岭。没有现代化机械设备，巍山百姓齐上阵，靠人力开路；修建路基用的碎石，修建桥涵用的长石条全靠居民四处搜寻，就连孩子们也都跟在祖辈、父辈的身后，学着挑拣原料；学生们还组成了一支宣传队伍，打腰鼓、喊口号，为关蒙公路的修建加油助威。

巍山茶马古道

关蒙公路

同心同德，众志成城。当时的巍山城仅有

■ 百姓庆祝关蒙公路通车时的影像

一万多居民，预计两年才能竣工的工程，在三千劳力连续工作 51 天后，顺利完工，这段难忘的经历，在巍山人的共同记忆里闪闪发光，曾参与关蒙公路修建的居民，如今大多已年至耄耋。关蒙公路的开通成为巍山古城发展的新起点，为了纪念这种齐心协力的巍山精神，人们在月华街口建立起一座群力门，古城里还有群力小学、群力巷、群力社区，“群力”二字成为这座古城恒久不变的精神底色。

古城团结的智慧，播种在旧时南诏的文化里，燃进松明火把的香脂气中，钉进修缮城墙的一砖一瓦内，藏在茶马古道的尘嚣里，最重要的是鲜活在每一代人的传承里。

编　　导：李晓晖　汪　炜
撰 稿 人：魏　钰
指导撰稿：祁瑞萍

第12集

蓟州古城

京师东大门

“天净云清紫翠浮，好山消尽越乡愁。行人如有江南兴，马上题诗入蓟州。”明代诗人杨士奇的《入蓟州界》向人们生动描绘了蓟州云净天清、奇峰俊林的壮阔风光。蓟州古城，古称渔阳，始建于春秋时期，至今已有2000多年的历史。它位于天津北部，紧邻燕山，地处京、津、唐、承4市之腹心，地势北高南低，州河从古城东南角流过向南而去，世代滋养着这方水土。如今的古城以鼓楼为中心，东为文昌街，西为武定街，一条条充满北方风情的胡同纵横交织，构建出棋盘式的街巷格局。

蓟州最古老的建筑是有着1000多年历史的独乐寺。它始建于唐，重建于辽，后又经明清两代不断修缮，集多朝建筑之精华，有“上承唐代

蓟州棋盘式的街巷格局

遗风，下起宋式营造”的美誉。乾隆皇帝曾32次到访古城，登临盘山，甚至在独乐寺修建了行宫，留下“早知有盘山，何必下江南”的感叹。也就是在那个时期，蓟州商贸开始迅速发展起来，凭借漕运之便，南北货物在此集散，各地客商在此买卖交易，老街上商铺林立，人流如织。

数百年的热闹喧嚣并没有让人们忽略这座军城的战略价值。清道光年间，知州华浚命人将一牌匾高悬其上，题字“畿东锁钥”。“畿”指北京周边，“锁钥”指锁和钥匙。蓟州相当于北京的东大门，如果攻破蓟州，北京城将会面临不利处境，所以“畿东锁钥”一词就足以看出这座军城的重要性。

在蓟州，历史并非遥不可及，每一个转角都会与一段故事不期而遇。从秦皇巡游、窦公教子到元敬守关、乾隆御笔，州河之畔的这一尊尊塑像，仿佛穿越2000多年的时光，把古城过往的荣光带到了人们的面前。

一　蓟州文风：窦燕山有义方，教五子名俱扬

义塾又称义学，在古代，是一种专门为民间贫寒子弟设立，免收费用的学堂，大多是由各地官家或大家族捐资而建。蓟州义学之风极为兴盛，这都与一位叫窦燕山的人有关。

窦燕山及五子雕塑

窦燕山原名窦禹钧，五代后周人，他年轻时放浪不羁，是个不折不扣的纨绔子弟。30 年光阴虚度，到了而立之年仍一事无成，就连子嗣都不曾诞下。一天夜里，窦燕山梦到了他的父亲和祖父，父亲和祖父告诫他，如果他再这样不务正业，不仅英年早逝，还没有子嗣继承香火，传承血脉。梦里长辈的一番话，让窦燕山惊出一身冷汗。从此之后，这位纨绔子弟决定痛改前非，行善积德。他看到很多贫寒子弟读不起书，决定开办义学，延请名师授课。消息传开后，十里八乡的人都把孩子送来读书，人们对窦燕山的态度也逐渐发生了改变。但随着义学规模越办越大，窦家的积蓄眼看就要被消耗一空，族中的亲人也开始极力反对。就在这时，窦燕山又做了一个梦，梦中祖先告诉他，一旦放弃就会前功尽弃，唯有坚持下去才会家族兴旺，造福一方。于是窦燕山开始遣散家中仆人，缩减各项开支，一日三餐粗茶淡饭，还卖掉了部分田产，继续开办义学。窦燕山一生建立大小书院 40 余间，聚书数千卷，礼聘品学兼优的老师，教育众多贫苦子弟，书院先后造就了许多品学兼优的人才。窦燕山修身积德行善，更是福泽深厚，有了 5 个儿子，各个出类拔萃，全部高中进士，成语“五子登科”就是由此而来。

“燕山窦十郎，教子有义方。灵椿一株老，丹桂五枝芳。”窦燕山开设书院推动了义学的兴起，同时也开启了蓟州的文风。在他的影响下，蓟州逐渐形成好学之风，并在古城人民的心中烙下了深深的印记，一代又一代地传承下来。

二 戍守蓟州：但使雕戈销杀气，未妨白发老边才

在蓟州源远流长的历史中，不仅有着文人的风雅、随和之气，还有着军人的果断、仗义之风。如果说义学的兴起，孕育出蓟州人民的好学之源，那么明朝时一座军城的建立，又让这座北方古城有了别样的风采。

当年，明朝为抵御北方游牧民族重修长城，设置 9 座边防重镇。蓟州距离北京最近，是拱卫京师的重中之重。而黄崖关位于蓟县北面，凭

借天险而建，扼守进出燕山的咽喉要道，有着一夫当关，万夫莫开的气势。明朝为加强黄崖关的守备力量，征调了在东南沿海抗倭屡屡获胜的大将戚继光北上戍边。民族英雄戚继光戎马一生，从明隆庆元年（公元1567年）到万历十一年（公元1583年），他在蓟州防务中度过了16个春秋。他整顿蓟州松散的军纪、制定森严的军法、宣扬“吃了百姓粮食，应为保卫老百姓杀敌”的理念。他巡视边塞，全面规划了蓟州段长城的边备，提出了“创建空心敌台”的建议。该建议通过实施的第一年，便修复了空心敌台400多座，3年内共修复空心敌台1100多座。到了隆庆五年（1571年）秋，完成了蓟州防务范围内的全部长城防御设施的修建。在他守卫蓟州的这段日子里，北方游牧民族望而却步，与明朝签订了盟约，双方开设边贸互市。蓟州城出现了难能可贵的繁荣景象，百姓安居乐业，天下太平。

黄崖关扼守进出燕山的咽喉要道

戚继光塑像

戚继光守得明朝一方安宁，却无法整饬王朝内部贪腐严重、党羽纷争等诸多问题，他也被卷进争权夺位之争，沦为政治的牺牲品。皇帝听信谗言，怕戚继光总揽兵权，又因其所谓“未有大捷”“寸功未建”，最终将其调往广东。离开蓟州之时，蓟州百姓登府挽留，夹道相送，罢市而泣。戚继光怀着满腹惆怅，离开了为之呕心沥血的蓟州。

“但使雕戈销杀气，未妨白发老边才。”曾纵横沙场、歼敌无数的戚继光，又怎会不知这其中的深意。如果紧握手中的武器就能消灭敌人的杀气，即使寸功未立清史无名，只要百姓安乐，就算白发苍苍守边到老，又有何妨？蓟州人民没有忘记戚继光为蓟州所做的一切。1987 年，他们在黄崖关长城东段的太平寨里雕塑了一尊戚继光将军的石雕像，供后人瞻仰追思。那尊 8.5 米高的花岗岩戚继光塑像威武庄严、双眼如炬、雄伟挺拔，深情注视着祖国的万里河山。

三　宁死不屈：古城人铮铮铁骨，血肉之躯筑长城

近代中国内忧外患，1931 年抗日战争爆发，蓟州古城再一次成为中国军民阻挡日军进攻中原的前沿阵地。蓟州儿郎再一次用他们的血肉之躯守护了这座古城，也守护了身后大片的祖国土地。

1940 年夏天，冀热察挺进军第十三支队正在古城休整时，突然被日军包围。危难关头，班长马占东主动请缨，和 6 名战士留下来狙击敌人，掩护支队突围。面对数百倍于己的敌人，他们毫不畏惧，利用密集的火力，把日军主力引上了盘山莲花峰，打退了敌人 5 次进攻。用光了

古城烈士陵园纪念馆中陈列着的马占东的勋章

子弹、手榴弹之后，他们就用山顶上的石块掷击敌人。石块扔完后，面前是上千名日军的步步逼近，身后是深不见底的悬崖峭壁，7 位勇士作出了选择——纵身跳下了莲花峰。

除了马占东幸运地被树枝挂住，被当地农民救下后转到地方治疗，保住了一条命，其他 6 位战士均英勇殉国。经过治疗马占东的身体逐渐好转，但是 6 名战友的死深深地刻进他的心里，这道伤疤永远都不能愈合。养好伤后，马占东又回到部队，在燕赵大地的抗战烽火中，在辽沈、平津战役的硝烟里，在鸭绿江边、湘江两岸继续战斗了 10 多年。

2002 年 2 月，83 岁的马占东在四川与世长辞。遵照他的遗愿，他的骨灰被送回了故乡，安葬在盘山脚下。在这里，他与他的战友们在一起，静静地沉睡在这片他们热爱的土地，永远守护着自己的故乡。

义之大者，可以先人后己；义之尤大者，可以慨然赴死。生于军城，长于军城的蓟州人总有一副铮铮铁骨。14 年抗战，艰苦卓绝，3000 名古城儿女血洒疆场，4 万名百姓逝于战火。民族危亡、国家危难，古城人用血肉之躯重新筑起了一道新的长城，保卫自己的家人，也保卫着脚下这片热土。英雄的故事不会被人遗忘，虽然战争的硝烟早已散去，但古城尚武重义之风被传承了下来，镌刻在古城人民的骨子里，流淌在古城人民的血液中。

四　绿色蓟州：从挖山求财到养山致富

人改变了环境，环境又改变了人。古城人在与自然的相处中不断学习，不断认知，从“挖山”到“养山”，对“靠山吃山”有了新的解读，也为国家生态文明建设添砖加瓦、竭尽全力。

丁利是一名采矿公司的负责人。那时，他的矿场刚刚开始盈利就接到了蓟州古城所有污染企业彻底停止生产的通知。这对于丁利来说，无疑是一场打击。但当丁利独自在矿山徘徊时，他突然发现，山体上遍布着大大小小的露天采坑矿，又回想起妻子不得不在室内晾晒衣服，家人不断咳嗽生病的情形。环境的破坏和空气的污染让他下定决心：不管未来做什么，先把矿关了再说。

就在丁利一筹莫展的时候，当地政府请来了北京、天津各地的专家，帮他出谋划策。经过仔细研究，发现这里的山石都是叠层石化石，在十几亿年前就形成了。石头里含有生物进化的痕迹，具有非常高的学术价值和观赏价值。在政府的建议和帮助下，丁利开了一家旅游公司，请来专家帮忙恢复采矿破坏的山体，种上了苹果树，又根据地形开设了多家民宿。曾经遣散的员工，也被请了回来，在旅游公司中重新找到了位置。如今的古城，漫山遍野都是宜人的景色，吸引着周边许多人来此游玩。

大自然给识大体、明大义的蓟州人带来一份馈赠，蓟州儿女也用他们的行动表明对大自然的善意与赞美。从卖矿石到卖矿石中的文化，蓟州人民找到了靠山吃山的新道路，做到了人与自然和谐相处，为这座古城增添了一抹生机与绿意。他们一步一个脚印，坚定不移地走新时代中

蓟州美丽的秋景

国特色社会主义生态文明建设之路，为建设蓟州、建设中国贡献出自己的一份力量。这其中延续的不只是人与自然的关系，更延续着蓟州人一代又一代所认可、所坚持、所传承的信仰和理念，具有澎湃的生命力量。

今天的古城，文庙内香火依旧，独乐寺钟声绵长，仿佛还能听到窦氏义学的琅琅书声，戚家军义不负国的呐喊，还有战争岁月里那鼓角铮鸣的悲壮往事。它在风雨中屹立不倒，静静地守候、等待。它的耳边总是回响着炮火轰鸣，它的身上残存着戍守战士和敌人的鲜血，它的脊背不断被打弯又挺直，肩上扛着的是保家卫国的责任。正是这些经历，使军城的硬朗作风和为国为民的侠义之气被保留了下来，代代相传。这座屹立在北方大地的古城，走过2000多年的历史长河，有荣辱有兴衰，但始终消磨不去的是百姓对生活的热爱，对英雄的崇敬。

编　　导：朱海青　汪　炜
撰 稿 人：王睿迪
指导撰稿：祁瑞萍

第13集

定州古城

燕赵雄风 凛然风姿

“九州咽喉地，神京扼要区。”寥寥数语，是对定州特殊地理位置的概括。“天下十八道，惟河北最重；河北三十六军，惟定州最重。”字字皆重，是定州作为兵家必争之地的注解。

定州古城，位于河北省保定市西南方向，东侧接太行山麓，西侧与山西相接。自古以来，这里就是交通要道。作为华北平原的门户，定州在，则拒敌千里之外；定州陷，则敌人长驱直入，整个华北岌岌可危。其重要的战略地位可见一斑。漫长的历史见证着这座古城的荣辱兴衰，最早的记录更是可追溯至春秋战国时期。2600多年前，为了抵御北方游牧民族的入侵，齐国的国相管仲在这片土地上兴建古城。后至战国，依

定州古城内部院落

托于得天独厚的地理位置，这里被设为中山国的国都。彼时中华大地群雄逐鹿，中山国周围强敌环伺。定州小城，在当时近乎人人皆兵，以卫国土，兵城传统古已有之。

历史上，古定州被称为“天下要冲之最”，战乱频繁。直到北魏，道武帝怀着“平定天下”之意，改安州为定州。“定”是平定，是安定，怀有统治者的雄心，也有百姓的寄托。古城的城墙上至今刻着“迎泰”二字，大概是人民内心最深的愿景。明清特色的古城里也存留着数量众多的古迹文物：著名的开元寺塔始建于北宋，战时还可用于军情瞭望；贡院文庙古朴依旧，似乎还响着琅琅书声。烽火不息的年代定州人民浴血战斗，和平年代他们耕读传家。定州人有埋藏在血液里的斗志，数千年的岁月里武能定国，文可安邦，家国情怀世代相传。

萧萧马蹄远，悠悠岁月长。铮铮壮士骨，烈烈燕赵风。定州古城，从未辜负风霜苦难的馈赠，将过往种种深藏于心。

一　寻迹：赤胆忠心的不屈傲骨

纵观定州数千年的历史，今天这座宁静祥和的小城，曾经淬炼无数的鲜血和刀光。

北宋末年，金兵大举南下，向河北地区发起猛烈的攻势，定州位于大宋边陲，成为战场。北宋积贫积弱已久，面对金兵的步步紧逼举步维艰。定州城内，数万军民同仇敌忾，誓死守城，终于免于陷落。3万多军民，死伤达两万，血肉之躯筑起的战线，以惨烈的结局昭示着宁为玉

修筑古城的历史

碎不为瓦全的决心。了解历史的人都知道，重文轻武的宋朝，面对好战的异族少有还手之力，而金人野心勃勃，厉兵秣马，志在必得。

公元1125年，金兵渡黄河成功，元月攻至开封，围城议和，未果。次年攻占开封，俘掠了徽宗跟钦宗。这一年的年号叫靖康，也就是历史上著名的“靖康之难”。金兵押解徽、钦二帝北上，经过定州时，金国胁迫宋帝写下降金谕旨，命时任守将陈遘的弟弟陈适到城下宣读。面对朝廷的旨意，他痛心疾首，字字泣血，“主辱臣死，吾兄弟平居以名义自处，宁当卖国家为囚孥乎。”坚壁清野，苦守半年有余。靖康二年，金兵再次攻打定州，此时北宋已经名存实亡，定州犹如孤岛，可以说是四面楚歌。城外无援兵又少粮草，城内有人伺机而动，寻求退路，内外堪忧。山穷水尽下陈遘宁死不降，苦守3年之久，最终为叛将所害，一家17口尽数遇难，失去守将，群龙无首的定州，至此城破。金人入城之后，面对陈遘的尸首发出感叹，称他为“南朝忠臣也”。一生清正的陈遘将忠君爱国坚持至生命的最后，与他同进退的军民也是傲骨铮然。

“中华第一塔”——开元寺塔

每当山河破碎，家国残破，总会有人横刀立马挽大厦于将倾。定州的土地上从来不缺英雄，也不缺英雄的人民。明朝的“靖难之役”，燕王朱棣以清君侧为借口，发起战争。燕王旗下兵强马壮，更有能人奇才，前期建文帝军队所占优势不断消失，燕王军队则越战越勇。几番恶战后，定州城沦陷，遭遇屠城之灾，丁壮毙于刀锋，老弱填于沟壑，城中十室九空，定州元气大伤。

200多年后，长于黑山白水的女真人，从马背上起家，向危如累卵的大明宣战。努尔哈赤善战且有谋略，为后金打下坚实基础。及至皇太极，继承遗志，励精图治，在各方势力中不断壮大。与此同时李自成攻占京师，崇祯皇帝自杀，辽东总兵吴三桂在权衡多方利弊下，放清军入关。清军终于踏破山海关长驱直入中原。清军入关后，铁蹄所到之处，土地荒芜，人口流亡，哀鸿遍野。大明虽亡，但不愿归顺清廷的定州百姓又一次奋起反抗，可一座人口数万的小城面对清军的铁蹄本就无力回天，定州再次城陷。

一次次的抗争，一次次的失败，定州人民将一腔忠勇书写到了极致。“捐躯赴国难，视死忽如归”，在大义面前，面对屠刀也选择不屈，这是传承千年的遗志，风骨傲然。

二　纪念：成仁取义的慷慨悲歌

燕赵文化，以慷慨悲歌，好奇任侠著称。定州多战乱，又居于战略要地，多民族的文化交融，长此以往就形成了人们慷慨、豪爽、耿烈的性情。燕赵多悲歌，人们成仁取义，在历史上并不少见。抗日战争期间，定州有2.9万多人奔赴前线，7000多名英雄儿女血洒疆场，每个数字背后，都有一段壮烈的故事。

定州多英雄，同样敬仰英雄。为了纪念牺牲的战士，定州建起了庄严肃穆的烈士陵园，以此追思，以明其志。环绕着茂盛的松柏，烈士在这里静静长眠。终年不凋的植物同伟大牺牲的烈士，共万古长青。“忠勇绝伦万众仰戴，精神不死浩气长存”，烈士陵园的牌坊上如是说。

73岁的刘攻占在烈士陵园工作超过10年，他细心擦拭每一块墓碑，熟知陵园内的每一棵花草。十载春秋，风雨无阻。提及自己10年间的坚持，他只说，烈士为了人民的幸福生活付出了生命，自己只是希望“对

烈士陵园的牌坊

得起咱们这个烈士。”不为人知的是，这位老人曾经也有参军入伍的愿望，成为陵园的守护人，也是在弥补自己的遗憾。少年老去，壮士长眠，但值得欣慰的是，青春的梦想和牺牲的英魂还能不朽。

农历十月初，何兰儒带着家人来到古城的烈士陵园，他们此行的目的，是祭拜已离世 70 多年的姑姑何小排。何兰儒的姑姑何小排，出生于古城西部一个贫困家庭，年少的坎坷铸就了她坚强的意志。抗日战争时期，民族危亡，她选择加入中国共产党，决心为中华民族的未来奉献与付出。在进行敌后抗日工作时，她不幸被捕，为了保护战友，她宁死不屈，被敌人残忍杀害。当时，这位英勇牺牲的女战士只有 16 岁，尚未成年，如花的生命就永远凋零了。在那个家国残破的时代，像她这样的人太多太多了，也正是像何小排一样千千万万的年轻人，用热血乃至生命点亮了中国的明

烈士陵园一角

天。当年，严刑逼供下毫无所得的敌人恼羞成怒，用一把剪刀刺进了年轻姑娘的胸膛，但热血未凉，染红了民族的未来。燕赵儿女有壮志，从容赴死，血荐轩辕。今天，何兰儒希望把小姑姑的事迹传给后人，永远铭记，这也是人们建立烈士陵园的初衷。历史不会忘记，人民也永远不会忘记，留在长夜里，献身光明的人们从来不曾离去，他们化为星辰，依然注视着这片土地。

烈士英魂归故里，依然能够庇佑故乡的一方水土，他们的功绩永世长存，他们的名字刻进史册。人的故事构成了城的历史，铸成了亘古不变的丰碑。定州城依然人来人往，历遍春秋。走在古城的街巷里，随处可见的是姿态盎然的鲜花，它们装点着这座古老的小城，用鲜艳的色彩点缀厚重的沉淀，一片生机。枯木逢春，古城焕新，依然是如水的岁月，就这样流向生命的原野，满含希望。

三 传承：保家卫国的男儿意气

斯人已逝，旷古的长风在平原上吹过千年，留下太多的故事传扬，勇武忠义成为浸入骨血里的传承。直到今天，从军报国，仍然是定州人

■排成队列的新兵

满含骄傲的选择。

21 岁的申嘉栋，出身于三代从军的家庭。军人的品行要求是他从小的行为规范，军人的精神气质在他的生活中耳濡目染。毫无意外，他选择从军，将青春献给父辈也为之奉献过的军营。这是传承，也是延续。像申嘉栋这样的家庭，在定州古城还有很多。

自古以来，定州就是兵家必争之地，跨鞍执锐，乃自从戎，是这座军城的传统。一代又一代的定州人走进军营，在那里成长蜕变，将满腔热情献给壮丽的事业，好像只有这样的人生才是圆满的。因此在定州，几乎家家户户都有人从军，走进军营，是很多人心中无上的荣耀。

走在定州古城里，如果稍加注意，不难发现许多人家的门上都挂有“光荣军属”的牌子，军城的传统，从未中断过。在这里，无数人准备从军，或正在从军，或曾经从军。军营的经历，是他们一生的财富。

1984 年，18 岁的张建成为一名新兵。从军的第 天，他就暗自发誓，继承家乡军城的传统，绝不给家乡丢脸。1999 年冬天，正在准备年底战备任务的张建接到家人来电：母亲病重，速回。他返乡料理完母亲的后事，又马不停蹄赶回军营，投身于紧张的训练中。为人子，他一直以忠孝难两全为最大遗憾。母亲曾说，为国尽忠就是最大的尽孝，难过的时候他这样告诉自己，母亲会理解他。从军半生，他与母亲、与故

俯瞰定州

乡，总是聚少离多，每次相见匆匆，转眼就背上行囊离开，对于故土的思念他埋在内心深处。如今离开半生，53 岁的张建带着女儿回到定州，这个他梦里出现无数次的家乡，这个和女儿说过无数次的家乡，终于成了脚下触感真实的存在，他回到了自己出发的地方，隔了几十年的时光回到故土。这是一个军人，对故土、对国家最深沉的爱意。

从军报国，是理想，是追求，更是新时代国防建设的回响。“天下虽安，忘战必危”从来不是空谈。国防是国家强大的根本，巩固国防和强大人民军队，是民族复兴的基石。而投身国防，也是定州儿女引以为豪的崇高事业。

古城定州，穿过千年的车马烟尘，把家国、奉献、舍生忘死的信念变成了世代相传的精魂。无论烽烟黄沙还是盛世安宁，定州人从未放弃千年的传承，用独有的方式践行着血液里流淌的责任与担当。

这是定州的根，是定州的魂。燕赵遗风，千年积淀，风骨犹在。小说是民族的秘史，建筑也是。走进古城，千年光阴像飞羽流矢，弹指一挥，个中离合只有院落巷道可作见证。走出古城，跨过石砖也跨过了沧桑巨变。在波澜壮阔的历史面前，谁都再渺小不过，可也正是人书写了古城的过去、现在与未来，浩浩荡荡，一往无前。

属于古城的故事，仍在书写。

编　　导：王晓宇　胡涵嘉
撰 稿 人：张景然
指导撰稿：祁瑞萍

第14集

临清古城

应“运”而生的城市

一缕朝阳，两声吆喝，和着运河流淌千年的拍子，把睡梦中的古老城市给轻轻唤醒。临清，这是一朵镶嵌在大运河上的瑰丽奇葩。在这座与大运河相生相伴的城市里，时光在人来人往间川流不息。巷陌间经久缭绕的叫卖声从未被岁月淹没，这长久保留下来的生意方式，不仅融进了古城的生活里，更是拉近了人与人之间的距离。

临清，应“运”而生。在大运河流经此处之前，这里只是在齐鲁大地上偏安一隅的无名小城。1400多年前，隋炀帝杨广开挖大运河，连通中国南北的水运大动脉形成，临清成为一座运河城市。

流经临清的千里大运河

今日呈现在世人眼中的临清由新城、老城和中洲古城这 3 部分组成。位于元运河、明运河和卫运河交汇处的中洲古城时至今日仍保存着完整的历史风貌，100 多条胡同分布在 1.5 平方公里的区域内，运河钞关、鳌头矶、清真寺、会通桥等历史建筑，如同一个个忠心的守卫，见证着悠久岁月里这座城市的繁荣兴衰。大运河孕育了临清，临清又孕育出一代又一代广为流传的古城故事，在历史的长河里，经久不衰！

一 政通人和，民族俱兴

大运河自隋朝挖掘以来，千年里造福了沿河两岸诸多城市。到了元朝，元世祖忽必烈定都北京后，便将大运河截弯取直建成京杭大运河，南北方水运距离大大缩减。作为运河上沟通南北的节点城市，昔日临清自然有着得天独厚的发展条件，许多中西亚居民陆续迁至这里，到了明清时期，临清已经发展成为“延袤二十里”的繁荣城市。

为加强防御，明正统十四年（公元 1449 年），朝廷派平江侯陈豫驻

■ 临清古城内的陈豫石像

守临清，修建城池。陈豫这个人很有心，他在建设之前就在周围考察地形，考察过程中，他发现很多过去在元代回纥中亚西亚来的屯垦军垦的兵士后代，都散居在城外开荒种地。大家日子过得很清贫，生活在小圈子里，融不到社会中。

在当时，虽然明政府对回族百姓采取保护措施，对其民族文化和宗教生活也予以认同，但是想让这些移民自然融入古城生活没有那么容易。为此，陈豫想出一个办法：建设城防需要大量劳动力，他便利用建砖城、兴土木的机会，一举把回族百姓迁移到清真寺附近，让他们聚寺而居。这样一来，不仅能够缓解劳动力压力，还能加强回族百姓与汉族百姓之间的沟通与交流，可谓是一举两得。

两个多月后，砖城竣工，回族与汉族的百姓也抱成一团，开始融合共生，并逐渐形成“小聚居、大混居”的生活环境。主政临清 14 年后，陈豫离世，因其促进民族团结有功，明英宗追封他为“黟国公”。虽陈豫长辞于世，但他为临清古城带来和谐景象的丰功伟绩终将恒久铭刻在历史的丰碑之上。

和谐的邻里关系

今天的临清，还有两万多回族同胞在此居住。正如俗语所云：远亲不如近邻，近邻不如对门。在临清古城里，回汉两族便是这样礼尚往来，如同亲兄弟一般，和谐交往。回汉之间“互助互爱，亲如一家”的民族关系，体现在每一处生活细节里。每当生日、婚礼或孩子满月，大家都会互相邀请，其乐融融，不分彼此。

滔滔运河水流淌不息，见识过大世面的临清人用包容的胸怀接纳着八方来客，也让这座千年古城有放眼天下的大气。

二 开明治理，物阜民丰

明朝时期，朝廷弃海运专漕运，城市临畔运河的优势凸显。宣德四年（公元 1429 年），户部发现淮安、临清、天津等几个运河城市往来都城北京的货物量比以往多了好几倍，为了增加收入，朝廷便决定设立运河钞关，负责督理运河漕运税收，临清运河钞关就此建成。

明万历二十三年（公元 1595 年），户部主事李梓来到临清管理钞关。时值运河是沟通南北的要道，秋季南方的粮食成熟集中北运，渡船能达上万艘之多。由于运河落差大、水量分布不均，为确保船只顺利通关，明政府在运河临清段由高及低修建了 40 多座闸。但李梓上任以后，发现有船只堵塞现象发生。经过调查，他了解到在南粮北调正忙的秋季，众多漕船急盼通关赶路的情况下，却有官船利用特权先行，这严重影响了

大运河上的船队

漕船通行的效率。

为了解决这个棘手的问题，李梓作出了一个新的规定——漕船先走，保证粮食供应；再走商船，商船繁荣经济；官船最后过关。新规实行以后，船队堵塞混乱的现象得到有效解决。在运河最为繁忙之时，可以看到长长的河道里，100 多支船队整齐排列，首尾相接长达十几里，场景蔚为壮观。

当时，明政府为鼓励船户参加漕运，允许漕船沿途进行自由买卖。为了方便船户交易，李梓设立了一个交易区，为这些船员、运粮员工等提供一个交易平台。交易区内进行买卖不必缴税，因此所得利润就能弥补船员工资，同时还能调动其积极性。由此，在李梓等一批官员的开明治理下，临清商业愈加繁荣。到了明万历年间后期，临清钞关征税已居全国八大钞关之首，占全国运河钞关总税收的 1/4。

直到清朝年间，临清依然在享受运河钞关所带来的福利。由于每年漕粮北运繁忙之时，运河上来往船只数量巨大，为解决船员粮食携带存储问题，船户便习惯大量购买易存放的咸菜以备不时之需。因此，当地便兴起了咸菜生意。

临清酱菜商铺

徽州商人汪永椿便是当时临清酱菜业的行业头部，他在当地创办了一家“济美酱园”。由于汪永椿独门做酱菜的技艺，“济美酱园”生产的酱菜很快便在当地打出了名声。而且汪家

汪家酱菜

的酱菜口味甘甜，口感极佳，和本地同行相较更显上乘，因此本地的酱菜生意很快就经营不善。

然而，本地的酱菜商铺即使被“济美酱园”“抢”了生意，却也从未出现过抱团排挤汪永椿的现象。临清人做生意这种包容的态度让汪永椿这一外地客商极为感动，于是他便公开了自己的独门做酱菜技艺。为了大家能一起努力，共同经营，汪永椿被推举成为行业带头人后，又建起了一座名为“汪家大院”的共同生产作坊。

临清的酱菜生意越来越好，日后临清也逐渐成为驰名中国的“酱菜之乡”。而“汪家大院”这座曾占地1600平方米、三进三出的徽派建筑如今只剩下了两堵马头墙，但在这里发生的故事在后世广为流传。临清古城曾“富庶甲齐郡”“繁华压两京”“南有苏杭、北有临张”的说法传颂至今；临清乡人尊重包容的态度，促进了民族团结、商业繁荣，分布在运河两岸的胡同到今天还冠着古早的商街名称；还有临清文化遗产的传承，一砖一瓦，一人一事，皆在这孕育历史的大运河旁源远流长！

三 人文荟萃，传承不绝

清中叶以后，南北海运兴起，津浦铁路通车，大运河的交通大动脉功能弱化，因运河而繁盛几百年的临清，水退船隐，不复往日辉煌。闹市的喧嚣在古城渐渐沉寂，翰墨书香却始终飘散在一处处幽静的院落。临清人在这片土地上创造过辉煌的历史，也为后世留下了许多宝贵的文化遗产。在临清这人文荟萃之地，文化瑰宝从未褪去光华。

1911年，一代大师季羡林在这里出生。他从小伴着大运河里来往的船只长大，接受着来自五湖四海的信息。受此影响，他的眼界极为开阔，对世界始终保持着好奇心。少年时代，季羡林就一边学习传统文化，一边开始学习英语，接触西方文化。他还曾打趣英语说：这种奇奇怪怪、就像虫子爬出来痕迹的东西也能发音，而且还有意思。

读中学时，季羡林遇到了自己的恩师——郑又桥。郑老师教习英语，他上课时，会先把季羡林写的英语作文用英语的思维方式重写一遍，然后拿给季羡林看，这样，季羡林就知道自己写的英语作文有什么不妥之处。原来，老师这样做是因为中国人初学英语的时候，会犯用汉语思维来堆英文单词成句子的毛病，季羡林刚学英语，自然避免不了走这个弯路。得益于从小的练习，“中学为体、西学为用”的学术方法，始终贯穿于季羡林的一生。

长大成人后，季羡林求学于国外，精通多国语言，能阅读俄文、法文，尤精于古老的吐火罗文，学贯中西、博古通今，终成一代大师。而他海纳百川的治学精神，与运河包容万物的特质也是一脉相承。

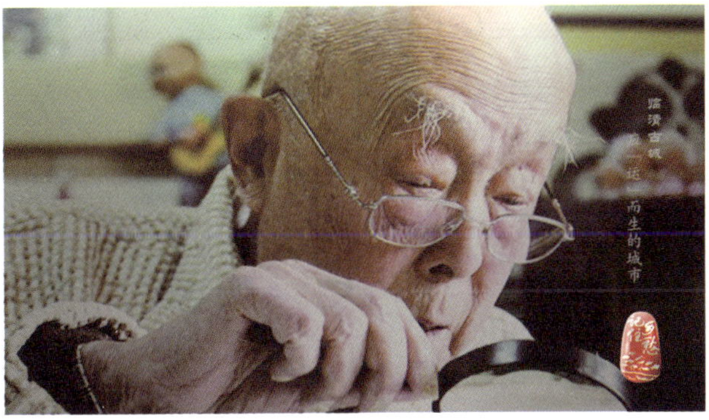

研习中的季羡林先生

对于家乡，季羡林充满感情，他曾这样描述自己的故乡：“文人学子、达官贵人、贩夫走卒、赶考举子，只要从南方进京，几乎无不通过临清。遥想当年舟舶星聚，帆影云展；廛闬扑地，歌吹沸天；车水马龙，商贾联翩。景象何等繁华动人！”而就在古运河畔，临清人建起一座纪念馆来寄托对一代大师季羡林的思念，馆里丰富的收藏则记录着他辉煌的一生。

四　应运之城，与时俱进

进入新时代，曾经的“水上黄金通道”因运河断航已失去了往日的交通功能，留存下来的运河精神却历久弥新，散发出全新的活力。如今的临清，作为农业、工业大市，正在被一条新的“黄金通道”连接起外面的世界，千年古城开始以一种奔跑的姿态融入世界，拥抱世界。

2019 年 6 月 28 日，“齐鲁号”欧亚班列从临清出发，12 天后抵达俄罗斯彼尔姆，这是临清首列与国际对接的货运专线。随着列车的缓缓驶

缓缓驶出的欧亚班列

出，临清古城居民王明合也终于舒了一口气，近两个月的奔波总算是有了满意的结果。

两个月前，王明合得知一家企业要出口一批货物到俄罗斯彼尔姆，但客户要求交货快，6月底前必须发出。由于时间紧急，企业希望王明合能够想办法接下这个任务。在此之前，王明合就对家乡的物流运输建设有所想法，他说，国家的"一带一路"建设是为了让世界融通，欧亚班列则是为了让企业融通。于是，他便决定借此契机促成家乡开通欧亚国际班列。

由于山东的所有货源不管到中欧还是中亚都是往西走，而临清处于山东的最西北角，所以在位置上特别适合打造成一个运输中心。并且临清作为千年来的货运中心，底蕴自然也是十分丰厚，王明合看到了这些优势所在，就决心把它做成一个真正的国际化港口。

在王明合看来，古时运河漕运兴盛时，临清是南北商品的集散地，现在虽然没了水路，但是依靠铁路运输，家乡依然可以延续往日的辉煌。王明合的想法得到了政府的大力支持。在大家的共同努力下，2019年6月28日，"齐鲁号"欧亚国际班列终于成功开通。以后的每个月，当集装箱装满出口的化工品、电子配件、生活用品等货物时，这趟班列就会启动，直达"一带一路"沿线国家。通过这条特别的通道，古城临清用新的方式与世界牵起了手。

应“运”而生的临清古城

千里大运河见证着这座古城的历史与今天。曾经，临清古城应“运”而生，大运河孕育塑造了临清的魂灵，那是一种包容万物的气魄，一代代佳话也流传至今。如今，古城正处在一个新起点上。南水北调工程的实施和雄商高铁的开工建设，都将临清纳入高速发展的城市体系；而在人类文明史上熠熠生辉的文化瑰宝至今照耀着世人，提升着中国的文化自信。临清，它脚下的路将变得更加通畅，它的未来也必定会充满新的机遇！

编　　导：周　栋
撰 稿 人：叶　朝
指导撰稿：祁瑞萍

第15集 贵德古城

天下黄河贵德清

“九曲黄河万里沙，浪淘风簸自天涯。”黄河自巴颜喀拉山发源后，汇集万千溪流，贯穿九曲之地。因黄河中段流经黄土高原地区，因此夹带了大量泥沙，所以黄河也被称为世界上含沙量最多的河流。贵德古城位于青藏高原向黄土高原的过渡地带。在这里，绕城而过的黄河清澈见底、碧波荡漾，犹如一条玉带缠绕在山川古城间，因此也有了“天下黄河贵德清”的说法。

贵德古城始建于明洪武十三年（公元1380年），是明王朝在黄河上游的军事重镇，属于青海地区河湟“三卫城”之一。历史上，丝绸之路和唐蕃古道在贵德交错延伸，使其成为连通东南西北的大道通衢。古城

四面环山的贵德古城

为正方形，建有南北城门，南为“文启门”，北为“平安门”，建筑以玉皇阁为核心，文庙、关岳庙、城隍庙、大佛寺分布两侧。其中，玉皇阁是古城中最高的建筑。高 9.9 米的台地夯土而建，外用青砖镶砌，坐北朝南的歇山顶楼阁，雕梁画栋，斗拱飞檐，将中国古代建筑的精美展现得淋漓尽致。

■ 玉皇阁

■ 贵德古城的建筑布局

从古至今，在这座位于黄河岸边的古城，人们的生活随时都能与这条大河发生联系。远古时期，大禹率众劈山疏浚河道；明朝初年，征西将军邓愈带领士兵捞取黄河漂流木建筑城墙；清末，贡生赵廷选号召集资建造木制水车；现代，护林员们风雨无阻巡逻守护。生活在黄河岸边的一代又一代贵德人，不断地认识黄河、治理黄河、改造黄河和利用黄河，他们在寻求自身生存发展的过程中，巧妙地维持着生态平衡，也在不同的历史时期诠释着人与自然的和谐共生。人与自然的相处，当如贵德！

一 人尽其才：大禹率众劈石山疏河道

生活在黄河岸边，在贵德人们口中，说得最多的就是大禹治水的故事。据《禹贡》记载，大禹治水正是从贵德下游的积石镇开始的。

传说远古时期，黄河泛滥，积水漫流，黎民百姓饱受其苦，为了治水，大禹来到贵德一带，追本溯源。他发现，大山阻挡住河水，没有峡口，水流不出去。漫流而出的黄河水肆意流淌，因此造成下游的洪水。要解决黄河水患，就必须凿开龙羊峡，疏通水道，让黄河水进入固定的河道。然而大山石坚如铁，要凿开它，并不是一件容易的事情。

一天，部落里的一个女孩嬉戏玩闹时不小心将正在煮饭的锅打翻了，滚烫的热水从锅里洒了出来，浇到了架木柴的石头上，石头瞬间裂了开来。一旁的大禹顿时想到了用火烧水浇的方法劈开石山。但是大山不比小石头，要怎样才能火烧水浇将大山劈开呢？大禹想到了动员群众。

在大禹的带领下，人们将足够的木柴架在山石上，然后点燃。在等待山石被烧热的间隙，人们提前将水提到山边，一旦石头被烧热、烧红，便迅速将一桶桶凉水泼到石头上，冷热交替使得山石迅速开裂。就这样利用火烧水浇的方法，大禹最终率众劈开了龙羊峡和积石山，疏通了河道。黄河水从此顺流而下，入河套、进中原，哺育了无数华夏儿女，孕育出灿烂的中华文明。为了纪念这位远古的圣贤，贵德人民在黄河岸边的虎头崖上修建了大禹治水的雕塑，世代敬仰。

归道后的黄河

黄河岸边虎头崖上的大禹雕塑

“大禹治水这个精神千百年以来一直激励着我们贵德民众呵护黄河、治理黄河，让黄河造福于民，这个过程几千年以来一直没有中断过。”青海省江河源文化研究会罗子云秘书长如是说。大禹治水为贵德留住了一片奇山秀水，他那份为民造福、坚忍不拔的精神也伴随着奔腾的黄河水，融入了贵德人心中。并且大禹也和世世代代贵德人一样，他们都将自己毕生的才能与智慧投入到家乡的建设中。

二 物尽其用：智取漂流木筑城墙

历史上，贵德的战略地位十分重要，在这里曾爆发数不清的战事。明朝初年，征西将军邓愈奉命来到此处，设立卫所。为了加强防御，邓愈将军决定建一座城。然而贵德位于青藏高原向黄土高原的过渡地带，高原地区植被稀少，物资匮乏，建城难度极大。

建城初期，邓愈将军带领士兵挖山取土，夯土为墙。但是土墙看起来结实，时间一长就容易坍塌。因此有一位当地的匠人提出，可以在分段夯成的土城墙里，加入整根的松木来起衔接、加固的作用。可是高原地区植被稀少，要砍伐松木就必须进入深山。这样一来，不仅费时耗力，而且会导致数以万计的松木被砍伐掉，这对于生态环境的破坏是极大的。

就在大家一筹莫展的时候，一位老者向邓愈将军建议道，每年山洪暴发时，有大量的树木被冲进黄河里，上游的树木会随着河流流经贵德。如果捞取河里的漂流木，既不用砍伐山林，又可获得修筑城墙的木材。但是水里漂流木有限，而且只有在雨季才会有大量的树木被山洪冲至贵德，那么要凑够建城所用的木材，耗资巨大。什么时候才能完工，就成为一个难以回答的问题。权衡之下，为了不破坏当地山林和生态环境，邓愈将军最终同意了这套利于长远的建城方案。

于是每到黄河汛期，士兵和民众就会去河边等待着松木的到来。就这样日复一日、年复一年，

邓愈将军率兵所建城墙

在军民共同努力下，一座周长 2278 米，墙高 11.7 米的城墙终于建成。随后，朝廷从甘肃河州移民到贵德，开垦守城。这些移民战时为兵，和时为民，从此，贵德城逐渐发展了起来。同时随着商队的聚集，高原的马匹、药材，内地的茶叶、丝绸都在这里往来贸易。来自东南西北的人们，带着各自家乡的特产，在城中开办商号，安家置业，古城成为丝绸之路与唐蕃古道上一处重要交会之地而繁荣起来。那时的贵德，商号林立，百业兴旺。从黄河渡口到城内街巷，建起了十几座公馆、客栈及贸易市场。

捞取漂流木建城的方法看似笨拙，却无不体现了邓愈将军和当地居民们合理利用黄河以及追求物尽其用、可持续发展的大智慧。相较于破坏生态环境再等待其恢复，这 7 年的等待是值得的。也正是这 7 年的等待为后世子孙营造了一个长久而安定的生活环境。

三 地尽其利：建水车引河水，滋润四方

靠山吃山、靠水吃水。生活在黄河岸边的贵德人，依托黄河，总结出一套生活的经验。当地人以羊肉为主食，穿羊皮袄御寒，还用羊皮制作出一种特殊的运输工具——羊皮筏子。羊皮筏子以羊皮为囊，吹气鼓胀产生浮力，虽然看似简陋，但轻巧灵便而又富有弹性，是黄河流域青海、宁夏、陕西等地重要的交通运输工具。据说，这种古老的运输方式就是从贵德开始的，距今已有 1900 多年的历史。贵德当地居民扎西说：

■ 村民正在给羊皮筏子吹气

■ 村民制作羊皮筏子

"过去的黄河两岸，人们渡河都是靠羊皮筏子。贵德人为了讨生活，用羊皮筏子把山里的牛羊运到西宁、兰州，再把外面的蔬菜瓜果、日用百货运回古城。"羊皮筏子不仅方便了古城人的出行，也为古城运回了财富。

为了能更好地发展，日子安定下来的贵德人，并没有放弃对黄河水的利用。大禹治水后，黄河归道，不再为患一方，但由于千百年的水流冲刷，河道深邃，黄河沿岸成为高于河面的黄土台地。"守着黄河没水吃"成为高原先民难以摆脱的困境。如何提高黄河水浇灌农田，一直是困扰贵德人的难题。直到后来，一个叫作赵廷选的人改变了这种状况。

赵廷选是清朝末年贡生，在去赶考的路上经过甘肃的一个古镇，在那个古镇，黄河的河床比贵德宽阔许多，在那里他第一次看见了水车。当时的水车利用黄河水做动力，水带动水轮开始转起来以后，通过水斗把黄河的水一下提升到十几米高的位置上，然后浇灌土地。在当时制作水车，是一件花费不菲的大事。但是为了解决利用黄河难的问题，赵廷选向人们极力推荐、奔走号召，最终贵德民众筹集了2000多银圆。在赵廷选的带领下，历时一年多时间在黄河岸边建起了第一座木质水车，成功提取了黄河水用于灌溉。

修建水车后，丰富的黄河水资源为这片高原河谷地区提供了源源不断的发展动力。正是靠着黄河的润泽，贵德成为青海省有名的"果蔬之

黄河岸边的水车广场

■ 贵德村民种植金丝贡菊

■ 当地村民采摘长把梨

乡”，很多人都靠着种植金丝贡菊、长把梨，把生意做得有声有色。放眼望去，家家户户都是二层小楼，广场上各种设施齐备。农闲时分，大家坐在一起聊聊家常。这样的场景，与过去人们“守着黄河没水吃”形成了鲜明的对比。

如今，水车早已经被电力灌溉系统替代，退出了历史舞台，但水车广场成为贵德新的地标。古朴典雅的黄河水车与碧水、青山勾画出一幅动人的黄河风景长卷。赵廷选这一前所未有的创举第一次实现了贵德人利用黄河的这个梦，也启发了贵德人改造、利用黄河的思路。

四　民尽其责：治河护林，守护黄河

如何治理黄河，开发农田，是几代贵德人梦寐以求的愿望。从 20 世纪 70 年代开始，贵德人开始了一场改造黄河、治河造田的行动。1976 年秋，贵德的上千名男女老少，驻扎在荒凉的黄河滩地上。他们要在一侧的黄河岸边筑起大堤，把水挡在堤外，然后从远处挖山取土，在黄河滩地的沙石上覆盖土层，

■ 贵德人民改造黄河的场景

种上树木，开发良田。当时的黄河水流很大，要想堵住漫延的河水、建起大堤是一件十分艰难的事情。

据村民回忆说："最后没办法就是咱们的人直接跳下去，拉成墙。就这么堵住了。堵住了以后人上来的时候已经冻得不行了。"当年那些在黄河岸边挥汗如雨的年轻人，如今都已年过花甲。闲暇时，他们给后辈说得最多的，还是那段难忘的治黄岁月。经过几十年的不懈努力，贵德人不但把乱石滩治理成良田，还在黄河两岸种起长达 234 千米的经济林带和防护林，有效地控制了水土流失。

在江拉林场有贵德人最珍视的一片森林，当年修筑古城时人们留下了这片森林，经过代代相传，成了今天黄河岸边的一道绿色屏障。作为黄河上游重要的水源涵养地，这里的生态环境不仅关乎古城人的生活，更对黄河下游地区的安危至关重要。为了保障林区安全，无论春夏秋冬，古城的护林队都在这片莽莽林海中巡逻守护。正如贵德县江拉林场护林员尕藏久迈说："重视黄河源头这些树，对贵德好。贵德好了，往下就好了。"

护林员正在巡山

守护山林是一份辛苦的工作。林场管护的面积有 8546 公顷，相当于一万多个足球场大小，所有护林员要定期巡查一遍，查看水土保持情况，消除各种火灾

护林员们巡山

隐患。为了能走遍森林的每一个角落，尕藏久迈和同事们把林场划成135个网格，每天完成一个网格的巡查。每个月里，尕藏久迈和其他护林队员都要巡山25天，最近的区域走下来，也要20多千米，步行需要八九个小时。春秋雨季，山路湿滑难行，走上一小段就会全身湿透；夏季的森林中蚊虫多到难以想象，飞到人头顶上黑压压一片；而最辛苦的莫过于冬天，踩着没过脚踝的积雪走一天，人会累到精疲力竭。但不管春夏秋冬、风雨雪雾，队员们的巡逻从没有中断。

在密林深处的小路上，留下了一代代贵德护林员的身影。现在的护林队伍中，有的人已经在这片山林中走过了20多年的岁月。对于他们而言，黄河就是养育他们一代又一代人的母亲。守护山林、保护母亲河就是最重要的职责。

“黄河宁、天下兴”。几千年来，一代又一代贵德人努力地认识黄河、治理黄河、利用黄河和守护黄河，他们也在不同的历史时期努力地诠释着人与自然的和谐共生。而流淌在古城边的黄河同时滋养着这片土地，融入了贵德人的生活，流淌在贵德人的血脉里。

编　　导：王晓宇　胡涵嘉
撰 稿 人：芦宇迪
指导撰稿：祁瑞萍

第16集

兴城古城

辽西走廊上的勇者之城

“唯余一点丹心在，洒向长空碧血飞。”这是一座忠勇血性的城，这是一群流淌着英雄血脉的人。渤海之滨、辽东湾西岸的兴城古城已经在此矗立了许久，在波澜壮阔的历史长河中，在云谲波诡的历史烟云里，这里上演了一场又一场刀光剑影中慷慨悲壮的故事。血与火的对决、攻与守的拉锯、力与智的博弈甚至影响了明清两代王朝的命运。

其实，兴城曾经有一个更加为人所熟知的名字——宁远。明朝时期，后金崛起，辽东半岛地势平坦，无险可守，明宣宗命人在此建立用于军事的卫城，赐名“宁远”，寓意为“安宁久远”，并调集江苏、安徽、江西等江南地区的5000多名军士在此世代驻守。宁远城，如一道天关横

渤海之滨、辽东湾西岸的兴城古城

亘在辽西走廊，护卫着山海关防线。宁远城头的红夷大炮、城中心的钟鼓楼都见证着这段曾经硝烟弥漫的历史。自建城始，这里便被赋予了保家卫国的精神使命，代代相传，生生不息。

而今的兴城，在战火褪去的和平年代成为一座行人游客络绎不绝的旅游城市。山、泉、海、岛是自然的馈赠，古城和古迹是历史的积淀，漫步其间，自有一份难得的闲适与恬淡。然而曾经在战争年代宁折不屈的兴城人并没有就此松懈，他们刻在骨子里的铁血精神传承了下来，成了他们在事业上敢闯敢拼的精神源泉，英雄的魂在这座勇者之城长存不灭。

一 宁远大捷：英雄的军魂，万古长青

兴城人在长期剑拔弩张、枕戈待旦的戎马军旅状态中锻炼出来了一份忠勇血性的精神。在兴城源远流长的历史中，白山黑水养育的一代又一代的英雄儿女将这份精神熔铸进了灵魂深处。

明天启二年（公元 1622 年），努尔哈赤大军攻取广宁，明朝在东北地区的最高军事机构陷落。明熹宗和大臣们商议，决定弃守辽东，力保

■ 宁远城头的红夷大炮

山海关，此时，仅仅是六品官的兵部主事袁崇焕自荐，自愿要求前往辽东任职戍边。公元1626年，努尔哈赤率6万大军对宁远城发起进攻，那时的宁远，城内军民不足两万人。在敌众我寡、独守危城的艰难形势下，袁崇焕，这位忠肝义胆的民族英雄提出了“若保关内，必守关外。若保关外，必守宁远”的主张，他敏锐地看到了宁远城对于抗金战争的重要性，以寸土不失、寸步不退的实际行动捍卫着明王朝的尊严。在这次战斗中，兴城的军户百姓们面对数倍于己的敌军，以“辽土养我辽人，我辽人当守辽土”的浩然正气保卫了自己的家园。

战斗打响后，士兵们登城杀敌，宁远百姓搬运粮草、照顾伤员，同仇敌忾的宁远军民，牢牢守住了这座城。如今兴城古城城头的红夷大炮在此次战役的城防体系中发挥了很重要的作用。相传努尔哈赤正是在此次战斗中被红夷大炮打伤，返回沈阳便亡故了。孤军奋战的宁远城以不足两万之兵，力克后金大军，挫败了努尔哈赤夺占辽西的企图。宁远大捷是明朝对后金作战的一次重大胜利，它犹如一剂强心针，让摇摇欲坠的明王朝又延续了近20年。公元1627年，袁崇焕率宁远将士又击败了皇太极，取得宁锦大捷，连续的胜利让后金军对宁远城望而生畏。

然而，戍边守土的将军，没能战死沙场，而是亡于谣言。由于后金的反间计，加上魏忠贤等阉党的流言蜚语，使崇祯皇帝听信了他们的谗言。袁崇焕身受3543刀，刑场赴死。这种自损大将的荒唐之举，加速了明王朝的覆灭，据《明史》记载，“自崇焕死，边事益无人，明亡征决矣。”其后仅10余年，明王朝便匆匆走下了历史舞台。坚不可摧的宁远城，至此完成了它守护明朝长达216年的责任与使命。

如今，在兴城火车站前的广场上，袁崇焕的雕像高高耸立，每一位来到这里的人，都能感受到这位英雄的气魄，他的忠勇血性，也化作古城人的精神追求世代流传。

二　舍身保城：忠臣的风范，流芳百世

入主中原的满人在中华大地延续了200多年的统治，正当他们做着

■ 兴城古城内的赵臣翼像

天朝上国的迷梦之时，西方的坚船利炮轰开了闭关锁国的大门。而宁远城和宁远人民，再次显露了他们的英雄本色。

1900 年，八国联军发动侵华战争，沙俄侵略者在此次战争中趁火打劫，在战争结束后带着掠夺而来的宝贝来到宁远，并出兵强占了宁远火车站。宁远百姓为防止国宝流失，与沙俄侵略者展开了抗争，打死打伤数十名沙俄军人，并烧毁了当地的教堂。沙俄侵略军恼羞成怒，蛮横地向宁远州地方政府提出惩治火烧教堂凶手、赔款白银 10 万两的无理要求，威胁如果不交出赔款，就攻入宁远城内烧杀抢掠，报复当地民众。在危难关头，宁远知州赵臣翼拒绝了部属提出的离城暂避的请求，下定决心誓与宁远城共存亡，为了全城百姓的安危，赵臣翼不惧俄军的淫威，挺身而出，冒着生命危险孤身一人前去与俄军进行谈判，他据理力争，但傲慢的俄军根本不把他放在眼里，一再要求赔款交人。

因为赵臣翼无力答应俄军提出的无理赔款、惩治火烧教堂“凶手”的要求，俄军拒绝了赵臣翼的请求。赵臣翼正气凛然，眼见局势难以挽回，便拔出身上的佩刀向自己脖子划去，表明以死殉城的决心，顿时鲜血四溅。赵臣翼以死相拼的举动又一次唤醒了当地百姓的血性，上万宁远人把火车站团团围住，百姓们切断水电，拆毁铁路，把侵略者死死困在宁远。最后沙俄军队被迫放弃攻城计划，撤退回国，宁远城转危为安。

赵臣翼自知此次与强权谈判的凶险，但有感于守土有责，决心舍身一搏，他不畏牺牲、舍生取义的精神也成了兴城人祖祖辈辈内化于心、外化于行的家国情怀，随着这座英雄的城市而流芳百世。

三　荧幕硬汉：演员的担当，敢闯敢拼

兴城人有着一股永不服输的劲头，战争是这里恒久的记忆，而战争中顶天立地、威武不屈的英雄则是兴城人永远崇敬的榜样。

赵福余是从兴城走出的一名影视剧演员，他曾在《谁主沉浮》中饰演朱德总司令，给观众留下深刻的印象。在他出演的160多部作品中，军事题材的就有48部，赵福余的这种选择与家乡的影响密不可分，兴城人骨子里的血性和勇敢的品质感召着他参演一部又一部军事题材的影视作品。尽管已经是和平年代，在战场上冲锋陷阵已经成了尘封的历史，但是兴城人关于战争和英雄的故事仍在荧幕上延续。《三进山城》《平原游击队》《吉鸿昌》，这些曾经在兴城取景的银幕作品大多描述的都是英雄和战争的故事，也塑造了许多深入人心的硬汉形象。而从小在这里成长的赵福余受古城精神潜移默化的影响，造就了一身的硬骨头。

兴城籍演员赵福余饰演的朱德总司令

在电影《蓝鲸紧急出动》拍摄时，有一场戏需要演员从8米长、半米宽的潜艇鱼雷发射管中爬出，直接钻入深海。海上风急浪高，发射管空间密闭狭小，保护措施难以面面俱到。赵福余凭着血脉里流淌的那股永不言败的气势，一次次地反复下水，终于顺利完成拍摄，成了让人敬佩的铁骨硬汉。在和平年代，兴城的百姓仍然凭着那一份不惧艰难的韧性，在各行各业实现着他们的追求和梦想，而赵福余正是这数万敢闯敢拼的兴城人的缩影。

四　泳装大亨：创业的决心，破釜沉舟

大自然给了勤劳勇敢的兴城人一份独特的恩赐——山、泉、海、岛并存的自然风光。早在1300多年前，兴城一带就发现了温泉。如今每逢节假日，周边地区的人们都会慕名前来泡温泉。而大海则是炎炎夏日里人们消暑的好去处。勇于开拓的兴城人在享受这一切的同时，更从中发现了一条发展之路。

20世纪80年代初，改革开放的大门刚刚开启，兴城人依靠温泉和大海的独特资源做起了泳装生意。王娜是兴城范德安泳装的创始人，她的

兴城生产的富有东方韵味的泳装款式

母亲当年就是尝试泳装生意的第一批先驱者之一。那一代的兴城人凭借着不怕吃苦的精神，夜以继日、加班加点生产泳装，为如今兴城的泳装产业奠定了坚实的基础。

经过短短的十几年，兴城人把泳装制造发展成了支柱产业。曾经的一间间家庭小作坊，成为一家家大型的泳装企业。对年青一代的兴城人来说，如何把泳装推向全世界成了他们的新目标。某次，王娜得知国外正在举办国际泳装展会，她约了几位同伴想去参加。他们带上了 500 份产品图册，飞行了一万多千米到巴黎。可当他们想走进展厅时，却被工作人员以没有品牌和自主创新为由挡在了门口。

当时，兴城的泳装企业都以代工为主，由于没有自主品牌，让这些年轻人吃了无数闭门羹。回国后，王娜决定破釜沉舟，把代工生产所有的利润全部投入到设计上。通过这样的尝试，兴城泳装有了更多的款式，可是产品成本却比之前高出了好几倍，到了销售旺季，一件都没有卖出去。尽管困难重重，她们却没有放弃。经过 6 年多的努力，王娜结合中国传统文化，设计出充满东方韵味的泳装，得到了海内外市场的认可，销量也越来越大，就连曾经把她们拒之门外的国际展会也主动发出了邀请。在展会上，王娜她们结合了满绣文化的旗袍样式泳装得到了很多国外设计师的认可。

如今，兴城每年有超过一亿件的泳装产量，占了全国泳装产量的 1/3，全球产量的 1/5。一个渤海湾畔的小城，成了中国第一的泳装名城。闯关东人和宁远军民的勇而无畏赋予了兴城人骨子里不服输的劲儿，也成为兴城人创业路上的精神支撑，宁折不屈的军城故事仍在延续。

回望历史，徜徉现实。千百年的英勇故事不仅镌刻在了古城的岁月中，更深刻地影响着今天这里的人们。古城虽饱经沧桑，但从未老去，他心怀凌云之志，从古老的故事中汲取发展的力量，以勇而无畏的姿态，在开拓创新的路上一往无前。

编　导：王　洁　韩　双
撰稿人：宋宇航
指导撰稿：祁瑞萍

一枝一叶总关情

“些小吾曹州县吏，一枝一叶总关情。”位于苏中平原的兴化古城又被称为“千岛之乡”。秋天是兴化最丰饶的季节，密布的河网滋润着这座千年古城。河道下面蛰伏着最鲜美的物产。春用竹蛏、夏食笋、秋尝蟹、冬烹野蔬，是兴化人的讲究。“吃早茶”是当地特有的一种生活习惯，三两好友围坐桌前，泡一杯绿茶、煮一份干丝、再加一笼蟹黄包，边吃边聊，这就是最地道的古城生活。

春秋战国时，楚国大将昭阳因战功受封于此。他带领族人来到这片水中洼地，从水下取土，垒成一方方垛田。人们聚居垛上，连垛成城。在田上种植蔬菜，在水中养鱼养鸭。隋唐时，由于地处里下河沿海，四

■ 兴化古城的街道

周多由孤岛组成，一直难以修建城墙，因此兴化一直有县无城。南宋时，为抵御金兵入侵，兴化人挖河取土，筑成一圈长 3 千米、墙高 3 米的古城，城墙设有 4 座城门和 4 个水关。城外大河环绕，碧波荡漾，白帆点点；城内街道纵横，坊表林立，市井繁华。明洪武年间，兴化人在土墙的基础上修建砖墙，兴化城墙在历史上曾多次发挥了抵御外敌的作用。

虽然现在的古城已看不到曾经完整的样貌，城墙也只剩下城北短短一段残垣，但是这里始终记录着一代代兴化人甘于奉献、忧国忧民的深切关切，传承着几千年来兴化人不变的家国情怀。

一　范仲淹：扶危救困，为民解忧

历史上，兴化所属的泰州海陵是淮南盐的主产地，北宋天禧五年（公元 1021 年），32 岁的范仲淹来到泰州担任盐官，主要职能是中转运输。上任之初，他看到海潮倒灌，几乎所有的盐灶都被海水冲毁，退潮之后，过去的良田变为盐碱地，百姓无法耕种，饿殍遍野的情况非常严重。范仲淹心忧百姓之苦，在与地方官员协商未果的情况下，直接越权上书，向朝廷提出修堤捍海的方案。由于当时范仲淹人微言轻，并且修捍海堤不属于他的职责范围，因此受到诸多阻挠。

范仲淹泊水场景

“宁鸣而死，不默而生”，范仲淹不惜得罪权贵，上书朝廷据理力争。公元 1023 年，范仲淹得到宋仁宗御准，任命他为兴化知县，主修捍海堤。但是对于小小的县令来说，修捍海堤并非易事，他把自己的俸禄和积蓄全部捐出，亲率 4 万人叠石挑土、兴建海堰，并且集中盐城、海州、南通、泰州这 4 个大州的民工共同修捍海堤。修捍海堤期间，虽有巨潮卷走百余民工之难、母亲丁忧之恸，但始终不改他为民之心、修堤之志。

历经 5 年，一条贯通南通、泰州、盐城 3 州绵延数百里的捍海长堤建成。这条堤坝发挥着“束内水不致伤盐，隔外潮不致伤稼”的功用，以堤分界，东边产盐、西边种田，彻底改变了兴化的经济结构，也成就了中国水利工程史上的一个伟大杰作。司马光在《涑水记闻》中曾说：范堤修成之后，“民至今享其利，兴化之民往往以范姓”来永久纪念这位造福于民的好官。范仲淹用自己的实际行动实践了他在千古名作《岳阳楼记》中所说的名言：“先天下之忧而忧，后天下之乐而乐。”

沧海桑田，堤东的盐场逐渐被淤泥堆积成陆地，曾经的大堤也消失在历史的长河中，范堤却犹如一座无形的丰碑，始终驻留在古城人心中。他毕生追求的政治理想至今仍闪耀着光辉，激励着为官从政者躬身力行。

二 郑板桥：难得糊涂，铮铮风骨

在古城中心的十字街口，有一座明代建造的四牌楼。四牌楼主要用来纪念历代兴化籍名人。其中“才步七子”是赞美“扬州八怪”的代表人物郑板桥。

郑板桥原名郑燮，号板桥，人称板桥先生。曾拜师陆种园学习填词，陆种园先生乐善好施、先人后己的处事之风对郑板桥有很大的影响。人们都赞郑板桥以诗书画三绝盖世，尤其是他的《墨竹图》和《难得糊涂》。在《难得糊涂》中可以看出郑板桥身上所具有的民族情怀、人民情怀。受到故乡文化的熏陶，郑板桥有“立功天地，字养生民”的理想和抱负。在短暂的为官经历期间，他从不欺压百姓，总想着人民的疾苦，帮助人民解决问题，深受百姓的喜爱。

乾隆十一年（公元 1746 年），53 岁的郑板桥调任潍县。上任之初，赶上大饥荒，百姓颗粒无收、民不聊生，甚至上演人吃人这样惨绝人寰的场景，这让板桥觉得开仓放粮的事情已经急不可待，但是按照清代律令，凡动用官粮赈灾，必须要有朝廷批文。但是申请批文手续繁复、时

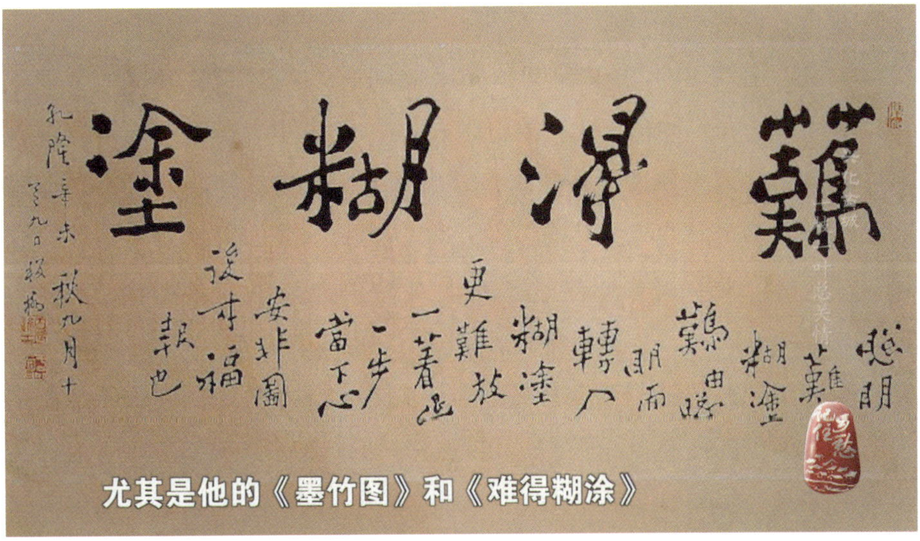

郑板桥的《难得糊涂》

间冗长，而灾情却是刻不容缓。端坐在县衙，郑板桥听着窗外竹叶在风中萧萧作响，他仿佛听到了民间百姓啼饥号寒的哭声，“衙斋卧听萧萧竹，疑是民间疾苦声。些小吾曹州县吏，一枝一叶总关情。”郑板桥甘冒风险，私自开仓放粮，扶危济困、周济百姓。因此，他既得罪了地方的高门大户，又触怒了上级，地方豪绅甚至3次雇佣刺客谋杀郑板桥，郑板桥无法继续在潍县知县的位子上有所作为，不得已辞官归去。他救了全县百姓，却因此获罪被贬回乡，得一官不荣，失一官不辱。回归故里后，郑板桥以卖画为生，他的兰花之香、翠竹之节、怪石之骨，浸透着中国人的君子胸襟和铮铮风骨，也成为中国古代文人画的代表。

兰香竹影伴书声，浓墨淡彩画世情。不管是书画艺术，还是为官做人，郑板桥都对兴化人产生了巨大的影响。他们不仅模仿板桥的字画，更是把“一枝一叶总关情”的人生态度融入生活中。

三　樊才林：关情书苑，医人医心

樊才林退休前是兴化沈伦卫生院的医生，退休后他回到老家樊荣村，开设关情书苑，常设党史家史、优秀文化、乡贤楷模、社会实践、家庭教育等课程，开放书画、象棋、乒乓球等兴趣科目，还自建农耕文化博物馆，使青少年在学到文化知识的同时，还能受到良好的道德教育，樊才林是青少年健康成长的引路人。

一件事情的发生，让他萌生在家里办青少年活动中心的想法。13 岁的小苏是一名留守儿童，寄读在外公家，2004 年下半年他迷上上网，学习成绩一落千丈。在外地打工的父母多次打电话训斥、痛骂他，他也未曾悔改。一天早上，小苏听到电话那头“不好好上学就去死”的咒骂声，赌气偷喝了农药自杀。樊才林看在眼、伤在心，并从血的教训中深刻认识到，医人更要医心，孩子们能够身心健康地成长，才是一座古城充满希望的未来。2005 年起，他和家人商量腾出 4 间平房，请来 6 名退休老师和民间艺人，又花费两万多元购置图书报刊、电脑桌椅，办起了青少年活动中心，并取名为关情书苑。他认为每个青少年都是一竿竹，要努力让更多的竹子生根发芽。

樊才林不仅给孩子们讲革命故事，还带他们了解中国传统农耕文化。前来看书的孩子越来越多，房子明显不够用，樊才林抱着“为了下一代，吃苦我愉快”的想法，不顾亲友的顾虑，执意扩建房屋。樊才林出钱又出力，在扩建期间，他多次严重跌伤，但是仍忍着疼痛为施工人员烧茶递水，经过半年的时间，花费樊才林毕生积蓄的关情书苑落成，

樊才林向孩子们介绍中国传统农耕文化

成为全省首批示范校外教育辅导站。

“一点一滴都是爱、一枝一叶总关情。”樊才林不求回报，投入大量的房屋、财力、精力，关爱着沈伦镇及樊荣村的少年儿童，他的做法感染了许多古城人，大家纷纷效仿，浓浓的温情流淌在古城的每一条街巷。

四 毕飞宇：广场书屋，文化传承

兴化被称为“中国小说之乡”，自古以来名宦乡贤著书立说蔚然成风。在兴化，遇到一个农民劳动间歇在树下乘凉，很可能就有人在说有关《水浒传》的故事。

自 20 世纪 80 年代开始，文坛涌现出一大批有成就的兴化籍作家，其中就包括茅盾文学奖获得者毕飞宇。他的长篇小说《推拿》入选“新中国 70 年 70 部长篇小说典藏”，并被译成多国文字在国外出版，小说《苏北少年“堂吉诃德”》里描述的九月的云、温柔的风、高挑的芦苇都源自家乡的记忆。

2013 年，毕飞宇工作室在兴化落成。毕飞宇表示，决不让工作室成“空闲屋”，自此以后，他时常返乡。从 2014 年开始，毕飞宇每个季度都

毕飞宇陪同孩子读书

会邀请国内外知名作家、文学评论家来到兴化，以本土作家的小说为样本，大家一起对作品进行剖析、诊断、改进。自活动开始以来，从未中断，毕飞宇工作室·广场书屋正是在此基础上筹建而成。之所以取名为“广场书屋”，是因为“广场”的蕴意是广博、开阔、平坦。毕飞宇希望“广场书屋”如海纳百川，吸纳和集聚更多的读者，成为阅读者共有的精神家园，广场书屋为爱读书的人特别是青少年提供了一个好去处。广场书屋每周日上午开放，采用作家志愿者管理队伍，每次请一名作家“义渡”，给孩子们讲课。

千百年来，在兴化的大小河流上，始终有一批免费为百姓撑船而分文不取的义工，民间称为“义渡”。已定居南京的毕飞宇，因其“精神返乡”之举，被父老乡亲称为新时期传播文化的“义渡”者。把义工和文化结合起来，使得作家义工这样的形式慢慢辐射开来，这对兴化爱好文学的人和不爱好文学的人来说都是很好的服务。毕飞宇最为看重也最引以为傲的一件事：在故乡兴化，有那么多人去他的工作室做义工。加入志愿者队伍的兴化作家是文化传承中最重要的力量，这些人就像一群义务的“摆渡人”，承载着家乡孩子的文学梦想。毕飞宇希望在兴化，通过文学这样一个小小的切口，使得每个人都有义工意识，心甘情愿地服务社会、服务他人、服务自己。

创办广场书屋、举办小说沙龙、带动文化“义渡”……在潜心创作的同时，毕飞宇时刻不忘推动家乡文学的发展，主动充当文学的“传道者”，用文学的方式开启家乡传播文化的“义渡”。

上千年来，一代代兴化人传颂着祖德，把先贤遗风汇入时代。现在的兴化已经成为礼仪文教的兴盛之地。虽然曾经的一所所老宅已经褪去了鲜亮的外衣，但是一缕缕书香始终萦绕在古城上空，历久弥新。延续千年的文化基因，传承有序的丰厚底蕴，还将在这片水上垛田世代流传、生生不息。

编　　导：王晓宇　胡涵嘉
撰 稿 人：李潇芸
指导撰稿：祁瑞萍

第18—19集

凤凰古城

神秘湘西的铁血柔情

“凤凰于飞，翙翙其羽。”湘西的大山深处，一座古城如展翅的凤凰静立，绕城而过的沱江经年不息；山间低婉的鸟鸣，似是凤凰在诉说古城数百年来的风烟尘世。这，就是坐落于湖南省湘西土家族苗族自治州西南部的凤凰古城。

古城依沱江而建，其规划具有鲜明的军事特征。唐朝时期，为了防御外敌入侵，土司田克昌沿着沱江建起一座椭圆形的土城。到了明代，为巩固城防，他的后人拆除了土城，建起一座石城，也就是今天看到的凤凰古城。著名景点“风雨楼”也是始建于明朝，因其宛如彩虹过江，又被叫作“虹桥”。过去，这是当地人通往外界的主要通道；现在，这是游人领略古城之美的必经之路。“万名塔”与它隔江相望，秀美灵动。高

沱江之畔，群山环绕的凤凰古城

低错落的吊楼沿河而建，细细的木杆支撑着木质的楼体，也支撑起一代代人的生活。凤凰古城所在的湘西，自古耕地稀少，交通闭塞，生存格外艰难，在与恶劣的自然环境相搏相争的过程中，凤凰人的骨血里逐渐滋长出一份坚韧与不屈。历经 300 年风雨沧桑，凤凰古城在历史的长河里浸润了自己独特的气质——既铁血刚毅，也缱绻柔情。

（上篇）铁血刚毅

一 铁骨铮铮御外侮

凤凰，是一座飘着酒香的古城，这里民风炙热，酒在百姓生活中不可或缺。春种秋收有栽秧酒、打谷酒、丰收酒；建房、乔迁有上梁酒、落成酒、乔迁酒；婚丧嫁娶更是少不了酒的助兴。“酒是绸缎棉花衣，不怕山口风凄凄；酒是大鱼大肉饭，挑起重担过高山”，这是湘西山歌里对酒的最高赞美，也是对凤凰人豪放性情的褒奖。酒能醉人，亦能壮胆。比起口感绵软的米酒，当地人更爱喝烧酒，辛辣的口感，就和他们的性格一样刚毅果敢。

在历史上，古城以从军为荣。过去，十万人中就有一万人从军；如今，这里就连卖的酒都与军队有关。例如，62 度的酒叫“将军酒”，就是将军喝的酒。在往日那个刀光剑影的湘西世界里，酒是军人最好的犒赏。

凤凰古称“镇筸”，从这里走出的军队，被人们称作“筸军”。在中国近代史上，他们是湘军最精锐的一支部队。收复新疆、镇南关大捷、甲午牛庄血战，在每一次抗击外侮的战役中都有他们奋勇杀敌的身影，也因此赢得了“无湘不成军，无筸不成湘”的美名。

因为民风彪悍，生存条件恶劣，湘西一带自古匪患不断。清康熙四十三年（公元 1704 年），为了维护稳定，凤凰厅同知傅鼐决定屯田养兵，从当地士兵中精心挑选出 1000 名练勇，进行严格的军事训练。除军事训练外，士兵们每天都要学习《孝经》《武经》。《武经》为增进武艺，

《孝经》则是培养道义，为的就是“忠勇孝义”四个字——战场上不畏死不屑逃，混乱时保护百姓而非抢夺民财，永远忠诚于家国。俾移孝以作忠，在儒家经典《孝经》的影响下，凤凰的练勇既有冲锋陷阵的勇气，也有保家卫国的志向。

公元1841年，船坚炮利的英军攻陷了千里之外的广州。900名凤凰练勇听从朝廷调遣，抱着赴死的决心，跟随总兵从湘西一路驰援岭南。几个月后，噩耗传来！包括总兵在内，900名凤凰练勇全部以身殉国。古城的老人们失去了儿子，古城的女人们失去了丈夫，悲恸欲绝的哭声在沱江上空久久回荡。而即使是这样彻骨的痛，也无法阻止凤凰儿郎报效家国的心。一代又一代，他们照样去参军。死也死到战场，为家庭获得一份荣耀，为祖国争取一分希望。第一次远征虽然以失败告终，但是凤凰练勇的骁勇善战和忠义气节由此传扬开来，曾经藏于深山的土匪也好，出身寒微的贫民也罢，纷纷换上军装，走进了军营。

沱江北岸的老营哨街，有一座田氏祠堂，为时任钦差大臣、贵州提督的凤凰籍苗族人士田兴恕率族人捐资修建。田兴恕年轻有为，24岁便兼任贵州提督和巡抚，集军事、政治大权于一身。他在16岁参军时便立下战功，受命组织了一支“敢死队”。当年，田兴恕的这支“敢死队”转战20多个省，战无不胜，所向披靡，被左宗棠封为“虎威营”，后来又

算军“敢死队”组织者田兴恕雕像

被曾国藩命名为“虎威常胜军”。少年时的田兴恕就具有湘西人特有的豪迈、爽朗与自信。未参军前，因为家境贫寒，田兴恕还是个以替人放马为生的穷小子。有一回，田兴恕在城内朱姓大户门口玩耍时，朱家小姐看不惯他的顽劣，出来斥责了几句。当时还是少年的田兴恕心中满是不服气，当即道：“你不要讲那些，今后我当了大官，我要讨你做老婆。”凤凰人常说“穷汉不惜命”。清咸丰年间，天下大乱。对于普通百姓来说，这是一场灾难，在田兴恕眼中，却是一种机遇。参军闯荡几年后，勇敢机智的田兴恕屡立战功，当年的淘气男孩成长为铮铮铁汉。20岁那年，官至总兵的田兴恕得知朱家小姐仍旧待字闺中，于是登门迎娶，将年少时的戏言变成了现实。

凤凰人勇而不蛮，军人气质塑造着古城的性格。从清道光二十年（公元1840年）至清光绪元年（公元1875年），短短的36年间，凤凰共走出提督20人、总兵21人、副将43人、参将31人。这是凤凰人最值得骄傲的历史，也是这座城永恒的精神坐标。

浴血沙场的是战士，得胜而还的是英雄，马革裹尸的是烈士，他们永远活在有情有义的凤凰人心里。如今，岁月斑驳的墙体仍在，凹凸不平的痕迹尚存，如同那些有着刚毅面庞的血性男儿，守望着沱江两岸的家园，护佑着一世又一世的安宁。

二 坚韧赤诚凤凰心

筸军是凤凰人忠勇、血性性格的代表，他们的这种气质，是在凤凰的土地上成长起来的；而将士们在外征战，经过鲜血的洗礼而形成的性格，又进一步影响了古城的气韵。在没有战争的日子里，将士们的忠勇与血性在古城的云雾中化开，重新凝聚成凤凰特有的坚韧性格。自此，不止是军人，这里的文人、普通人，人人皆是铁血。

中华民国总理熊希龄便是一位从凤凰走出的铁血文人。从脚下的一方土地出发，他登上小船离开故乡，奔向了广阔的世界。和当年很多筸军将士一样，熊希龄的父亲征战半生，时常感叹自己仅为一介武夫。因此，他对孩子的教育格外重视，希望他们“文能治国，武能安邦”，熊希龄不负所望高中进士。之后不久，中日甲午战争爆发。眼看国家危在旦夕，而清政府竟然还在为慈禧太后的生日大肆挥霍。熊希龄不愿躲在翰林院里吟诗作赋，他决心投笔从戎，托人给湘军首领递交了一份请战书，不料却被拒绝。

不久之后，苦苦支撑晚清危局数十年的湘军，也在洋枪洋炮面前一败涂地，清政府被迫签订丧权辱国的《马关条约》。熊希龄抑制不住心中的愤怒，直接上书朝廷请求变法。他在上书中这样说：以中国这样这么多的人，连这个弹丸小国都打不赢，与其这样坐以待毙，不如革新庶政，变法图强，吾愿与爱国同仁临危就义，鞠躬尽瘁以拯吾国。

这样的言论被守旧的大臣们斥为妄言害国，触怒了慈禧太后，熊希龄被罢了官。回到湘西之后，他以一介平民身份，给当时的洋务派首领、湖广总督张之洞上书，强烈要求变法维新以图自强。这一次，熊希龄终于得到了张之洞的认可，他大力兴办教育、实业，创办了湖南最早的日报《湘报》。大山深处的年轻人受到维新之风的影响，他们东渡日本，加入中国同盟会，想要改变历史。

熊希龄故居中的照片和雕像

勇气，有很多种体现，凤凰人崇尚英雄，而中华民族本身就是一个崇尚英雄的民族，为了生活，他们浴血奋战；为了人民，永远不服输，永远不懈奋斗。不仅是男人，凤凰的女人柔而不弱，她们的身上

柔而不弱的女中豪杰——周阳兰

同样流淌着筸军的血液。

出生于军人家庭的周阳兰是古城的一名环卫工人。2014 年，凤凰遭遇了一场百年不遇的大洪灾。接到预警通知后，城里的居民和游客开始紧急撤离。刚刚转移到安全地带，周阳兰就收到了求助，说是邻居家的孩子还被困在二层楼上。周阳兰冒着生命危险将孩子救下来，孩子得以脱险，她自己却被洪水冲来的木块击中，刚刚因治疗癌症做完手术不久的伤口渗出了鲜血。就在那个时候，她收到了更多人的求助，赶来的救援官兵人手不足，已经负伤的周阳兰决定继续留下来。她说："我是非常佩服军人的，因为我爸也是个军人，我从小也喜欢军人，所以我自己也想当一个军人，我觉得就跟他们奋战了这一下，就圆了我的梦了。"

乐观、坚强、不向命运低头，在这方水土上成长起来的凤凰人，与生俱来就有与厄运抗争的能力，无论是病痛还是天灾，都不会击垮人们对生活的热情。

大水退去，凤凰涅槃，古城重生。湘西的大山深处，依然耸立着秀美的山川，流淌着清冽的河水，聚拢着热烈的心跳。

（下篇）柔情缱绻

三 柔肠百转归故里

落其实者思其树，饮其流者怀其源，游子的跫音无论落在何处，萦绕于心头的那一缕相思却不曾有半分消减。凤凰子弟便是如此，对于故乡，他们有着浓厚的眷恋之情。

"一个士兵要不战死沙场，便是回到故乡。"过去，湘西将士们征战四方，故乡就是勒马回望的远方。荣归故里的人们，建起一座座深宅大院，慢慢回味那些出生入死的往事。而客死他乡的英杰，也要有人把他们的亡灵护送回家。湘西自古山路崎岖，运送棺椁困难重重，久而久之，"赶尸"这一古老而神秘的职业便应运而生。凤凰人眷恋家乡，他们

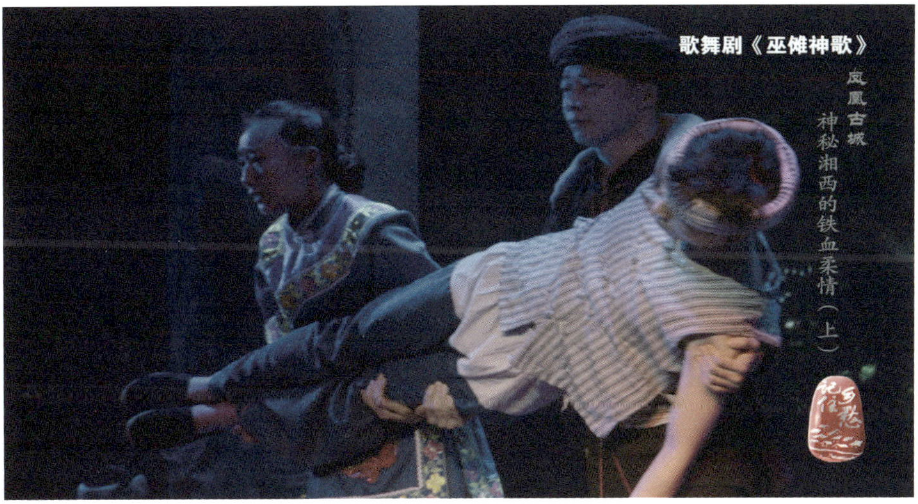

■ 演绎赶尸传奇——歌舞剧《巫神傩歌》

的家乡情怀已经深深地刻在了骨子里，尽管客死异地，战死他乡，也要魂归故里，叶落归根。神秘的赶尸风俗是凤凰人对故乡最深沉的眷恋，今天，这种眷恋依旧植根于凤凰人的心中，化成万千柔情，在舞台上演绎着这消失已久的赶尸传奇。

无论过去还是现在，“回家”都是凤凰人永恒的追求。对曾任湘西镇守使数十年的陈渠珍来说，他的“回家路”持续了整整半个世纪。

1909 年，清廷统治下的中国积贫积弱，英国侵略者企图分裂西藏。怀揣一腔报国热血，陈渠珍奉命率兵，千里戍疆迤逦康藏。雪压枪头马蹄轻，彼时的陈渠珍正是年少得意之时，在工布江达、波密等地战斗中取得节节胜利，赢得了当地部落头领的尊重。在一场宴席上，陈渠珍见到了藏族女孩西原，两位年轻人一见钟情，结为夫妻。二人婚后不久，武昌起义爆发，藏地亦风波四起。作为同盟会成员的陈渠珍审时度势，决定和妻子一道带领官兵，取道空气稀薄的羌塘草原，翻越唐古拉山返回内地，参与革命。这是一条今天看起来仍旧险峻重重的道路，是当地最耐寒的游牧者也不敢轻易涉足的茫茫荒野。那里平均海拔在 4500 米以上，为极地高寒气候，极其恶劣。途中风暴大雪接连而至，陈渠珍一行人马迷困在了荒原之上，此时的粮食资源也全部耗尽。军人血性让陈渠珍不屈从于命运的安排，他们昼行雪地，夜卧荒原，一路上历尽苦寒，部众接二连三因饥寒死去，几乎每天都有人留在了这条漫漫长路上。这

■ 照片中记录的陈渠珍与妻子西原的雕像

一年，在湖北的城市武昌，有人觉醒奋起，勇敢抗争，打响了推翻封建帝制的第一枪；这一年，在荒蛮辽远的藏北腹地，有人艰难跋涉，徒步羌塘，返回位于中国南方的故乡。苦苦挣扎前行了 7 个月后，这支历经磨难的队伍终于走出了青藏高原，出发时 115 人，最后仅余 7 人生还。不幸的是，陈渠珍的妻子西原走出了艽野，却没能逃离疾病，不久后染上天花不治而亡。

陈渠珍历经九死一生，广聚部众，在家乡崛起。民国年间，他担任湘西镇守使，成为割据一方的“湘西王”。他不畏权势，终其一生也不屑于磨去棱角、圆滑处世；他大力训练军队，告诫将士们：“有良心的人拿枪才是军人，没良心的人拿枪便是土匪”；他承袭家乡文武并重的传统，开办学校、兴办实业。小小的凤凰城，从此官兵熙攘，商旅云集，被人们称作“小南京”。

在凤凰人眼中，陈渠珍是可将百孔千疮之湘西治理成为富庶之邦的传奇英雄；是经历徒步艽野这样的大难大厄而涅槃重生的湘西硬汉。他千里跋涉、远赴故乡，保境为民 20 年，把柔情眷恋给了凤凰城；他一生追思亡妻、有情有义，5 个女儿皆以“原”字为名，把柔情蜜意给了妻子。百年之后，陈渠珍已然成为凤凰的一部分，或许当后人追思其遗风之际，就已经梦回那时铁血柔情的凤凰湘西。

四 缱绻热爱寓妙心

凤凰的山水和曾经的刀光剑影造就了古城不屈的性格，也让这里的人们对一切美好的事物充满了真切的渴望和向往。凤凰的人们可以放下安逸，拿起武器，在战场上抛洒热血；也可以放下枪，拿起笔，细细诉说古城的柔情。凤凰的城墙里，有人创造文学，有人传承技艺，有人守护文明；凤凰的文化中，走出了名人大家，吸引了外来游客，更孕育了每一个深深热爱故土的凤凰人。他们怀揣一腔热忱，笔落惊风雨；他们坚守一份热爱，传承不息。

沱江水守望古城千年，吊楼里有悲欢也有离合，这是让沈从文魂牵梦绕的故乡。凤凰人以沈从文先生为荣，很多人通过他的《边城》认识了凤凰，远道而来的游客带着美好的遐想，顺着书里的线索，探寻着古城的人文。《边城》成书于 1931 年，此时的社会虽动荡不安，但已引起一些有良知的文人的思考，沈从文便是其中之一。故乡的山水赋予了沈从文无尽的灵感，他将自己印象中的凤凰付诸笔端，将湘西的风土人情细细描绘，凸显出人性的善良美好，给都市中迷茫的人指明方向。《边城》中描写的湘西，风光秀丽，民风淳朴，人与人之间真诚相待，相互友爱。这座湘西小城自然之明净，湘西人心灵之明净打动了无数人，让人们深切体会着未受污染的农业文明的传统美德，皈依自然时心中的澄澈宁静。沈从文的文字以柔情灵气著称，他的《边城》将人们带入湘西世界，也将他带回自己深沉热爱着的故土。他的骨灰一半撒进了沱江的清流，一半埋入了凤凰的泥土；他把家国的苦难化作笔下的柔情，温暖人间，启迪思想，

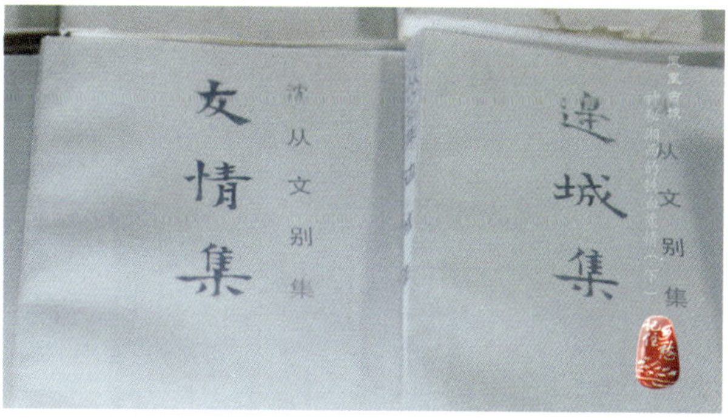

沈从文故居中的文集

成为凤凰永久的财富。

走在古城的街道上，随处可见打制苗银的匠人、绣着苗绣的阿婆，看得到很多独具湘西特色的手工艺品，听得到苗族姑娘的银饰叮当作响。凤凰手工艺的发展传承很大程度上得益于熊希龄的支持。熊希龄卸任中华民国总理后，把全部精力投诸慈善和教育。毛泽东主席评价他说：“一个人为人民做好事，人民是不会忘记他的，熊希龄做过许多好事。”熊希龄在临终前念念不忘家乡的织锦业，写信给当时任湘西镇守使的陈渠珍，请他给予扶持。陈渠珍接信后立即照办，成立了凤凰工艺厂，很多传统的手工艺因此传承至今，蓝印花布便是其中之一，其设计图案之张扬如同湘西之血性。过去，它是凤凰最寻常的生活用品；今天，它成了最原汁原味的生活艺术。

黄永玉的人生就好似家乡的蓝印花布，年轻时的他外出闯荡，在家乡的文化底版中印染上他在外界所经历的一切，最终转变成艺术创作的灵感源泉。他曾说道，“我的家乡就像自己的被窝儿，睡到被窝儿里边，自己的气息自己习惯”。将情思融于艺术创作，就是黄永玉用来表达热爱凤凰的方式。古城里到处都留下了他的痕迹：一些老字号的招牌题字、沱江边救人英雄的雕塑，都出自黄永玉的手笔。受他的影响，凤凰的学生很多都喜爱美术，大大小小的深宅院落里也会不定期地举办画展，这让山水间又多了一份艺术的气息。

■ 著名凤凰城画家黄永玉

■ 私人博物馆馆长雷雨田

在凤凰，有人把对家乡的热爱付诸山歌、诗文，也融入手中的针线、染料，亦刻画在江边的雕塑、牌匾；也有人在古城一隅，细数泛黄的光阴，倾听岁月的物语，在遗失的边缘坚守，在快捷的繁荣里坚持。凤凰的时光散入风中，流进江水，于每一处土地上悄然流逝。而在凤凰古城的中心，有一座私人博物馆，在这里，积满青苔的光阴渐次剥落，被岁月流水遗忘的故事攀着记忆的触角，回到风烟尘世中来。在这个三层的院落里，收藏着许多传统家具和生活用品，他们身上是被岁月轻抚的色泽，悄然诉说着光阴的故事，承载着一代代人的记忆。馆长雷雨田熟悉每一件老物件背后的故事，于他而言，不遗余力地守护这座私人博物馆“没有退路，也没有让步”。

2000 年，在外工作了 30 年的雷雨田回到了家乡。正值古城要进行旅游开发，他发现很多熟悉的事物正在消失。为保留过去的记忆，他有了建一座私人博物馆的大胆想法。想要凭借一己之力建一座博物馆，并不是一件容易的事。雷雨田投入了所有积蓄，又从银行贷了一笔款，买下了当时荒废的一块地。他在工地门口挂上了“建造指挥部”的牌子，但那个“指挥部”里就只有他一个人，即便是他的妻子也觉得这是一个不可能实现的梦想，为了让他放弃，甚至几次三番把他反锁在家里。那时的雷雨田孤军奋战，像极了一名战士。他用 5 年的时间建成博物馆，使其在 2007 年正式开放，成为古城人永久的记忆。而在雷雨田看来，他留下来的是一种文化，更是对一个时代的缅怀。雷雨田用自己的方式，留住了凤凰的灼灼岁序，诠释着深沉的热爱之情。

古城时光，在灵山秀水间流淌，流走了刀光剑影，留下了铁血柔情。它酿造在辛辣醇香的烈酒中，沉淀在乐观坚强的精神里，行走于魂归故里的路途上，缱绻于妙笔匠心的纸墨下。古城的汤汤江水，历练出令敌人闻风丧胆的筸军，也孕育出妙笔生花的作家与画家；古城的悠悠古歌，唱出与忠魂共鸣的悲怆，也诉说人们对岁月静好的渴望。凤凰山水，既有慷慨悲歌，亦有细语婉转；山水凤凰，容纳人生代代，传承生生不息。

编　　导：赵奕琳　赵东青
撰 稿 人：张逸雯　于丽耘
指导撰稿：祁瑞萍

忠于心 勇于行

神木古城，地处陕西省北部榆林市境内，是秦晋蒙三地交界处，也是古时的边塞之所。自秦朝起，这里就是中原王朝和北方游牧民族对阵的战场之一。唐时，该城最初的缔造者以瑞兽“麒麟”为之命名，称为“麟州”，以期有英雄出世，永保边关平安。金元时，“麟州”改名为“神木”，据《神木县志》记载，“……城外东南约四十步，有松树三株，大可两三人合抱，为唐代旧物，人称神木”。“神木”一名由此而来。

从高空俯瞰神木古城地形，其西靠二郎山，东临九龙山，外加一条窟野河从城西流过——形成了两山夹一河的地势，是一座天然的关隘。作为古时地处交战前线的神木，自然其最初也是按照军事用途的目的来

神木古城地形概况

修建的。

历史上，神木城四周曾有高大的城墙合围，南北两侧建有遥相呼应的鼓楼、钟楼——既可供将士瞭望敌情，又可发出指挥号令。近千年后的今天，古城依稀还能看到当年军事城堡的街市格局。古城街道现以“凯歌楼”（始建于明朝）为轴心，辐射出东西南北 4 条大街，直通 4 处城门。

数千年时光里，在这片黄土地上，一代代神木人坚守其“忠于心，勇于行”的传统，在厚重时间篇章中写下数曲壮歌。

一　杨业：“舍家为国，九死一生”

地处边关，于无数战火中淬炼出的神木城，历史上忠勇武将辈出，其中最出名的是宋时的“杨家将”。

现古城东北方向，有一处杨家城遗址，那是五代十国时期麟州刺史杨弘信的驻兵之地。

■ 杨家城遗址

五代十国是历史上有名的大分裂时期，政权割据，战乱不断。正所谓“时势造英雄”，当年杨弘信自立为麟州刺史，管辖一方，保境安民。其长子杨业就是人们熟知的“杨家将”的领军人物。《宋史·杨业传》中如此写道：“屡立战功，所向克捷，国人号为‘无敌’。”

■ 杨家将雕像

杨业自幼受父亲杨弘信的影响，苦修武艺，钻研兵法，一手好枪法出神入化，作战能力十分强悍。他幼时就展现出与众不同的个性以及独特的军事天赋。在当地百姓中，至今流传着一个少年杨业奋勇杀敌，智取敌军的故事。

那是一个大雾天，杨家父子正严阵以待守卫于神木城上。突然，狼烟四起，契丹人引兵来犯。年少的杨业无惧危险，只身带领一队精兵悄然出城，将敌方的骑兵引到一处山涧，再利用地形之便，投以礌石。敌人死伤大半，仓皇逃离，杨家城得以成功保卫。

数年后，杨业被父亲杨弘信送往山西太原。临行前，杨业在麟州植下一棵树，取“树在人安，根留麟州”之意。

北宋雍熙三年（公元 986 年），宋太宗决意北伐辽国，收复燕云十六州，杨业随军北伐。途中，监军王侁忽视客观条件，威逼杨业迎敌。忠义之将杨业，毅然携其子杨延玉带兵出征，迎战 10 万辽军。最后由于双方兵力悬殊、保护百姓安全撤离的需要，再加上王侁等人争功误事等因素，那场战斗异常惨烈。但是为了保护百姓平安撤离后方，杨业及其部下坚守不让，将士悉数阵亡，杨业本人受伤被俘，于敌营绝食 3 天，壮烈殉国。

噩耗传回神木家乡后，城中百姓无不抱头痛哭。

日月不淹，现如今只剩断壁残垣的杨家城依然记录着“杨家将”当年的英勇。千百年来，杨家将“天下无敌”“一口金刀、八杆银枪保定宋室江山”的故事和英雄气魄一直在这片天地广为传颂，其“舍家为国，九死一生”的事迹也从此深刻影响了神木的民风。直至今日，古城人仍有尚武的风俗。

虽然鼓角铮鸣声早已远去，但杨家将忠勇报国的精神在一次又一次的讲述和一代接着一代人的铭记与凭吊追忆中融入神木的历史，成为神木人的一种敬畏、一种骄傲。

二　张友清：“铁骨铮铮，血洒疆场”

饱经沧桑的神木古城中，留存有大量古建筑，其中始建于清初的张氏四合院，是现今古城中保留完好的古建筑之一。从这间宅院里先后走出过 7 名武官，是名副其实的武将世家。革命烈士张友清也生于此。

革命烈士张友清像

1926年盛夏，22岁的张友清从北平返回神木家乡。受新思潮的影响，张友清带回大量进步书刊，帮助家乡年轻人“开眼看时代，接触新思潮”。这些热血进步青年也时常聚集在张友清的家中，学习讨论新思想。从那时起，小小院落开始聚合形成神木县城的新气象。

那个动荡的年代，军阀还驻扎于神木城内，百姓们每天受其压榨，生活没有出路。革命志士张友清于这样的情况下，在家着手组建党团组织。

一天，张友清正召集当地的几位进步青年开会，商讨成立党团组织。没想到，会议正如火如荼地进行时，街上传来几声响动，热烈的空气一下子便“凝固”得像要窒息一般。

时值军阀在城中实施戒严管制，为了确保大家安全，不让革命火种过早地被扑灭，张友清一行人被迫紧急转移至城东的玉帝庙中继续商讨。后来有人回忆，那个会议开得青春飞扬、激情澎湃！

受共产主义理想感召的几个血气方刚的少年聚集在一起，凝成一股巨大的力量。他们后以庆祝北伐战争胜利为由，组织古城人把“打倒军阀”“废除不平等条约”“打倒贪官劣绅”等口号写在灯笼上，举行了一场声势浩大的提灯游行。自此，革命火种被播撒在这陕北古城中，共产党组织如雨后春笋般在神木乡村的沟沟峁峁相继成立，也拉开了陕北地区神府革命的序幕。不久之后，张友清被派往西安、北平等地执行任务，再也没回到过神木老家。

张友清的侄孙张永强介绍，张友清在1927年给他大哥写过一封信，信中有这样一句惹人泪目的话：“我既然是一个革命党员，我的生命，自由……我的一切就都应该交给党，党需要我怎样我就要怎样！说明白一点，党若是需要我去死，就毫不犹豫地去死！”张友清当时面临何等的险

张友清给家人寄的照片

要情况已经无从得知，但从中体现出来的“誓死忽如归”的气魄以及神木男儿的铮铮铁骨，是何等的感天动地！

数年后，张友清将一张照片寄回神木老家，给家人报了个平安。照片背后，有张友清铿锵有力写下的这样一句话——“随时洒血疆场”。

在那个充满理想与热血的年代里，有太多像张友清一样的革命志士，甚至还来不及和家人告别，就为国血洒疆场！而活下来的人，没有退却，而是擦干身上的血迹，掩埋好同伴的遗体，再强行抹去离别的苦泪，于心中反复烙印革命理想，便又不屈不挠地向前进了。

1942年7月7日，张友清牺牲于太原的集中营，在其生命的最后一刻，仍然鼓励身边的同志“要坚持斗争，要活下去，迎接胜利的到来”。

转眼八十多年过去了，当年的炮火声早已泯灭于时间的汹涌波涛之中，但小院灯光仍在，那温暖又悲凉、热烈又感伤的烛火，摇曳在古城人的心中，不时地向人们扬起那段回忆，告诫这片苍穹下的人们：勿忘理想！勿忘英雄！

是啊，只有不忘过去，才能真正抵达未来。

三 张应龙：“人在树在，我在沙无”

“山高尽秃头，滩地无树林。黄沙滚滚流，十耕九不收。”这是近代时期，神木最真实的写照。

近代以来，沙尘暴天气时常困扰着这座小城。每逢沙尘暴来袭，古城漫天黄沙，遮天蔽日，人们不堪其苦。由于沙漠上种不了地，周围零星两三个村子的百姓只能在一些小沟沟里种点玉米，经济、生活条件很差。

21 世纪初，始终不肯向风沙屈服的神木人开始鼓起勇气打起锄头，推着小车，抬着树苗，打响一场声势浩大的治沙之战。时年 31 岁的张应龙也回到了家乡。

那时张应龙在外打拼，一次偶然机会，他回到家乡和当地村支书聊起这个事情。怀着对家乡的眷恋，当时对林业还一窍不通的张应龙答应回到家乡治沙，并且以个人名义承包了 42.8 万亩沙地植树造林。

近现代神木自然环境状况参考

治沙卫士张应龙

沙漠种树，就犹如蚍蜉撼大树。茫茫沙海中，张应龙每一点努力都曾被风沙无情抹去。可突然有一天，张应龙发现一处被樟子松成功固定的沙丘！这个意外的发现点燃了他全部的热情。张应龙当时不惜代价栽下了上万株树苗，还“烧钱般”地修筑了一条通往沙漠腹地的公路。可一年后，当张应龙满心欢喜地准备迎接郁郁葱葱的樟子松林时，现实却给了他狠狠一击。漫漫黄沙和呼啸大风之下，只有一片死寂的枯黄，公路更是被沙子掩埋到连影子也找不到了。

张应龙曾无数次想要放弃，无数次认为这是一个不可能完成的任务。他说，在治沙期间，他的两个姐姐来看过他一次。那时他因为多年治沙，整个人晒得很黑，他的两个姐姐搂住他哭了一场。即使面临这样艰难的情况，张应龙也没狠下心来说“不干了”，陕北人坚毅顽强的性格让他最终决定继续做下去。

张应龙说他就是一个执拗的人，就是一个一条路走到黑的人。“当某一天，我真的做不下去了，哪怕是我自取灭亡，我觉得我也信守了承

与风沙抗争的这种决心

山清水秀的神木

诺。”张应龙真的像极了一名顽强的守城战士，守护着身后的神木城，绝不向黄沙低头，屡败也屡战！这真可谓是人在树在，我在沙无！

经过多年挫折，无数次艰辛试验，张应龙终于找到了合适的固沙模式。17年间，他承包的荒沙地，植被覆盖率由最初的3%提高到了70%，完成的治沙面积达到50万亩！张应龙将治沙精神和爱国家、爱家乡相结合。他饱含深情地这样说：“毛乌素沙漠从森林退化成沙漠，大概用了不到1000年的时间，现在我们共和国成立以后70年，又把毛乌素沙漠变回森林。治沙精神就是爱国家、爱家乡，有这种爱所以才有了这种改天换地，与沙漠的抗争、与风沙抗争的这种决心。”

20年，在饱含家国深情的神木人共同努力下，截至2018年年底，神木各类林木保有面积达到了481万亩，总体森林覆盖率达到了40%！神木人终于第一次以胜利者的姿态站在了漫天黄沙的面前。

现在俯瞰神木县城，曾经的荒凉，昔日的无边无际的黄沙，早已被绿色的“树浪”淹没，数万亩樟子松林为这片土地点缀着勃勃生机，而从沙漠深处渗透出来的清泉，汇集成潺潺溪水，静静绕城流淌。

今天的神木，山环水绕，物阜民丰。水果种植、旅游业等产业的飞速发展也为这座千年未老的古城注入新的血液、新的发展动力。“忠于心，勇于行”是神木人的真实写照。在这融入了“忠”“勇”精神，并化精神为实际行动的土地上，生活的方方面面正静静地发生着切切实实的变化。这变化中也多了一种芬芳的味道，那是饱经风霜的、既忠又勇的神木人对幸福生活的爱与憧憬，是他们对美好未来的向往与期待！

编　　导：姬　斌
撰 稿 人：张海桐
指导撰稿：祁瑞萍

第21集 盐官古城

钱塘古韵 猛进如潮

"因潮而生，依潮而兴。"盐官古城位于浙江省海宁市，是个有着2000多年历史的古镇。涌潮带来大量海水，让这里的滩涂成为天然盐场。西汉时期，吴王刘濞曾在此设司盐之官，地以官名，故有"盐官"之称。三国时期，吴主孙权于黄武二年（公元223年）始置盐官县。南朝陈武帝永定二年（公元558年），割吴郡盐官、海盐、前京3县为海宁郡，郡治即设在盐官。此后1300多年间，盐官一直都是海宁地域的政治中心。

盐官古镇自古就和钱塘江潮相依相成。当钱塘江大潮来时，银浪涌天，雷涛撼宇，势如排山倒海，气象万千。清代雍正皇帝为了确保海塘的稳固，下旨在盐官修建海神庙，用于祭祀海神，安定海潮。乾隆皇帝

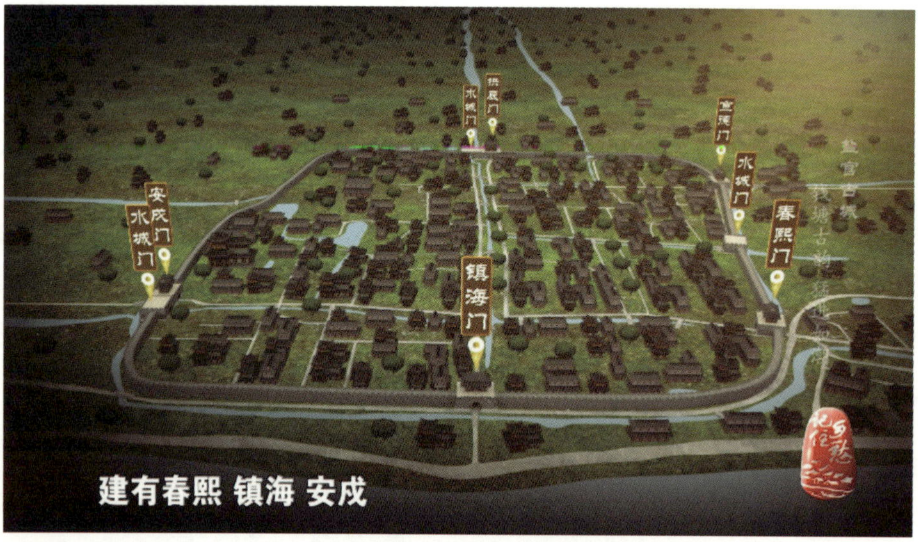

盐官古城全貌

孙中山题字“猛进如潮”

六下江南，四访海宁，震惊于大潮撼天动地的气势，欣喜于海塘坚如磐石的稳固，感慨于心，遂赋诗一首：“镇海塔旁白石台，观潮端不负斯来；塔山潮信须臾至，罗刹江流为倒回。”

钱塘江畔，不仅留下了帝王的身影，也见证了革命先驱的气概。20世纪初，孙中山先生来到这里，当他看到犹如万马奔腾般的潮涌时，深受启迪，说出了“世界潮流，浩浩荡荡，顺之则昌，逆之则亡”的豪言壮语，并写下“猛进如潮”4个大字。从那时起，中国革命的洪流犹如海潮摧枯拉朽般的气势，在悠久古老的华夏大地上涤荡着一切污秽渣滓。

潮是一往无前，古城人民的精神更是一往无前。数千年来，盐官人民为了生存力图驯化钱塘大潮，而钱塘大潮也塑造了盐官人民求新求变的精神气度。

一 古城观潮：惊涛拍岸起 吞天沃日势

观潮

盐官素有“中国潮乡”的美誉。传说浙江之水，其波涛如同巨山磅礴，其浪声如同雷霆呼啸，有“吞天沃日之势”。如今，每月的农历初一到初六、十五到二十，一年中有140多天都能在盐官古城观赏到钱江潮。除了波澜壮阔的“一线

■ 祭祀潮神

■ 潮水涌入

潮”，在古城以东的丁桥，可以看到泾渭分明的“交叉潮”；在古城西面的老盐仓，可以观赏到惊涛裂岸的“回头潮”。

潮涨时日，盐官人民会按照先祖定下的规矩，举行传承千年的祭祀潮神的仪式。未见其景，先闻其声。正午时分，江面传来巨大的轰鸣声。远处，一条素练横江，以雷霆万钧之力、万马奔腾之势奔涌而来。浪花翻滚，层层叠叠，聚合成一面高达两米的水墙，有着“鲲鹏水击三千里，组练长驱十万夫”的磅礴气势。当年，唐代诗人刘禹锡也曾被这样的场景震撼，写下“八月涛声吼地来，头高数丈触山回。须臾却入海门去，卷起沙堆似雪堆”的千古佳句。当潮水临近，人们开始把供品投入江中，祭祀潮神，祈求风调雨顺、国泰民安。

盐官古城始建于唐代，面积不大，仅有一平方公里。在与涛声相伴的千年时光里，常有勇士在潮水到来时手持红旗跃入江中，争勇潮头，以红旗不湿者为胜。宋词里所描述的“弄潮儿向涛头立，手把红旗旗不湿”，正是当年古城人“弄潮”与“观潮”的真实写照。

历史上，古城有城墙环绕，建有春熙、镇海、安戍、拱辰、宣德5座城门，以及3座用于航运的水城门。城内街巷纵横交错，最鼎盛时期，有着“五大城门四吊桥，七十二弄三大街”的说法。随着朝代的更迭，今天的古城只保留下春熙门、海神庙、孔庙以及学宫等历史建筑。走进其中，依然能感受到这里厚重的文化底蕴。

二 俞兆岳：铁榫连海塘 砥柱镇中流

汹涌澎湃的海潮让人无比震撼于大自然的壮美，但在历史上，它也曾经给这座古城留下惨痛的记忆。钱塘江的入海口形如一个巨大的喇叭。杭州湾宽度达到 100 千米，一路向西到了澉浦地区，江面宽度减到 20 多千米，而到了盐官，两岸的距离只有不到 3 千米。由于江面迅速变窄，潮起时，飞速上涌的潮水像脱缰的野马，高达每平方米 7 吨的冲击力，很容易造成堤坝决口。据史料记载，唐大历十年（公元 775 年），海潮冲毁了 5000 多间房屋。明崇祯元年（公元 1628 年），海潮造成 1.7 万多人死亡。汉唐时期，开始修筑海塘，那时唤作土塘。到五代十国前后，用块石装在竹笼里面，在宋朝和元朝，慢慢地形成堆石塘。1000 多年来，堤坝修好了被冲垮，垮了再继续修，在无数次成功与失败的往复中，古城人始终没有放弃。

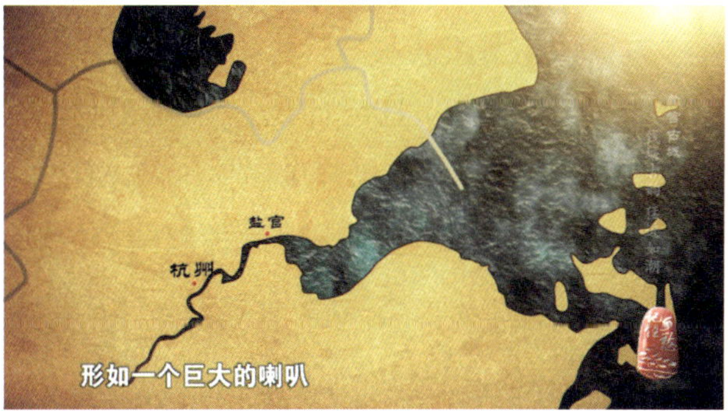

钱塘江入海口

清雍正五年（公元 1727 年），俞兆岳奉命修筑海塘。一天，俞兆岳在海边巡查时，迎面过来一支出殡的队伍。队伍抬着一口棺材，吹吹打打走过去的时候，他看到棺材盖儿跟下面连接的地方，有一些龙凤的榫头，他恍然大悟，想到条石之间的连接也可以用燕尾榫，以此解决条石之

燕尾榫

■ 海塘大堤

间没法连接成整体的问题。这个发现让俞兆岳茅塞顿开。随后他广招铁匠，锻打铁榫，在条石上凿出梯形的凹槽，用燕尾状的铁榫连接固定，再灌入米浆和石灰，让条石之间紧紧勾连，层层叠叠，状如鱼鳞。

为了让海塘能够永久稳固，俞兆岳常常着青衣、破帽，微服出行，与民夫们一起劳作、同吃同住，令其他官员不敢偷工减料、从中牟取私利，当地人亲切地把他唤作“俞伯”。

“不是银塘万众修，岂能砥柱镇中流。”历经60多年，在几万人的接力参与下，一条长达40多千米的海塘，终于屹立在钱塘江边，杭州湾畔。5年之后，一场飓风来袭，上海、杭州等地遭灾严重，唯有盐官一带因新塘的建立而免受灾害。俞兆岳的修塘方法经受住了考验，朝廷大为嘉奖，后任者开始纷纷效仿。200多年间，这条被誉为“四十里金城”的海塘始终坚固如初，护佑着浙江东部沿海地区。

三 王国维：学术弄潮儿 壮观天下无

盐官的历史因潮而起，潮是古城的命脉和灵魂，在千年潮水的激荡下，古城也创造出文化的高峰。古城的南侧是孔庙和学宫，经常有学子

孔庙

穿过棂星门，到这里来祈福学业有成。这座孔庙是南宋初年，中原士族迁入后修建的，他们在这里兴学重教，营造出“一街三书院，五里六书屋”的文化盛景。历史上，范仲淹、冯梦龙、林则徐、胡适等大批学者在观潮之余被邀请到这里讲学授课。在历代先贤的引导下，盐官先后走出 300 多名进士，近代涌现的文人大家也灿若繁星：哲学家陈确、数学家李善兰、诗人徐志摩、翻译家穆旦以及武侠小说家金庸。他们踏着不同时代的年轮，随着滚滚钱江潮谱写出属于自己那浓重的一笔。

一城故事一江潮，一代代盐官人伴着潮声长大，即使离乡再远，那声声潮涌依然会在梦中回荡。

王国维，字静安，清光绪三年（公元 1877 年）出生在盐官，古城西侧的一座两进小院是他的故居。在这里，王国维生活了 13 年，后来每年都会回来小住，在他的口中，这里被亲切地唤作“西城小屋”。王国维 7 岁时开始拜师学习传统文化。父亲王乃誉是清末著名的画家，他开放的思想，让王国维从小就有机会接触到新事物、新知识。良好的家庭教育环境，为王国维日后的学术研究打下了扎实的基础。

当年，这位年轻人在苦读之余也会去钱塘江边走走，和所有古城人一样，家乡的潮文化深深地影响着他。钱塘江畔弄潮儿的身影，让王

王国维塑像

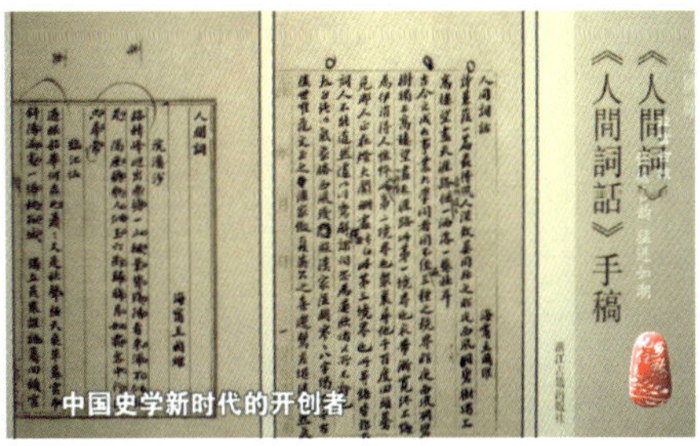

《人间词话》手稿

国维很早就明白了一个道理，要收获，就要站在离海潮最近的地方。甲午战争之后，他目睹国势的衰败，萌发了“自奋新学”的念头。他放弃科举考试，到上海半工半读，正是在那里，他接触到了欧洲的文化和思想，让他眼界大开。

■ 古城全貌

“发前人所未能发，言腐儒所不敢言。”王国维的血液里始终激荡着家乡澎湃的潮涌。几十年间，他潜心研究康德、叔本华、尼采，并与先秦诸子及宋代理学相结合，不仅成为中国美学的奠基人、中国史学新时代的开创者、宋元戏曲学的开山之祖，更是把甲骨学、敦煌学、简牍学开辟成一个专门的研究领域，并为世界所认可。王国维在学术上掀起一波又一波“壮观天下无”的文化之潮，梁启超称他“不独为中国所有，而为全世界之所有之学人”。

王国维的故居里，一张张老照片，一本本饱含心血的著作，一幅幅金文和甲骨文拓片，让来访的游人学者肃然起敬。年轻时，王国维曾在观潮后创作出“说与江潮应不至，潮落潮生，几换人间世”的佳句。故乡的海潮声曾伴着他走遍天南海北，让他在学海中乘风破浪、踏浪而行。

千载光阴匆匆而逝，蓦然回首，这滔滔海潮依旧如常伴着古城。年年观潮起，岁岁听潮声。如今，孙中山先生写下的“猛进如潮”4个大字已经成为这座千年古城的城市精神。作为中国民营经济活跃的地区之一，盐官，正站在时代的巨浪中，以勇立潮头的姿态，奔向远方，一往无前。

编　导：韩　辉
撰稿人：任　超
指导撰稿：李　攀

第22集 宣化古城

京西第一府

宣化古城，坐落于河北省西北部，往东南170千米是首都北京，往西30千米是拥有坝上风光的张家口市。历史上，宣化曾11度更名，“上谷”之名最为久远古老。公元前221年，秦始皇统一六国，分天下为36郡，上谷郡就是其中之一。西汉飞将军李广、名将霍去病都曾在此驻守。明朝定都北京后，为拱卫京师，抵御外敌入侵，朝廷在此设宣府镇。作为当时中国北部重要的边防要塞，宣府镇担负着1300多里的长城防务，与今天的张掖、固原、榆林等地统称为“九边重镇”。清康熙三十二年（公元1693年），朝廷取“宣扬教化”之意，改宣府镇为宣化府。

历史上，古城先后兴办过景贤书院、上谷书院、柳川书院，街头巷

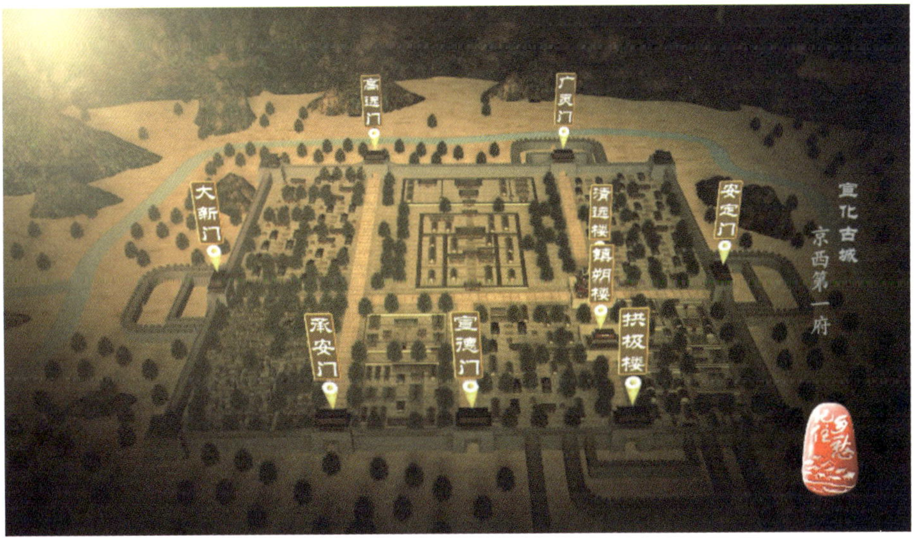

古城全貌

尾的琅琅读书声不绝于耳。明洪武二十七年（公元1394年），谷王朱橞在元代府城的基础上，把宣化扩展为方圆24里的大城。城池设有7个城门，城内衙门林立，旌旗飘展，商贾云集，军营的操练声与市集的叫卖声交织混响，回荡在街头巷尾。文风的兴盛、商贸的繁荣，让宣化成为中国北方一处重要的政治、经济、文化重镇，被誉为“京西第一府”。600多年后的今天，人们依然可以通过城内一件件文物去感知那段久远的历史。1945年11月，中国共产党领导的第一个省级民主政府——察哈尔省民主政府在宣化成立，中国人民解放军宣化炮兵学院、宣化师范学校等4所高等学府也都曾在此选址建校。

一 忠国守城门 屏翰扬威名

大忠非忠君。晏子说过：“君为社稷死，则死之；为社稷亡，则亡之。若为己死，而为己亡，非其私昵，谁敢任之？”宣化城在历史上从未被入侵的敌人攻破，又叫作太平城。始建于明朝的南门城楼与钟楼——清远楼、鼓楼——镇朔楼隔街相望，还原着这座城市最初的中轴线。数百年来，它们巍然屹立，见证着朝代更迭，世事变化。如今的镇朔楼上，乾隆皇帝御书的“神京屏翰”4个大字依旧高悬，宣示着这里曾经的使命和荣光。

明正统十四年（公元1449年）的秋天，清远楼急促的钟声回荡在宣化城上空，向城内的守军发出警报。当时，明英宗朱祁镇在北征瓦剌的过程中，兵败被俘，史称“土木之变”。瓦剌部落首领也先率领人马押解英宗，一路烧杀抢掠直取京城。一时间，人心惶惶。也先的骑兵部队，来到宣化南门外，得知

神京屏翰

宣化古城门

城内有重兵把守，没有立刻攻城。双方剑拔弩张之际，巡抚罗亨信和总兵杨洪突然接到一道手谕，明英宗竟然亲自下诏要求打开城门。这无异于把城池拱手相让，不仅城内百姓会遭到杀戮，京城也会失去最后的屏障。那一刻，两位老将面临一个艰难的选择：是为忠君开门，还是为忠国据守。

守城将士选择了以国为主。罗亨信率领将士拒开城门，杨洪带领官兵严阵以待，城中百姓磨刀待战，妇孺也上街支援。军民誓死一战、玉石俱焚的决心，让也先心生退意，只好押着英宗绕城离开。宣府老将尽忠职守，名垂青史，这座连皇帝都叫不开城门的军城也从此威名远扬，彪炳千秋。

二　千年葡萄城　全球农业园

固若金汤的城池让古城得以不断发展，作为连通蒙俄乃至欧洲的重要通道，宣化从辽代开始成为商贸重镇，南来北往的客商在这里聚集，他们把异域的香料运往中原，又把南方的丝绸、茶叶带到他乡。常年与不同民族、不同长相，说着不同语言的人打交道，宣化人很早便见识到了这个世界多元的文化。深厚的文化

宣化葡萄

底蕴构建起一代代宣化人的精神家园，也吸引着外界的目光。今天的宣化每天都要迎来送往无数的游客，他们在古建筑中感受岁月的变迁，在葡萄园里品尝数百年前的味道。

葡萄最早由汉代张骞出使西域时引入中原。元朝时，太宗皇帝下令在宣化栽种，并花费金银万两雇人培育。从此，葡萄与古城就有了不解的渊源。宣化 800 多年的种植葡萄历史，形成了古城西北侧占地 2000 多亩的葡萄园，是今天的城市里难得一见的田园景观。民间有一种说法，“宣化的葡萄是刀切葡萄不流汁”。传统的漏斗架栽培，让宣化葡萄日照均匀，口味甘甜。有着数百年历史的葡萄藤，通过果农的精心照料，至今还能孕育出累累果实。旧时的官员把它们当作贡品，送入朝廷，宣化也因此有了“葡萄城”的美誉。

“半城瓦舍半城绿”，是古人诗篇中写下的宣化。漏斗形的葡萄架覆盖于家家户户的庭院中。这些祖上传下来的葡萄藤为一家人换来生计，也把沁人心脾的果香化作宣化人最熟悉的家乡记忆。

果农乔德生一辈子与葡萄打交道，丰收的季节总能让他回忆起许多往事。20 世纪 80 年代末，随着城市的快速发展，很多人外出打工，葡萄藤越来越少，留下的人也时常因为土地发生矛盾。当时，河北大学法律系在宣化招收函授生，乔德生自费报名参加了学习。令乔德生没有想到的是，毕业后，因为成绩优异，他被分配到县司法局工作，端上了铁饭碗。可就在那时，中国农业大学在乔家的园子里建起试验田，准备研究推广新的葡萄种植技术。这个消息让乔德生很兴奋，他想了几天，没

漏斗架葡萄

果农乔德生

和任何人商量就辞去了工作。乔德生说，葡萄就跟他的生命一样重要，而且国家、世界都承认它是正宗的东西，它有价值，只要能讲清宣化葡萄，就能讲清宣化的历史。

葡萄是古城历史的见证。乔德生不想让它断在自己这代人的手上，他不仅牵头成立了宣化第一个葡萄合作社，还把种植经验分享给乡邻。如今，古城里有200多户果农依旧守护和传承着这份古老的技艺。收获季节，果农们要赶在霜降前把果园里的葡萄采摘、装箱，送进冷藏室，以便冬天还能继续销售。2013年，宣化城市传统葡萄园被联合国粮食及农业组织评选为全球重要农业文化遗产，列入保护名录。对于古城的果农们来说，这不仅是一份值得骄傲的荣耀，更是一份沉甸甸的责任。

三　古墓藏历史　忠赤为百姓

责任和担当，这种源于行伍的精神从古至今影响着宣化人。宣化区文保所勘探队队长杨桂富在一次灌溉的过程中，发现了共有12座古墓的张氏家族的墓葬群。

■ 古墓群

古人视死如生。墓葬中除随葬品之外，还要通过壁画，为亡者安排一个与生前相似的环境。历经数百年的岁月沉淀，壁画的图案与色彩依旧清晰可见，《出行图》《散乐图》《备宴图》都详细描述了当时人们的生活场景。在过去的40多年里，张氏家族墓共出土文物800多件，壁画360余平方米。如今，它们被陈列在古城博物馆，昭示着久远的历史。

1993年，壁画墓群被评为“全国十大考古新发现”之一，1996年成为全国重点文物保护单位。在一号墓后室的墓顶之上，绘有中国传统的

■ 古墓壁画

■ 古墓内景

记星法二十八宿和西方的记星法黄道十二宫，这幅中西合璧的天文图在我国是首次发现，是研究中国古代天文的重要资料。

在辽墓的进一步发掘保护中，一段镌刻在碑文上的文字把张世卿的故事娓娓道来，展现出宣化人责无旁贷的社会责任感。

宣化城内商贸繁盛，百姓生活富足，但天灾却在所难免。辽大安四年（公元 1088 年），罕见的旱情让土地颗粒无收。朝廷已无财力划拨赈灾款项，只能号召富绅大贾捐财捐粮。看着家中还算丰盈的粮仓和自家也已荒芜的农田，张世卿有些纠结。他走访调查，看到宣化街头的店铺零星倒闭，百姓也都是满脸菜色，卖儿鬻女。如果高价出售粮食，他就会得到巨大的财富，但城内凄凉的景象，让张世卿倍感痛心。他决定捐出 2500 斛，相当于 78 吨的谷物赈济灾民。靠着这些粮食，古城中很多人度过了灾荒。皇帝听闻此事，被张世卿的忠赤之心感动，特授予他右班殿直之职。

四　驰骋滑雪场　备战冬奥会

冬天，是宣化人期盼的季节。每年的 12 月到来年 3 月，宣化二中的上百名学生聚集在雪场里度过整个冬天。像曾经驻守古城的士兵们一样，孩子们也在严寒中反复拉练，他们一次次摔倒、爬起，最终驰骋雪场。

宣化二中校长孙永清的父亲曾经在一所农村小学当老师。20 世纪 80 年代，张家口承办了一场全国滑冰比赛，孙永清的父亲培养的学生取得了不错的成绩。那个时候，孩子们都会在冰冻的湖面、操场上滑冰，冰雪运动不仅丰富了孩子们的课余时间，也锻炼了他们的意志，虽然条件简陋，却是最快乐的童年记忆。后来，随着时代的发展，娱乐活动越来越多样，滑冰的传统在古城里渐渐消失了。但是，宣化人的童年离不廾冰雪。

宣化二中学生滑雪训练

2022 年，北京市联合张家口市将举办第 24 届冬季奥林匹克运动会。冬奥会开在家门口的消息，让宣化人重新看到了时代赋予他们的使命，也给了孩子们重新走进冰雪世界的机会。在政府的支持下，宣化二中成立了张家口市青少年冬季奥林匹克运动学校。冬天的雪场，室外温度最低可达零下 20 多摄氏度，孩子们每天除了文化课的学习，还要训练五六个小时。

宣化二中校长孙永清

一代代老宣化人继往开来担使命的责任感，不断地影响着一代代新宣化人。5 年来，学校的教练和老师们见证了孩子们的成长，在他们看来，这已经不在简单是童年的冰雪运动，更是一种家国情怀，一种赤诚进取的情怀。对于孩子们来说，这段厉兵秣马的经历，才是他们漫长人

■ 备战冬奥会

生中最宝贵的财富。

兵城的荣光已成过往，进取的精神仍在发扬。今天的宣化与世界有了更加紧密的联系。冬奥会成功申办，高速铁路建成通车，冰雪装备制造业落地古城。古老的建筑见证着日升月落，古城人的生活始终充满着信念，一段新的历史正在缓缓开启。

编　　导：赵奕琳　汪　炜
撰 稿 人：任　超
指导撰稿：李　攀

第23集

如皋古城

向水而行 择善而从

双河环绕、内方外圆，形似铜钱的如皋古城坐落于江苏省南通市如皋市，位于长江三角洲北翼，与苏州隔江相望。相传春秋时，贾大夫南屏公，携族人来到这片水草丰茂的地方定居，他们为这片水边高地起名“皋”，如皋的名字由此而来。

如皋古城中有许多传统建筑分布其中，香烟缭绕的千年古刹、精巧雅致的江南园林、高低错落的民居宅院，记录着古城漫长的历史。汉朝时，如皋属吴王刘濞的封地。当地盐业发达，为方便运盐，刘濞开凿了一条运盐河，把如皋和扬州连通了起来，使这一带成为当时海盐的集运点而发展了起来。明嘉靖年间，如皋建起了城池。后来由于受到倭寇侵

如皋古城全貌

■ 如皋古城全貌

扰，又筑起了4000多米长的圆形城墙，建起4座外城门，并开凿了一条外城河，由此形成了双河环绕、内方外圆，形似铜钱的古城格局。

如今，古城中依然保留了一段古城墙，成为当年辉煌的见证。老街、老巷，一座座古宅、古庙既是如皋人对传统生活和文化的坚守，也承载着古城千年的历史记忆。伴随着潮起潮落，一代代如皋人走过了2000多年的漫长岁月，正如老子《道德经》所言，“上善若水，水善利万物而不争”，他们向水而行，择善而从，日子过得清雅而从容。

一　一代先贤：以文化人　孕育善根

自古以来，如皋人对教育就十分重视。唐朝末年，中原战乱，大量人口迁居到如皋。南唐保大十年（公元952年），如皋兴建起一座学宫，

■ 孩子们在书院前诵读经典

由此开启了崇文重教的风气。

读书识礼之风的盛行，让当地走出了许多有识之士，北宋教育家胡瑗便是如皋人引以为傲的先贤。在古代，通过科举考试入朝为官是读书人的至高追求，胸怀鸿鹄之志的胡瑗，也曾希望通过科举实现自己“治国平天下”的人生理想。然而有一年，如皋江潮暴涨，地方盐官为保官位，欺上瞒报，导致数千人伤亡，胡瑗深恶痛绝。他认为，读书的目的是求得学问、功名次之；做官的根本是以德化人、为民造福。于是，他不再追求科考入仕，而是在家乡做了一名私塾先生，立志为百姓、为天下教书育人、改善民风。

德高为师，身正为范。在从教的30多年里，胡瑗一直以身作则，教导学生容貌举止要时刻保持端庄，才能心怀正气，做出对百姓有利之事。他提出“致天下之治者在人才，成天下之才者在教化，教化之所本者在学校”的教育理念，影响了无数学子，也为当时的社会培养了大批有用之才。

在胡瑗的影响下，宋元年间，如皋建起了很多书院、社学，街头巷尾琅琅读书声不绝于耳，为当地带来文化的繁荣。因祖籍陕西安定堡，胡瑗被人们尊称为“安定先生”。古城里的安定小学、安定广场、安定街的名字都因他而来，绵绵文脉也融入到人们的日常生活中。直到今天，如皋的教育依然十分突出。2019年，如皋以高考本科一批上线率68%，

被称为“安定先生”的胡瑗雕像

位居教育大省江苏各县市第一，成为“国家教育现代化监测样本县区”。

以文化人，孕育善根。一代先贤胡瑗先生在如皋的教育活动，极大地改变了当时如皋的社会风气，浓浓的书香，萦绕在古城上空，延绵不绝。

二　文学大师：义不仕清　择善而从

如皋的善实际上已成为一种整体的社会文化，一代一代的如皋人，都显示出择善而从。一代文学大师冒辟疆义不仕清，毁家纾难、赈济灾民的义举流传至今，潜移默化影响着古城里的每一位居民。

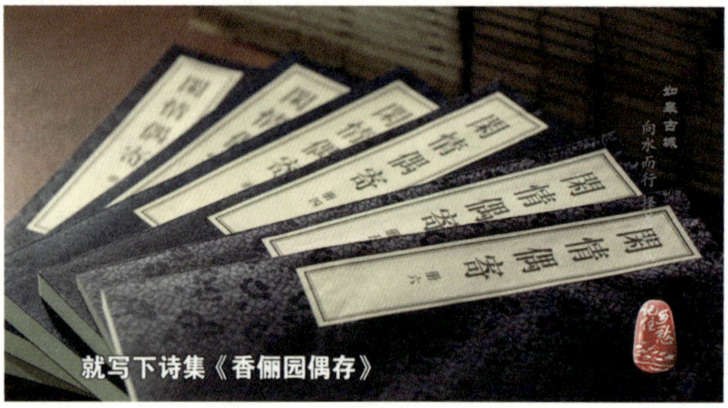

冒辟疆所写诗集《香俪园偶存》

明朝末年，冒辟疆出生在古城东南的集贤里。一条仅 300 米的巷子，就有 1 位状元、17 名进士，是如皋历史上走出名人最多的地方。受家乡文化熏陶，冒辟疆 14 岁就写下诗集《香俪园偶存》，从此名扬江南。常年书香墨韵的熏陶，让他养成淡泊名利的性格。当时，明王朝已江河日下。清军入关后，有人想借他的才名，拉拢江南读书人，举荐冒辟疆为官，却被他以痼疾为由坚辞不受。后来清廷几次请他出仕为官，冒辟疆都没有答应。

这位满腹经纶的江南才子，一生中大部分时间都在故乡度过。他在古城内外城河的交汇处，修建起一座精美雅致的水绘园，隐居其间，以诗文会友，写下许多传世之作。

据《同人集》记载，清顺治年间，如皋遭遇大旱。大片田地颗粒无收，百姓生活陷入困境。入冬后，冻饿而死的百姓越来越多。目睹惨状的冒辟疆痛心疾首，虽归隐田园，绝非置身尘世之外。义不仕清的冒辟疆拿出家中积蓄，与地方官府合力赈济灾民，开办粥厂。

水绘园一角

一天，冒辟疆在路边救下一位气息奄奄的灾民，细问之下得知，由于缺衣少食，很多灾民在前往粥厂的路上，就已经被冻死。“急时不救不为人”，为解民众危难，冒辟疆开设了更多的粥厂，并在每个粥厂的旁边搭建暖室供灾民休息。然而，大笔的投入很快让这位江南才子捉襟见肘，冒辟疆不得不变卖田产，甚至拿出给长子娶亲的钱来赈济灾民。

几次赈灾之后，冒辟疆耗尽家产，拯救了近 10 万人的生命。晚年时，虽然他的生活陷入清贫，靠着写字卖画维持生计，但得享高寿 83 岁。

为了纪念冒辟疆，如皋人一直维护着他的故居，水绘园是如皋最著名的一处江南园林。漫步园中，亭台楼阁与溪河湖塘融为一体，宛若一幅意蕴空灵的山水画，向人们讲述着隐匿在历史长河中的温情和善良。

三 远方游子：继承传统 行善致乐

走出如皋的人，把古城里择善而从、行善致乐的情怀带出了家乡，也带到了远隔千里的大洋对面。带着家乡文化远行，如皋人无论走到哪里都让人敬重。

81 岁的李昌钰是全球著名的刑侦专家。他参与过全球 59 个国家和地区的 8000 多起刑事案件的调查，包括肯尼迪总统遇刺案、台湾三一九枪击案等举世瞩目的大案，李昌钰也因此被人们称为“神探”。但无论走多远，如皋，始终是他记忆里面最温柔的故乡。

李昌钰与妻子回到家乡如皋古城

1938年，李昌钰出生在如皋一个富商家庭。9岁时，因生意往来，举家迁到了台湾。然而只过了短短两年时间，家中就遭遇了一场巨变。1949年1月，李昌钰的父亲从上海登上回台湾的一艘客船，而这艘船便是被后人称作“东方泰坦尼克号”的“太平轮”。途中，“太平轮”不幸与另一艘轮船相撞，船上乘客大部分遇难，李昌钰的父亲也未能幸免。那一年，他只有11岁。

经此变故，李家迅速衰落。李昌钰的母亲王淑贞独自撑起了这个摇摇欲坠的家。在李昌钰的记忆里，母亲十分善良。即使家境清寒，一些背井离乡的朋友来到家里，母亲都要把房间留给他们，让孩子们睡在地上，煮好的饭菜也先给客人们吃。

从如皋走出去的母亲，始终坚守着家乡行善积德的传统，她的做人做事对李昌钰影响极大。青年时期，李昌钰赴美求学，选择了惩恶扬善

李昌钰母亲捐建的小学操场

的刑侦专业，在美国书写了“华裔神探”的传奇。

母亲晚年时跟随李昌钰到了美国。在她100岁生日会上，子女们问她想要什么礼物，她说：“我要回去给中国小孩造学校。”一句简单的话，透露出老人对故乡浓浓的爱和割舍不下的如皋情。不久之后，老人的生日愿望也得以实现，捐建了如皋师范学校附属小学的操场，让孩子们能够自由奔跑。

母亲的教诲一直回响在李昌钰脑中，为家乡多做一点有益的事情，一直是这位退休的“华人神探”的追求。2016年，全球首家刑侦科学类博物馆——李昌钰刑侦科学博物馆在如皋开馆。在他的推动下，已经有两次刑侦国际性学术会议在如皋举行。他还在家乡设立了“鉴识科学教育基金”，希望每一个有志于刑侦鉴识科学的年轻人，都能得到发展的机会。

四 古城居民：常行好事 以善立人

如皋因水而生，依河而兴，却也因水困住了发展的脚步。长江、淮河不断交汇沉积，使如皋形成了大量高沙土地区，大部分耕地土质疏松，农作物难以生长。清朝末年，随着京杭大运河漕运功能逐渐被海运和铁路运输取代，曾经繁华的如皋城也渐渐没落下去。“种一瓠子收一瓢，谢天谢地落草烧”。很长一段时间，古城人的生活变得十分困难。

古城老人饮用天水茶

古城老人收集雨水

为了寻求出路，20 世纪 70 年代，古城人开始了一场削平高沙土、改善家乡面貌的战斗。

当战鼓敲响后，无论是城里人，还是乡下人，大家都投入到了治沙的行动中。人们把高沙土一筐筐地从高处挑到低处，再挖来河里的红泥铺到平整好的土地上。用了几年的时间，把几十万亩的高沙土变成了平平整整的沃野良田。

历史不会遗忘这片良善之地。每人一根绳子、一件蓑衣，落多大的雨，都不下火线。在近 40 年的生态改造中，如皋人用自己的双手为家乡换上了新装。他们引来长江水，在平整的土地上种植水稻，在内城河两岸实施景观绿化。土地肥沃，环境优美，古城周边鸟语花香，给如皋人带来了美好生活。

如今，如皋有 440 位百岁老人，被誉为“长寿之乡”。老人们常说，长寿的秘密在于水土，更取决于生活方式。在古城里，就流传着一个特殊的风俗，“非天水不成茶”。在如皋人看来，最好的天水是梅雨季节的雨水，它的水质清甜香醇，可以储存一年以上，用于烧茶，别有一番滋味。古城里的老住户，家家都会准备几个大缸，用来储存天水。天水茶是祖先流传下来的智慧，也是一代代如皋人长寿的秘诀之一。

丁邦泽老人在描摹迎春桥上的“愿天常生好人，愿人常行好事”

时代不断向前，古城向善的民风却一如往昔。始建于明朝嘉靖年间的迎春桥，是进入如皋城的必经之路。石桥是由当时城内丰家、乐家两位长寿老人捐资修建，为了纪念他们的善行义举，人们在桥上刻下“愿天常生好人，愿人常行好事”两句话，以此影响后人。源自如皋“以善立人”的古老传统，每天都从古桥上走过的如皋人，从小就在心中种下了善的种子。

家住在桥头的丁邦泽，从小就听家里长辈讲这句话里的含义。2011年夏天，丁邦泽路过迎春桥时发现这座古石桥上的字迹变得模糊不清，他便买来油漆和毛笔，进行清洗和描摹。从那以后，他经常特意来看石桥上的字，只要油漆污损脱落了，他都会仔细描摹一遍，让字迹保持鲜亮。这一做，就是8年。“愿天常生好人，愿人常行好事”，丁邦泽以他的实际行动践行着这一古老的传统。

如皋的美，不仅在于小桥流水，白墙青瓦，更在于这里寻常人家的素雅淡泊、质朴友善。行善致乐的传统更是让这座古城处处充满了温暖。江河岁月，沉淀千载，积善成德的古老传统已经成为如皋悠悠历史的注脚。书声琅琅的百年学堂，钟声悠扬的定慧寺，古城散发着择善而从的馨香，在这安详的日子里，如皋伴着波澜不惊的河水，不断向前。

编　　导：王晓宇　韩　双
撰 稿 人：王　冲
指导撰稿：李　攀

第24集

宁安古城

北国雪城 宁古塔

千年龙兴之地，百里山水画廊。走过了300多年历史的宁安古城坐落于黑龙江省东南部，隶属于黑龙江省牡丹江市，东邻穆棱市，西交海林市，南与吉林省汪清县、敦化市相接，北连政属牡丹江市，占地面积约11平方公里，发源于长白山脉的牡丹江自南向北贯穿其间。始建于清光绪年间的望江楼是这里最古老的建筑。小楼不高，却古朴雅致，精美的砖雕刻有四季花卉，寓意着宁安人对美好生活的祈盼。

80多年前的长征路上，毛泽东曾以一句“千里冰封，万里雪飘”描绘北国风光，这也是宁安冬天的最真实写照。漫天飞扬的大雪将古城笼罩在银白色的世界里，零下20摄氏度的低温不仅让牡丹江边的梧桐挂满

■望江楼

雾凇，更是歇止住缓缓流淌的江水。出生于宁安的人们在这片天然塑造的冰面上长大，脚踩冰刀的孩子在跌倒与爬起的过程中学会了滑冰；赤身冬泳的老人在上岸的下一刻飞扑进雪地里享受战胜寒冷的爽快；飞驰的冰车、旋转的陀螺更是承载着一代代东北人的儿时记忆。然而，冰天雪地的严寒与肃然并没有封冻住宁安人对生活的热爱与期望，反而塑造出他们火热的性情和坚韧的品格。

望江楼全景

牡丹江穿过宁安古城

牡丹江边的雾凇

谁曾想到，如今林地资源丰富、森林覆盖率超 50%，且坐拥世界第二大高山堰塞湖——镜泊湖的宁安在 400 年前竟是寸草难生、专放流人的边陲之地？所有的沧海桑田，都源自那些乐观、包容、坚韧、热情的人们，他们为宁安的发展注入心血，贯通起古与今的连接，在瑟瑟冰野上书写下一个又一个“新生”的故事。

一 才子蒙羞入边陲 欢喜岭下颂儒学

宁安的极寒扎根自古。清朝时期，宁安名为“宁古塔”，是满族祖先肃慎人的故地。

“宁古塔”一名，虽含“塔”字，却实际无塔。在满语里，“宁古”意为“六个”，“塔”是“居址”的意思，因传曾有清朝皇族6兄弟居于此，故得名“宁古塔”。清顺治年间，朝廷在宁古塔设立总管，后又改称镇守宁古塔等处将军，管辖今天黑龙江省和吉林省的大部分地区，是当时东北一处重要的政治和军事中心。随着人口的增加，旧城无法满足人们的居住需要，将军巴海便在旧城以东30千米处建起一座新城，自此宁古塔分为新旧两城。

由于远离中原地区且气候恶劣，宁古塔成为东北地区最主要的流放地之一。在株连制度下，前往宁古塔的雪地里不仅蹒跚着头戴枷锁的罪犯，其后甚至跟着整个家族的亲眷。茫茫雪地上，被拖曳的脚印还在残喘，大部分的流人却早在未及边陲时就已眠于冰雪。相形之下，活着到达宁古塔，并在此赢得“中国最后一位边塞诗人”美名的吴兆骞实属幸运。

清顺治十四年（公元1657年），南闱科场案案发，盛怒之下的顺治帝亲自命题复试举人，并在每位举人身后配两名武士持刀监考。一位名

■ 宁古塔旧城模拟图

■ 冰雪下的宁古塔

叫吴兆骞的考生不愿蒙受此辱，交了白卷，被革除举人功名，“发配宁古塔，与披甲人为奴，永世不得入关”，成为早期被发配宁古塔的流人之一。

通往宁古塔的路途艰难且漫长，吴兆骞花了 4 个月才走完。离古城不远的地方，有一处山岭，流人们称其为“欢喜岭”。名为“欢喜”，实际上只是一处荒岭，一棵枯树是这荒岭上的唯一生物。但是对流人们来说，走到欢喜岭，就看到了宁安，这不仅象征着经月艰辛跋涉的结束，还饱含着劫后余生的感慨。所以，当吴兆骞戴着枷锁抬头望向欢喜岭时，终于抵达宁古塔的庆幸暂时驱散了前日行走的愁闷。然而令他没有预料到的是，自己的另一段苦难即将开始。

吴兆骞

欢喜岭

古时的宁古塔气候条件恶劣而漫长，吴兆骞曾因此提笔写下“宁古严寒，天下所无”的诗句。当时，这里一年只有 5 个月是暖和的，每年农历八月就开始入冬，密布的森林和沼泽成了天然的囚笼，想要逃走的流人跑不了多远就会迷路，最后不是被冻死，就是被饿死。

站在关外的大雪里，吴兆骞是苦闷的。他想起小桥江南的草长莺飞，那些意气风发、对酒当歌的日子一去不复返，作为才子的豪情也只能淹没在终无天日的杂役里。“日暮江流风雨外，滔滔东去不胜情”，文人风骨还在，吴兆骞无奈苦中作乐，将自己无法实现的壮志寄于山水，借诗句聊以慰藉。

那时的宁古塔人远离中原文化，狩猎、捕鱼、采集山珍充斥着他们全部的生活，学习汉语、读书甚至考取功名对他们来说简直是天方夜谭。然而，宁古塔人并未因此得过且过。将军巴海听说吴兆骞学识渊博，文采出众，丝毫不顾及他是流放至此的犯人，请他到家中为自己的两个儿子授课。后来又在吴兆骞的建议下开办私塾，教授当地的满族孩子“四书五经”。一时之间，吴兆骞成为宁古塔里教授汉族文化的大先生，而地处边陲的宁古塔也渐渐与遥远的中原文化系起将传承百年的联结。

当琅琅读书声响彻在古城街头，儒家文化传遍宁古塔的广袤大地，也让身陷囹圄的流人与粗犷豪迈的边塞相拥。在苍茫的白山黑水间，宁古塔不仅实现了自己的新生，也为如今的宁安架起了满族与汉文化沟通的桥梁，而这一切，都离不开那些漂泊到宁古塔以及世代生活在此的宁古塔人的热情与包容。

二　拂衣冰雪御饥寒　东大街内兴贸易

清朝时期，先后有150多万人被流放宁古塔，命运的多舛与生活的艰辛双倍折磨着他们的神经，却从未让他们倒下，甚至有不少如吴兆骞的文人将自己的才情在此施展，于是，这里的山川河流有了名字，关外的风土人情与丰饶物产穿越百年到达我们手中。其中，就有位于古城西边的一座石桥。

石桥

石桥距今已经历300多年岁月，长25米，宽4.5米，两侧对称排列着56根石柱。清朝时，这里是城关贸易的必经

■ 石桥上的车辙印

之地，一支支商队往来南北，年深日久，石桥上就留下了两道深深的车辙印，它们是古城贸易繁盛的见证。然而，这一切并非出自宁古塔人灵光乍现，自觉放下背了世代弓弩，而是与一位名叫杨越的流人有关。

杨越，原名杨春华，浙江绍兴人，因家乡以越族及越文化为主，故在被流放后更名“杨越”，以表怀念。清顺治十六年（公元 1659 年），郑成功抗清部队收兵浙东赶往台湾，后清朝政府以“通海”处置，并株连数人，杨越就是其中之一。康熙元年（公元 1661 年）初，杨越与妻子一同被发配宁古塔，次年春才到达。初入宁古塔时正值寒冬，从南方带来的衣物根本无法御寒，所剩无几的食物也难以充饥。无米下锅，妻子只能跟着自己挨饿受冻。不忍家人受此苦楚，杨越就拿随身携带的丝绸等生活用品和当地人交换粮食。他来到城内最热闹的东大街，摆起了地摊。

地摊生意的火爆是杨越未曾预料到的，后其妻范氏也开始在路边支起炉灶，开了一家糕饼铺，卖起绍兴风味的山阴糕饼。习惯了捕鱼、打猎的宁古塔人对杨越的“交换贸易”产生了极大的热情，纷纷登门求教。杨越与妻子对前来学习的人们也十分慷慨，无论满汉，都将自己的技艺倾囊相授。不仅如此，杨越还劝说平日与自己交好的满族人把家里的人参、貂皮等特产拿出来贸易。渐渐地，东大街中形成了古城的市场，陆续开起的 30 多家店铺售卖宁古塔人亲

■ 东大街

自猎捕、采摘的上好渔货、皮货和山货，成为城中最繁华的商业街，北京、盛京、乌拉等地的商人听闻消息，纷纷赶来，而他们也从中原带来了当地的货物在此进行贸易。宁古塔这块蛮荒之地，逐渐开辟出自己的商业贸易。

除商贸之外，杨越还积极开办私塾，与将军巴海联合创办起宁古塔的第一所官学——龙城书院。在吴兆骞传播儒学的基础上，中原的学校文化也被引入了僻远的宁古塔，使原本相距甚远的满汉文化产生了更加深刻的交融汇合，也让满汉民族在百年前的清朝就共同编织出“和”的认同感。

■ 今天宁安东大街里正在交易的商人

从儒学到贸易再到中原文化，流人们无法改变因重罪发配宁古塔的身份，却能够凭借自己的意志、才学、坚韧及包容在异乡获得尊重，甚至成功融入宁古塔的生活，与土生土长的满族人民共同开发落后贫乏的宁古塔。在这里，满汉不再是两种截然不同的文化，流人与土著人民的界限也变得日益模糊，他们是现代宁安共同的先辈，他们的到来也为宁古塔打开了一个全新的世界。渔猎不再是这里唯一的谋生方式，人们学习着先进的耕种技术，脱下皮麻，换上绸缎，走进学堂。在满族文化与中原文化的交融下，生活在宁古塔的人们既骁勇善战又心存大义。

三 家危国难唤英才　边陲誓死捍革命

民族和谐促进了宁安在王朝时代的发展，也为它跨越近代的国家忧患助力。在牡丹江的北岸，有一座马骏纪念馆。纪念馆内的浮雕上，一

马骏纪念馆

位青年举起右手站在高台，向台下的同志们大声疾呼，眼神里满是坚毅与奋不顾身，这就是马骏。为了反抗内外勾结，捍卫自己的祖国，近代不少宁安青年投身革命，马骏就是其中之一。

1895年9月12日，马骏出生在宁安县的一个回族家庭里。8岁进入私塾，11岁转入清真学堂，马骏的爱国主义萌芽就此开始。1915年8月，马骏考入天津南开学校，同周恩来等同学组织和领导了学校的反帝运动，抨击卖国的“二十一条”，成为爱国反帝运动的中坚力量。

1919年，马骏考入天津南开大学。同年，五四运动爆发，马骏始终站在最前列。极强的领导能力、英勇的革命主义、高度的爱国热情以及大无畏的斗争精神让马骏在天津的男女学生以至各界民众中，都有很大的影响和很高的威信。面对天津商界爱国罢市的动摇，马骏甚至不惜拿起瓷器砸破自己的头，流出鲜血，以表为了救国，不惜牺牲生命。邓颖超曾言：“如果哪里动员群众和工作遇到困难，只要马骏出现，问题就能够得到解决。”

在南开大学求学期间，马骏同周恩来、刘清扬等发起组织了我国最早的革命团体之一——觉悟社，领导青年革命。1921年，中国共产党成立，马骏是最先加入的那一批。毕业后，他回到家乡，创建了东北地区第一个中共党小组——宁安党小组，从事地下工作，宣传救国图强，让共产主义的种子在宁安

马骏纪念馆中以马骏为原型的浮雕

■ 马骏带领百姓惩治卖森林资源的汉奸

的大地上生根。

回到家乡的马骏也未曾停止他革命斗争的脚步。宁安县虽位置偏远，其森林资源却十分丰富，其中不乏大量珍贵树种。因此，一些叛国媚外的人企图以成立伐木公司和造纸公司的名义，向日本人出卖当地的森林资源。马骏得知此事，便在公司挂牌成立那天，将城中百姓聚集在门口，慷慨陈说其中真相，领导群情激愤的人们砸掉招牌，惩罚了汉奸。

多次领导爱国运动，让马骏拥有了极大的影响力与号召力，也让那些勾结外敌的官员心生忌惮。他们派人给马骏送来一份委任状，称只要他挂个名，不用去上班，每个月就可以领到丰厚的薪水。马骏收到委任状十分生气，一怒之下将其当场扔了出去。来人见马骏态度坚决，于是扬言要取他性命，但马骏仍不为所动。

1927 年大革命失败，遭叛徒出卖的马骏被捕入狱，受到非人的酷刑。面对敌人无数次的威逼利诱，马骏在狱中高呼："叫我不宣传马列主义，不搞革命，这比太阳从西边出来还难！"1928 年，年仅 33 岁的马骏在北京英勇就义，但他带回的共产主义思想却早已在家乡落地生根。

宁安远处祖国边疆，在境外列强与境内反动势力的双重施压下承受着动乱与艰辛。然而，正是在马骏这样先辈的号召下，一代又一代的宁安青年加入保家卫国的队伍。

1936年2月，中共吉东特委和东北反日联合军第五军在宁安召开会议，正式将东北反日联合军第五军改编为东北抗日联军第五军。一个月后，东北抗日联军第四军也在宁安改编完成。那时，抗联的战士们多活动在东北的深山老林，零下三四十摄氏度的气温，他们身上单薄的衣物根本无法抵御这种严寒。深山无居所，临时开挖的地窖成为战士们暂时的住处；粮食无饱足，埋在雪地里的树皮和野菜成为战士们果腹的唯一来源。哪怕生存环境恶劣，敌我力量悬殊，战士们从未轻言放弃，始终拼死抵抗。长达14年的抗战岁月，先后有数百名宁安人加入到这支英雄的队伍中，把鲜血抛洒在白山黑水之间，护卫了祖国九百六十万分之一的周全。

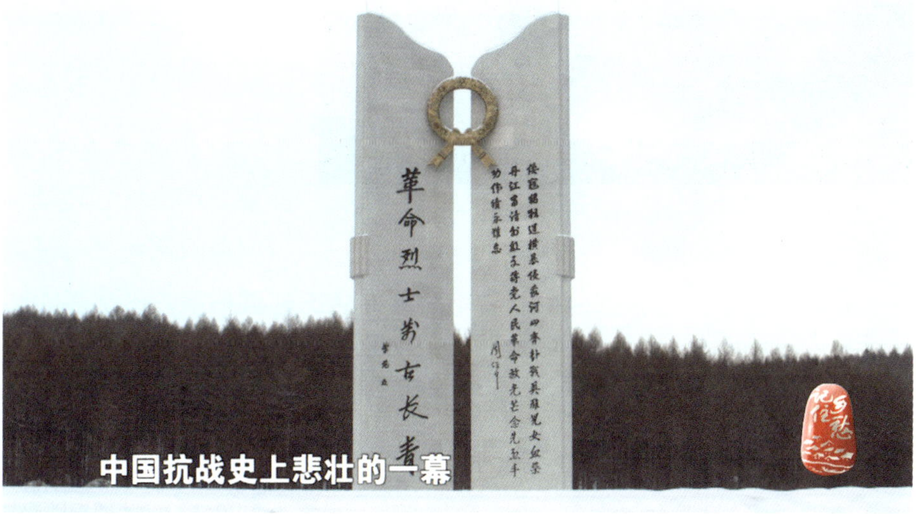

东北抗联纪念碑

当皑皑白雪如约而至，站在抗联纪念碑下的宁安市民抬头凝视玉洁碑体上那遒劲的字体，曾令战士们彻骨的寒风再次袭来，抬头凝视的人们也不为所动，因为他们知道，他们正和先辈们体会着同样的过去，流淌着和先辈同样的坚韧、顽强与视死如归的血液。

四　日夜奔走助扫盲　众人齐心唤文明

无数被放逐到宁古塔的流人为古城带来了辉煌的文化，步入近代后的连年战乱却让宁安人丧失了学习的环境和机会。新中国成立前，宁安人不识字，从上头下来的文件也没办法读懂。无奈之下，同志们只能把文件上的字一个一个抠下来问左右邻居，弄懂了每个字的读音再重新组合起来，按照中央的意思执行工作，效率极低。据 1948 年东北解放后统计，宁安不识字的人占到了 80%。

扫盲运动时期《文化还家》纪录片片段

作为一座历史文化丰富的古城，宁安人民深知扫盲运动刻不容缓。县城上下全体动员，时任宁安三区东安村小学校长的祖学梦就是其中之一。白天在学校授课，晚上就到扫盲班里教农民识字，祖学梦一直奔波在宁安扫盲的路上。为了激起群众的扫盲热情，祖学梦尝试利用群众喜闻乐见的教学方式，他编写了大量的歌词、快板和顺口溜，借脍炙人口的小词辅助识字学习。

1973 年 5 月，联合国教科文组织一行在黑龙江省政协礼堂详细询问祖学梦关于宁安扫盲的问题，祖学梦回忆说："客人问我扫盲时遇到的最大的挑战是什么，我说是妇女问题。并用顺口溜形象地做了描述：一个妇女要学习，哄着小三，奶着小四；一个抢笔，一个不让写字，看着着急，自己生气。顺口溜这类话翻译不好翻、客人们听不懂，我就连说带比画，尽量把要说的话传递给客人们。客人们见我手舞足蹈的样子，很开心，很满意。多少年之后，有人在北京历史博物馆见到当时汇报时的照片，就对我说，你了不起。"

那时的宁安，人们识字习文的热情十分高涨，除了风华正茂的青少年，很多上了年纪的老人也加入了认字读书的行列。到了农忙时节，农活和学习两头跑增加了很多人的学习负担，为了提高效率，他们便在田间地头支起黑板，趁着休息的间隙复习前一天学过的字。对于孩子多、分身乏术的妇女，工作队的同志也纷纷出力，采用“一个文盲多人教，不拘形式随时学”“一个哄着孩子玩，一个帮她学识字，一个帮她做家务，喂猪洗碗带扫地”的模式进行扫盲教学。到了1958年，全县80%的青壮年人均识字量超过1500字，提前8年完成了国家下达的扫盲任务，成为全国第一个“文化县”。

人们在田地里支起黑板识字

学习满绣的人们

扎松鼠模样灯笼的老人

弹指间60余年，宁安人的学习热情依旧饱满，生活也被他们过得更加诗情画意。一根细小的钢针在光滑的丝布间上下刺穿，满绣在姑娘们的巧手下活灵活现；老人戴着花镜低头扎出松鼠模样的灯笼，孩子们提着线小心翼翼；江边的雾凇下，写生的人们用手中的炭笔临摹挂满冰雪的梧桐；极具少数民族风情的满族歌舞也从旗装袖口流淌到宫廷圆扇，被原汁原味地保留下来。宁安人用多姿多彩的生活表达出对这片土地的热爱。他们不会忘记古城曾走过的艰辛，也牢记为古城奉献自我的前辈，但是，一切沉重的过去都是为了更美好的未来，保持永恒的乐观与热爱才是最好的回报。

五 渔家网下撒千年 冰湖雪上漫游人

当古城中的人们在载歌载舞中拥抱他们的新生活时，位于宁安西南部的镜泊湖上，一群戴着皮棉帽，身着棉大衣的渔民还传承着祖上世代延续下来的渔猎生活。过去，人们为了生存，即便天寒地冻也要进行渔猎活动。后来，人们发现寒冷的天气，更加便于鱼类的保存和运输，这种独特的生产方式就延续了下来。冰天雪地里，渔人们各自拉着硕大的渔网，高唱着渔家号子——“老少爷们儿要听好哇，脚下滑呀！拿稳架呀！烫好的酒呀！家里有哇！老婆孩子热炕头哇！”挂满了鱼的网从渔民事先凿好的冰洞显露出来，镜泊湖永远的富饶让今天的渔民与他们千年前的祖先一样享受着同样的馈赠。

■ 拉网的渔人们

镜泊湖是中国第一大、世界第二大高山堰塞湖，距宁安市中心 50 千米，海拔 351 米，平均水深 40 米，蓄水量 16.25 亿立方米。注入湖泊的

■ 镜泊湖上捕鱼的人们

■ 镜泊湖

镜泊湖风景名胜区的森林

河流除牡丹江干流外，还有大梨树沟河、尔站西沟河等小河流。得天独厚的自然环境不仅使镜泊湖名列国家重点风景名胜区，还保留下宁安多样的文化风情，捕鱼便是其中之一。

20 世纪，考古学家在镜泊湖南端莺歌岭肃慎文化遗址发现了大量陶器和骨角器，这些远古的器具将 3000 多年前满族先祖肃慎人的农耕兼渔猎画卷展示在我们面前。此后，镜泊湖鱼美，流传世代。《新唐书·渤海传》有记：“俗所贵者，……湄沱湖（镜泊湖）之鲫。”吴兆骞之子吴振臣也曾在《宁古塔纪略》中写下：“宁古鱼之肥美实异于他处尔。”

在镜泊湖捕鱼，无论官权富贵，一切都要听从渔把头的指令，把头在一个网队中是灵魂人物，也是绝对的领导者。传承了家族四代捕鱼技能的张菁华是如今镜泊湖水产养殖场的渔把头。他曾带领网队在 2017 年的冬捕中创造了历史上最多一网冬捕鱼的佳绩，那一网的鱼产量足足有 43 万公斤。随着全民旅游时代的到来，捕鱼不再是张菁华这个渔把头唯一要做的事情，镜泊湖的旅游业发展也落到了他的肩上。从南方来的游客习惯了渔舟唱晚与小桥流水，当他们目睹了叶赫勒氏家族萨满敬河神与众多渔民拉网捕鱼的场景后，为镜泊湖独特的渔家文化所震惊。接地气的渔家民宿、暖烘烘的小火炕、淳朴豪爽的老渔工让游客们印象深

运送新鲜蔬果

对俄果蔬物流园区

东北民居

刻，流连忘返。渔和旅就这样在镜泊湖上和谐地融合起来。

发展向好的旅游业为祖祖辈辈靠捕鱼为生的渔民带来了新的生机，却并未使他们忘记年年祭拜河神的传统。每到大年初一，待湖神喝下美酒，新年里的第一网鱼就在聚宝盆的敲击声下浮出水面。一般来说，这第一网的头鱼要放生，目的是让周边的小鱼都跟着大鱼继续在这里繁衍生息。人与自然也就这样在镜泊湖上和谐地融合起来。

除了大年初一的放头鱼，元宵节到湖面上送灯和滚冰也是镜泊湖渔家的传统习俗。正月十五这天，家家户户都要在湖面上点起火堆，表示对湖神的感恩敬畏。随后，渔民们俯在冰面，在雪地里翻滚，这叫作滚冰，寓意来年顺利。这些习俗是水上人家血脉里的信仰，与生俱来，理所应当，是宁安人古与今的会合，也是中华民族传统文化的美好传承。

在一代又一代古城人的努力下，今天的宁安富足而美好。镜泊湖国家级风景名胜区、小北湖国家级自然保护区里茂密的山林是东北虎、梅花鹿的栖息地，参天大树下的潮湿沼泽里生长着灵芝、猴头菇等山珍美味。黑土地里出产的新鲜果蔬和响水大米经由公路、铁路和航道走向全国各地，有的甚至远渡他国，成为令异乡人也沉醉的佳肴美味。

宁安的“新”在时代更迭中不断重组，但人们骨子里的积极却不曾磨灭。在这里，冬天还是逃离不开厚重的冰雪，然而低温在宁安人眼里不再是苦寒，而是新生。他们期盼着冬日的到来，期盼着赤身冲下冰河的快感，期盼着渔网从冰洞里拉出来的喜悦。欢喜岭下，流人们的脚印深嵌在雪地里；古城西边，大石桥上的车辙也沟壑着曾经的络绎不绝；马骏纪念馆里，浮雕勾勒出革命先烈们保家卫国的英勇；《第一个文化县——宁安》的字里行间，满是全民扫盲的努力与激情。所有这些往事构成了现在的宁安，所有的冰冷、苦难、心酸成就了现在宁安人的热情、坚韧与乐观，广袤的黑土地上永远激荡着顽强的生命力。当奔流不息的牡丹江携走曾经的苦难，皑皑白雪化作古城人最亲切的家乡记忆，一段崭新的历史正在书写。

编　　导：赵奕琳
撰 写 人：胡鸣佩
指导撰稿：李　攀

第25集

织金古城

百泉桥城 灵山秀水

山因水而灵，水因山而秀，在峻山美水之间，总会有那么一座让人向往的古城。织金就是一座山水孕育的历史文化名城。在这里，人文与自然交相辉映。整座古城，东列翠峦如画，西耸巨峰切云，南郊田园接凤岭，北向绮绣拥墨峰，令人流连忘返。织金古城位于贵州西北乌蒙山腹地，地处乌江上游六冲河和三岔河交汇的三角地带，群山环绕，素有“山水之城”“百泉之城”的美称。

这片悠久的土地滋润着万物生长，从汉朝起，这里就是仡佬族、彝族、苗族等少数民族的聚居地。伴随历史车轮的滚进，清康熙年间，朝廷在此设平远府，意为“平定远方”。随着城市功能的不断完善，越来越

■“百泉之城”

多的人来到这里定居，他们勤恳耕作，过上了富足安定的生活。每到金秋，谷浪翻滚，稻粒金黄，穿梭如织，古城也就有了一个富有诗意的名字——织金。

稻粒金黄

如今，古城的街面上依然保留着许多旧时商铺。沿着财神庙向南、向北，是织金最繁华的商业街。一座座老字号、老作坊、老铺子依然门庭若市；传统的五金店，传来叮叮当当的打铁声；美食店热气蒸腾，诱人的香气飘散在街头巷尾；精美的工艺品店，挤满了购物的人群……人们生活在这片物产丰饶的土地上，远离浮躁，安享着一份富足与闲适。

织金古城

一　月华桥：月华洒满贯城水　青石铭刻织金魂

织金是一座被水温养的城市，境内河流众多，雨水丰沛。古城河多，往来交通，桥必不可少。古城内现有36座明清到民国期间修建的桥梁，其中最有名的是日升桥、太平桥、回龙桥、月华桥、童生桥，它们横跨河的两岸，把东西两城连为一体，被称为“贯城五桥”。

一座座古桥恬然自若地横跨于河上，为织金这座流溢着书卷气的古城平添了几许灵动。其中，月华桥是织金最古老的一座石桥。这座桥已

■ 月华桥全景

有 600 多年的历史，它是在明朝洪武年间修建的。如今，桥上依然人来人往，关于它的故事，依旧被古城人津津乐道。

据传，明洪武年间，河上还没有桥梁，为方便两岸往来，古城民众请来能工巧匠，准备在河上修建一座石桥。当时有两种建桥的材料可以选择，一种是当地最优质的建桥石料，但远在山上，运输不便；另一种是城中的碎石，随处可取。在物力匮乏、工期紧张的情况下，当地民众选择了一个讨巧的方式，用这些结构不规则的碎石，建了一座简易的桥。

石桥很快建起来了，本以为是造福一方的大好事，但世事难料。不久，雨季来临，突如其来的山洪，瞬间冲垮了这座劣质的石桥，当时许多冒雨过桥的百姓来不及躲闪，被湍急的洪水卷走了。桥毁人亡的惨剧让古城人悲痛欲绝。再次修建桥梁时，当地百姓痛定思痛，不再急于求成。他们从远处的深山里，采下最坚硬的青磨石，每一块石头，都要一遍遍打磨成大小一致的条石，并用藤汁、糯米和石灰熬成浆水嵌缝连接。

■ 雨中的月华桥

春秋往复，寒来暑往，织金人花了整整 3 年时间，重新建起了一座坚固的石桥。竣工之时，正是八月十五，皓月当空，月华普照，为纪念这座桥的诞生，便叫月华桥。

后来，城里的河上，又以此为标准，陆续建起了数十座桥梁。

600多年过去了，虽历经无数次风雨洗礼，它们依然坚固如初，这些古老的青石桥，镌刻了绵延数百年的织金魂。建桥匠人们当初凿下的每一锤、细心对齐的每一条石缝，都在警示和启迪着后人：做事没有捷径可循，只有脚踏实地，才能走得更远。

二 丁宝桢：国之宝桢栋梁才 悬壶济世照光彩

河水缓缓流淌，织金古城也在历史的长河中稳步前行。在贯城河边有一座凤西书院。这里记载着古城汉文化的传承，彰显着古城人民踏实谨慎的做事原则。

凤西书院始建于清朝初年，是织金第一个汉文化启蒙地。数百年来，这里走出许多有识之士，晚清名臣丁宝桢入仕前就曾在此讲学。当年，他在院中栽下的一棵乌柿树，如今已亭亭如盖、枝叶参天。微风吹过，树叶簌簌作响，仿佛在向今天的人们述说着百余年前的往事。

凤西书院

凤西书院内部

在后人的描述中，少年时的丁宝桢就已展现出非凡的才华，他天资聪颖，许多文章只需读上一遍，就可流利背诵。正因如此，少年丁宝桢开始变得心高气傲，为了追求数量，许多书只诵读一遍，就将其束之高阁。

丁母知道这件事后，便把丁宝桢叫到身边，拿出一篇文章，选了其中一句问他含义，没想到，一向对读书充满自信的丁宝桢，却支吾半天也答不上来。丁宝桢的母亲便说道："读书应当求甚解，只读懂表面的文章，不理解文章的含义，等于没有学到知识；只有把它读懂了，才能学到真本事，以后才能用学到的东西做更大的事情，才能报效国家。"

不积跬步，无以至千里；不积小流，无以成江海。听了母亲的话，丁宝桢幡然醒悟，之后他苦思精读，立下了"读书岂为虚名误，报国须教俗念空"的志向。咸丰三年（公元1853年），丁宝桢进京赶考得中进士。为官期间，他尽己之能，为国出力，从治理黄河水患到疏浚都江堰，从建立尚志书院到创办四川机器局，用实际行动惠泽一方百姓。

之后，朝廷为丁宝桢写了一个"国之宝桢"的赐匾。这个"桢"字单独解开，就是"栋梁之材"，这正是国家对丁宝桢的认可与嘉奖。丁宝桢与晚辈言：至做官一事，原是讲求做事，诸事唯有谨慎踏实办理。这也是嘱咐后人做事要踏实。

古城人杰地灵，人才辈出。和丁宝桢同一时代离开织金、开眼看世界的，还有地质学家谌湛溪、提倡"实业救国"的教育家黄承恩等。那个时代，织金这个贵州西部的小城，迸发出灿烂的思想光辉。

宝桢公像

这些为国为民的仁人志士与在织金世代居住的古城民众，共同书写古城的历史、传承古城的精神。古城人民靠着踏实能干的品质，创造着属于织金人自己的辉煌。

三 财神庙：巧夺天工镇黑龙 久久为功善始终

自丁宝桢开通四川到贵州、云南和广西的盐道后，织金成为重要的贸易中转地，古城逐渐发展到鼎盛。当时，织金的马帮常年往返于西南各省，他们运出生漆、杜仲、薏米等特产，又购进食盐、绸缎、布匹等百货。古城里商贾云集、人声鼎沸，大量的手工艺人也会聚于此，建造起一栋栋精美绝伦的建筑。

财神庙正面

财神庙背面

坐落在古城中心的财神庙，就是这样一座巧夺天工的建筑。它高14米，共有4层，造型很是奇特。游人站在不同的观赏角度，能够得到不同的体验：从正面看共有4层，但从背面看却是3层，倘若从侧面看又变成了5层，着实令人惊叹；不仅如此，从正面看它是平面，从侧面看又变成了人字形，真是别具一格。这也正是财神庙作为穿斗式建筑的独特之处。

财神庙造型独树一帜，国内极为罕见，其装饰也极为考究。整座建筑共有36条屋脊、18个翼角、18个铜铃，颜色以彝族人最珍视的红黑色为主，立面上的装饰图案则取材于中国传统的祈福文化。

古城人把对于美好生活的希望寄托在建筑之上。关于财神庙的由

■ 财神庙侧面

来，还有一段美丽的传说。

相传，古城兴建之初，财神庙的位置是一口深潭，黑不见底，人称“黑龙潭”。每逢雨季，黑龙潭水就会泛滥成灾，淹没古城的街巷。为了解决水患，人们决定在此修建一座财神庙，用以镇水。

建庙的消息传出，有人推荐了一位彝族老工匠，大家抱着试一试的想法，把他请到了工地。但没想到，老工匠却并未着急施工，而是在勘察了地形地势后，才开始设计图纸。时间过去了几个月，众人急着开工，却找不到老工匠的身影。大家寻到他的住处，发现设计稿堆了满满一屋子。

老工匠对于自己的工作十分敬畏，对建筑艺术的要求很高，在他看来，这是一座传给子孙后世的建筑，必须认真设计。终于，当堆在地上的图纸，让人走路都落不下脚时，他才绘制出一张令自己满意的草图。动工那天，老工匠慎重地叮嘱众人：慢工出细活，要静心、专注地去完成每道工序。

古庙修了一年又一年，老工匠却积劳成疾，卧床不起。在弥留之际，他还不忘嘱咐自己的女儿，建庙不得有一丝懈怠。经过父女两代人的接力建造，财神庙终于落成。

“天下难事必作于易，天下大事必作于细”，久久为功方能善始善终。彝族父女用尽毕生的心血，成就了这座流芳百世的建筑，而这份不急不躁、追求卓越的宝贵精神，也始终影响着后人。织金一代又一代的能工巧匠，用踏实认真和不断探索的精神，成就了古城数百年的繁荣。

四 蜡缬染：千年蜡染传承艺 古城发展新活力

织金的匠人们将自己的一生奉献给传统的手工艺品，他们不仅手艺精湛，制作的工艺品还极富民族风情与文化底蕴，吸引了八方游客纷至沓来。古城街面上传统的工艺品店挤满了人，其中最受欢迎的就是销售蜡染和刺绣的店铺。

织金制作蜡染已经有上千年的历史，古称“蜡缬染”，是利用蜂蜡进行创作的传统工艺。手艺人把蜂蜡加热熬化后，在白布上画出蜡花图案，然后将布帛放到靛蓝染液中染色，用沸水融掉蜂蜡后，布面上被蜂蜡覆盖的地方就呈现出各种各样的白色纹饰。这种花纹最细的地方如同发丝蜿蜒，蕴含着手艺人的心血，非常精巧。20 世纪 90 年代，许多生活在织金的苗族人开起了蜡染手工作坊，靠着这一针一线、一漂一染，养活着一家人。

古城内商贾云集、人声鼎沸

杨美、杨君姐妹俩，从小就跟着母亲和奶奶学习苗族刺绣和蜡染，如今，在古城里开了一家店铺，经营这种传统手工艺品。在杨家刚开店的时候，传统的苗族蜡染只能做一些简单、粗犷的图案。突然有一天，一位苏州客商来到织金，拿出了一种纹饰特别复杂的图案，想让姐妹俩试着用苗族蜡染的方式做出来。

那个时候，杨君的小作坊生意红火，能接到很多订单。传统的一张蜡片，只需要几天时间就可以做出，而这种复杂的图案，她们还从没有尝试过，估算至少需要几个月才能完成。即使困难重重，杨家姐妹也没有退缩，毅然决然地接下了这一单。当时，因为手头订单多，刚开始，杨君也想尽快染出这幅图案，但往往越着急，越出错，稍有疏忽，就会前功尽弃。半个月的时间过去了，杨君染坏了许多蜡片。

■ 蜡染店铺

■ 蜡染制作

欲速则不达，为了完成这件精细的蜡染作品，杨君干脆推掉了其他订单，把自己关在家里，开始专注一件事，她规定自己每天要画足 8 小时。慢慢地，心静下来了，杂念变少了，线条的绘制也稳妥了许多。经过一段时间的努力，杨君终于染制出这种复杂的图案。从那以后，姐妹俩开始专注于精细化蜡染的制作，也把这种方法教给其他的苗族绣娘。

在她们眼中，这些技法并没有诀窍可言，慢下来，少一分浮躁，多一分耐心，成就的就是精品。渐渐地，织金的蜡染越来越精细，每一幅作品都要经过数万次描绘，方寸之间可以画出上千条细线和复杂的纹饰，把织金匠人的巧思和创意展现得淋漓尽致。

不单单是蜡染，还有精美的石雕、传统的竹编，这些织金手艺人一丝不苟地传承着传统的技艺。

现在，织金有100多家手工作坊和5000多位绣娘。蜡染、苗绣以及其他手工艺品不仅作为纪念品在当地售卖，还通过电商平台销售到全国各地。紧跟时代、不断创新又谨守传承的织金手艺人，让这座老城散发出古今交融的崭新活力。

耐得住寂寞，才能守得住繁华。织金人一步一个脚印，为这些传统手艺注入源源不断的活力，他们将传统的手艺变为致富的技能，用勤劳的双手编织美好的未来。

古城的月华桥上，依旧行人如织，来来往往的人群用足迹记录着桥梁的历史；凤西书院里，还能传来琅琅的读书声，仿佛在诉说着古城的故事；财神庙的香火，承载着过往的回忆，为远行的游子照亮了前行的道路；秀美的蜡染，在一针一线、一笔一画、一漂一染中书写着古城传奇的匠人精神。织金人用传承与探索助力着古城继续向前。

岁月沉淀了许多故事，精神却永远延续了下来。古城人用脚踏实地、行稳致远的精神，耕耘着希望，收获着果实，千年的古城还在续写着历史的传奇。

编　　导：吕明月
撰 稿 人：申泽茹
指导撰稿：李　挚

第26集

浚县古城

仓廪实 天下安

浚县隶属河南省鹤壁市，是中国国家历史文化名城、中国民间文化艺术之乡。浚县古城位于河南北部，地处太行山与华北平原过渡地带，始建于明洪武三年（公元1370年）。商代时，当地称为黎，西汉初年置黎阳县，隋唐时为黎州，明初改为浚县沿用至今，是河南省唯一的县级国家历史文化名城。一方水土养一方人，浚县土壤肥沃，粮食产量丰硕，人们把粮食做成各种各样的美食，自给自足的生活美好而惬意。一山一水是浚县人民的根基，青山绿水润泽着这里的祖祖辈辈，浚县的老百姓感恩这片养育着他们的土地，安享着中原大地上的丰厚馈赠，古城人家的日子过得踏实而安心。

■ 浚县古城街景

一 故土为根：穰穰满家 心系国家

“千古河流成沃野，几年沙势自风湍。”历史上，由于黄河多次改道，形成了许多冲积平原。浚县古城就建在这土地肥沃之处，生活在这里的人们，开垦耕作，春种秋收，把当地变成富饶的农业重地。晨曦初探，人们跨过城门和运河，到城外面的田地耕种，待日暮而返；而在城这头，守候着家人、商贾和仓廪。

“黎阳收，顾九州”。历史上，浚县一带不仅是重要的粮食产地，也是重要的囤粮之所。古城中不仅有殷纣王时期的钜桥仓，还有隋朝的黎阳仓，这些历史遗存让整个世界眼前一亮，又似乎为我们解读着它所经历的千年沧桑。黎阳仓位于大伾山北麓，占地面积将近 8 万平方米，建于隋朝文帝时期。开皇三年（公元 583 年）时因长安缺粮，文帝在全国水运便利的地方，建了相当多的仓窖，而黎阳仓西濒永济渠，东临黄河，凭借极为便利的水运，成为河北地区唯一重要的官仓。在当时，黄河以北的主粮都会先集中到黎阳仓，然后运往洛阳和长安。隋炀帝开通大运河以后，黎阳仓又兼具黄河水运和大运河水运的便利条件，它的地位便显得更为重要，在隋炀帝三征辽东的时候，黎阳仓就是后方物资的一个主要供应基地。

黎阳仓

据史料记载，隋唐时，黄河以北各州县征集的粮食，大都在黎阳仓集中，然后外运。那时的黎阳仓可储粮 3000 多万斤，够 8 万人吃一年。历史上，黎阳仓的归属成了朝代更迭，天下安稳的重要指标。文献记载，当时瓦岗起义军占领黎阳仓以后，在10天之内投奔瓦岗起义军的人数就达到20万人，也就是说，黎阳仓的储藏量可以供应至少20万兵马的粮食。发掘黎阳仓，对佐证黎阳仓古时平抑粮食市场和巩固封建政权的作用具有重要意义。

无论是历史的兴衰，还是朝代的更迭，围绕着粮仓发生的一切，成了古城人难忘的集体记忆。粮食对国家安全和社会稳定的重要性，浚县人有着更加深刻的认识和理解。

古城西大街不远处有一座云溪桥，始建于明正德五年（公元1510年），五孔石桥横跨在大运河上，是有名的黎阳八景之一。初期，河面上架的只是一座木桥，跨距比较小，桥孔比较多，魏廉川在主持修建石桥时，有人向他建议，桥孔要修得多一些、小一些，这样往来于运河上的大船无法通过，就会在古城中转，当地就能多收一些税，老百姓也能增加一些收入。面对巨大的地方利益，魏廉川陷入了两难，是为当地百姓

黎阳八景之一的五孔石桥

谋一点儿眼前利益，还是以天下苍生为念，保持粮道畅通。思来想去，魏廉川还是决定不能只看眼前，大丈夫当以天下事为重，他把当地乡绅和工匠召集起来说：“运河来往的不仅是商船，还有运到全国的粮食，如果桥孔建窄了，我们确实会得到一点儿眼前的利益，可运粮船如果被耽搁了，天下百姓吃什么?”于是下令要把桥孔加大、加高，把它修成今天看到的长 60 米、宽 10 米、高 12 米的五孔桥，这样就能保证运粮食的漕运船能够安全顺畅通过。

“粮仓系国脉，民心定乾坤。”七品县令以天下安危为己任建起的这座石桥，犹如一座历史的丰碑，在古老的运河上矗立了 500 多年，魏廉川也将那份历史的责任与担当，深埋于古城人的心中。

二 故土筑本：莫忘国本 农业立国

农业为本，首倡农学。观澜门内，浚县古城有一座建于明洪武年间的县衙，古老的建筑见证了历朝历代的官吏们治理古城的故事。清光绪年间，这里来了一位叫陶珙的知县。他上任伊始，就把古城农业发展当作第一要务。陶珙认为，中国自古以农业立国，但当时，农业生产反而落后于西方各国，“皆因学术不明，人心迷惑”，百姓把农业的丰凶归之于气候，而不去辨土性、除虫害等，采取预防补救措施。为了从根本上解决问题，他多方筹措资金，专门从北洋农业大学堂聘请了两位教师，在全国率先开办起一所劝农学堂，从财政经费里专门拨出一部分款，用于教学开支。经过一系列的努力，浚县的农业水平迅速提升，并且懂农业知识的人也逐渐增多。同时政府规定，

“敦俗劝农”碑

农业学堂学制为3年制，学习期满才会授予学生技师资格证，然后他们才能被派遣到各地担任农业指导技师，从现在来看，就是相当于技术推广员。

劝农学堂开办后，不仅浚县的年轻人争相前来学习，还吸引来了许多其他州县的学生来这里求学，劝农学堂也成了河南开展农业技术示范的先行基地。风气开化，精神传承，丰碑不倒。陶珙对大家这种教育和引导作用，使浚县人民“开了智”“醒了脑”。在老百姓心目中，农业就是根本，陶珙离任后，为了感念他振兴农业，给百姓带来丰衣足食的功绩，古城人把这段历史镌刻在了石碑上。如今，这块清光绪三十三年（公元1907年）立下的“敦俗劝农”碑，仍伫立在浮丘山上，它时刻提醒着古城人，牢记陶珙的教诲——“莫忘国本，农业立国”。

直到今天，浚县依然是全国粮食生产大县，每年粮食总产量都在100万吨以上。“无农不稳，无粮则乱”的古老智慧，已融入古城人点点滴滴的日常生活。

三 故土育民：扎根土地 胸怀百姓

“一粒种子可以改变一个世界，一个品种可以造福一个民族。”这是程相文写在笔记本扉页上的一句话。83岁的程相文，1963年来到浚县农业局工作，近60年的时间里，一直在和玉米种子打交道。

1963年毕业后，程相文被分配到了浚县，学农业出身的他受到了村民的欢迎。那一年，恰巧遇到了浚县五十年不遇的洪水，而当时的首要问题就是解决村民们的温饱。土地里耕耘的农民，竟会吃不饱饭，这让程相文心里很不是滋

程相文（中）在实验室里进行育种研究

■ 程相文在地里观察农作物长势

味。他回到住处，下定决心，一定要让乡亲们吃饱饭。毕业后的第二年，他接到了县里培育新种子的任务。这份工作责任重、风险高，一个细节把握不好，就会前功尽弃。所以他经常废寝忘食，失败了再反复加工、反复研究。

刚刚走出校门的这位年轻人，为了能尽快完成育种任务，就跑到海南三亚，租了 8 亩地和一间茅草房，开始了当农民的日子。但没想到的是，育种的第一年，先是遇到了大旱，眼看玉米苗就要枯死，程相文心急如焚，他担起水桶挑水抗旱，整整半个月，才使种苗返青。然而，还没等松口气，一场大雨又把种苗全淹了，他再挽起裤腿下田，一盆一盆地从地里向外排水，一连忙活了几天，才算保住了玉米苗。虽然工作又苦又累，但程相文始终记得自己心里让乡亲们吃饱饭的承诺，第二年，他带着自己培育的第一批玉米种子回到了家乡。经过在浚县当地种植，玉米亩产达到了 600 多斤，村民们奔走相告：小程带回来的种子可真是“金豆子”！

“民以食为天，没有粮食就没有发展。”这是程相文最深的体会。在一年又一年的南方育种、北方种植的奔波中，“小程”慢慢跑成了“老程”。为了这颗小小的种子，在他工作的 56 年里，他有 54 个春节是在海南的试验田里度过的。春节期间，正是玉米的授粉期，也是他最忙碌的时候，他错过了每一年陪家人看春晚吃年夜饭，没能给予家人应有的陪伴；他错过了儿女的出生，没能享受第一时间迎接新生命到来的喜悦；他错过了父母的离世，没能送老人最后一程……但是，他选育的 39 个玉米新品种不仅让浚县乡亲吃饱了饭、致了富，还让更多的农民受了益。“浚单 20” 玉米新品种，在 20 世纪 90 年代成为黄淮地区种植面积第一、全国种植面积第二的优良品种，千千万万的农民靠着这颗 “小小的种子” 过上了好日子。

程相文感慨道：“我从 1963 年参加工作，到现在几十年，我有 3 个‘一’。第一个‘一’是一个地方，就是浚县；第二个‘一’是一个单位，就是农科所；第三个‘一’是一个职业，就是搞玉米。”“要让中国人的碗里装满中国粮食，中国粮食要用中国的种子！” 这是程相文一生的奋斗目标。为了培育出能像收小麦一样按粒机收的玉米品种，已经 83 岁的老人，仍然在自己育种的土地上耕耘着。

如今，粮食对于浚县人来说，已经不仅仅意味着温饱，而更像是一种牵念，一份责任。在古城里，有不少经营者还有另外一个身份——农民。虽然他们在古城内开店经商，可每到农忙季节，就会放下生意，回到田间地头，春种秋收。“一粒粮食一滴汗，粒粒都是金不换”，只有地里的粮食都颗粒归了仓，他们的心才会安稳下来。

四　故土之爱：粮食为本，新兴合作

在这片沃土上，粮食的重要性已经扎根于每个古城人的心里，代代传承。这里的人们感恩古城的每一寸土地，热爱这里的每一寸土地。

种粮大户周位起是许多人心目中的能人，在浚县古城拥有 30 万亩粮食示范田。周位起小的时候并不想种地，感觉种十几亩地会累得受不了，长大后便在浚县古城做起了小生意。为了让周位起回家乡种地，家里人费尽了心思。有一次，父亲把他叫到地里，给他讲了一个故事：村里发大洪水，把村民都冲散了，在村西头有棵大树，这棵大树上趴着两个人，一个财主和一个农夫。财主抱着一兜银子，农夫抱着一兜窝窝头，当时财主饿了，说能不能拿我这兜银子换你这一兜窝窝头啊。农夫听了非常高兴，随

种粮大户周位起

即就换了，但是洪水过了好多天才退去，而那时抱着银子的农夫已经饿死，手里的银子也掉到了树下，财主捡起那一兜银子扬长而去。周位起感慨道："当时小，老人讲的故事咱还理解不到，现在终于能体会到了，粮食比金子、银子更加珍贵，粮食就是命根。"

意识到粮食珍贵的周位起，放弃了古城里的生意，回到家乡承包土地种起了粮食。他把自家的十几亩地当成试验田，向专家请教，用科学的方法种植小麦。到了收获的季节，乡亲们看到他有了好收成，都纷纷加入到他的农业种植合作社中，土地里收获的丰硕果实，源源不断地送到了全国百姓的餐桌上。

到目前为止，浚县的农业专业合作社已经有923家，流转土地在1000亩以上的专业种植大户有20多家。他们中既有带领乡亲们科学种田的农村能人，也有利用自己所学，回到家乡创业的大学生。浚县坚持深化农业供给侧结构性改革，坚持质量兴农、绿色兴农，大力推进"四优四化"工程，持续调整优化种养结构，获得全国整建制高产创建试点县、全国绿色高产高效创建标兵县、全国信息进村入户试点县、全省粮食生产功能区试点县等荣誉。

五　故土之美：古城民艺　别有匠心

现代农业的快速发展，让浚县古城再度吸引了人们的关注。千年古城吸引来了四面八方的客人，走在浚县老街上，人们都会被造型奇特、风格迥异的泥玩艺术品吸引。

"泥咕咕"就是当地民间艺术结晶的代表之一。"泥咕咕"用黄河冲下

一个个生动的农民形象在宋庆春手中塑造出来

来沉积形成的黄胶泥做成，因为它本身形如斑鸠，而斑鸠又在小麦快成熟的时候，发出“咕咕咕咕”的声音，清脆好听，所以名叫“泥咕咕”。当这种鸟开始叫时，就证明丰收的季节到了，家家户户，大人小孩都会捏“泥咕咕”。古老朴素、逗人喜爱的“泥咕咕”也寄托了劳动人民对生活的热爱和对未来的希望。

黄河的泥土造就了这种民间艺术，在浚县，三五岁的孩子都会模仿大人团泥巴，捏“泥咕咕”。这其中也出现了不少能工巧匠。在这里土生土长的宋庆春，从小耳濡目染，他用黄河泥土捏出来的农民形象活灵活现。他笑道他的第一件作品捏的是自己的爷爷，70 多岁的爷爷正在数钱，形象生动，细节精致，仔细看，还能看到眼神的意蕴。艺术来源于生活，从小在田地里干活的宋庆春，对身边惜地如命的老少爷们的形象早已烂熟于心，因此他创作的一系列农民题材的作品，有着田间地头的朴实无华、真实自然，也具有传统文化艺术的感染力和历史感。

作为非物质文化遗产传承人，宋庆春有一个愿望，他想建一座博物馆，把这些农民题材的作品展示出来，让每一个看到它的人，都会热爱自己的家乡，热爱脚下的土地，珍惜每一粒粮食。

六　故土之魂：延续文脉　建设家园

祈福求愿盼美好，遗产留存传文脉。浚县古城南边的大伾山上，有一座高 22.7 米的石佛，它开凿于东晋永和七年（公元 351 年）。当年，大伾山的脚下就是黄河，每到雨季，河水经常泛滥。为治理黄河水患，人们开凿了这尊大佛，作为“镇河将军”。直到现在，每年的农历正月十六，为了祈求风调雨顺、农业丰收，十里八乡的百姓还会来此祭拜祈福，并逐渐形成了规模宏大的庙会。传统的社火表演吸引着周围上百个县的人们参与其中，成为古老的中原大地上，独具魅力的农耕文化盛事。

古韵文化引游客，历史古城赋活力。依托浚县古城风貌，将销售的商品与浚县古城风韵融合起来，通过和景区合作，共同打造出现在的浚县古风集市。除了美味小吃，浚县古风集市还提供汉服租赁服务和销售发簪、发钗、手工艺品等。浚县古风集市烟火气中透着一股文艺范儿，不但为浚县古城增添了一抹别样色彩，也让浚县古城的商品经营形式变得更加多样化。新经济下，将古老的文化与当下的商品结合，处处透露着“古城范儿”，像在讲述一个又一个古老的故事。

大伾山上的石佛

护古城文化之根，传黄河文化之魂。浚县古城不仅在粮食安全上对河南乃至全国极为重要，同时对文明的延续也有重要意义。浚县古城积极挖掘和传承传统文化，着力打造“山—水—城”的旅游空间格局，保护浚县古城的非物质文化遗产，塑造特色旅游品牌。文化和旅游深度融合，文化得以焕发活力。浚县古城文化的保护和弘扬，是黄

浚县古城的故事仍在传承

河文化的一部分，浚县古城的故事是“黄河故事”的一部分。保护好浚县古城，是保护好黄河文化的根，延续历史命脉，黄河文化才得以源远流长，根深叶茂。

仓廪实，天下安。古城昨天的故事和今天的繁华，都在讲述着古城人对这片土地的坚守和热爱，丰衣足食的古城人秉承着几千年来重农守本的传统，正在用他们自己的浓墨重彩描绘着平原沃野上一幅幅协调发展的新画卷。

编　　导：王星晨　孙清秀
撰 稿 人：钟　浩
指导撰稿：李　攀

第27集

歙县古城

梦里徽州　儒贾相兼

“八分半山一分水，半分农田和庄园”，是古徽州古风与诗意的真实写照。秀美的山水中，藏卧着一座历史悠久的城——歙县古城。歙县古城，又名徽州古城，古称新安郡，位于安徽省黄山市歙县徽城镇，占地24.7平方公里。古城始建于隋，一直是徽州地区行政中心所在，因此，县治和府治同在一处，形成了城套城的独特风格。与大多数中国古城的方正格局不同，歙县古城沿山水而建，环山面水，东临问政山，西临练江，五峰拱秀，六水洄澜，蜿蜒的城墙，依山形水势而建，把山、水、城融为一体，是一座不规则的城。

■ 歙县古城全貌

■ 犹如万马奔腾的徽派建筑——马头墙

秀美的歙县古城自古以来就以文风兴盛、商贾云集著称。古城人重视传统，处处可见的书院、私塾、牌坊，无不彰显出儒家思想的根植。自宋理宗为纪念理学家朱熹而建的紫阳书院落成之后，古城学风日盛，“十户之村，不废诵读，远山深谷，居民之处，莫不有学有师”。扎根儒家文化沃土而成长起来的徽商，作为中国历史“三大商帮”之一，最大的特点便是亦贾亦儒，贾而好儒，涌现出胡雪岩、江春、胡天柱等一批巨商大贾。富足的徽商返乡后在古城建起高大的房屋和院落，为了防止发生火灾时火势蔓延，人们建起了一道道风火墙。远远望去，错落的墙体犹如万马奔腾，所以又被人们称为“马头墙”。如今，马头墙成为徽派建筑中典型的元素之一，也是徽州人最自豪的家乡记忆，它们不仅见证了古城过往的繁华，也珍藏着徽商儒雅的古朴品质、经世济民的为民精神。拨开历史的烟雾，梦里徽州，若隐若现。

一　陶行知：立雪拜师　不畏艰难

古城中，有一座陶行知纪念馆。纪念馆原为“崇一学堂”，是伟大的人民教育家、思想家陶行知幼年读书的地方，里面陈列着先生的遗物和他的那句名言——“捧着一颗心来，不带半根草去。”

陶行知出生在歙县一个贫寒的教师家庭。自幼好学的他，有一天听说离家15里的雄村航埠头，大户人家曹家开办了一个经馆，聘请了一位很有学问的私塾老先生——王藻。他听闻这位老先生很有学问，便贸然前往雄村航埠头去听先生讲课。

王藻先生发现陶行知聪明好学，便收下这个弟子。从此，陶行知每天走15里路去听课，刮风下雨从不间断。有一年冬天，歙县下了大雪，小小的陶行知步履艰难，当他冒雪赶到时，王藻先生正在开讲。陶行知不敢打扰先生讲学，便在门庭边打开课本，默默听讲。虽然站在门庭下，但风雪依然能飘到身上，他就这样顶着刺骨寒风，身上飘着鹅毛大雪，坚持听老师把这堂课讲完。

陶行知纪念馆

王藻先生讲完课后才发现风雪中的陶行知，他拍了拍少年肩头的雪，感叹道：“古有程门立雪，今有王门立雪。若光大教育，人人乐以求学，则国无忧矣。”先生没有想到的是，他有感而发的一句话，让这个立在风雪中的少年记了整整一辈子，并为之奋斗了一生。长大后，陶行知留学美国，攻读教育，归国后提出了“生活即教育”“社会即学校”“教学做合一”等教育理论，培养了大批人才。

伟大的人民教育家陶行知

如今，在全国很多地方都有用陶行知名字命名的小学和中学，读书人不畏艰难、持之以恒的精神，也和他的名字“行知”紧紧连在一起。著名的陶行知纪念馆，让古城人充满自豪，也激励着他们勤学求知、报效家国。

二 许国：屡败屡考 锲而不舍

歙县古城中至今仍保留着许多古迹。牌坊，这种古代遗存下来的地面建筑，在古城中处处可见。它们矗立于歙县的大街小巷之中，诉说着徽州人的历史故事。

古城中最著名的一座牌坊是“许国石坊”，坊主乃明代大学士许国。它坐落在古城主街的中心，又名“大学士坊”，当地人称“八脚牌楼”。不同于其他四柱牌坊，这座牌坊是由8根柱子围合而成，全国仅此一例。牌坊柱脚的外侧雕有石狮，每只都神态各异，显示出古代匠人的巧思妙技。“八脚牌楼”是古城人心中的骄傲，在他们看来，这座牌坊记录着徽州人锲而不舍的读书之路。

■ 许国石坊全貌

■ 记录着徽州人锲而不舍读书之路的许国石坊

许国是歙县人，18岁考取秀才，但在同一年，因父亲经商失败，家中一贫如洗。年轻的许国只好一边去私塾教书，一边继续参加科考。但命运仿佛和他开了一个玩笑，10年间，许国3次落榜。落榜的滋味折磨着许国，沮丧的他想要就此放弃。然而，母亲却勉励他：“岩寺街上有位叫唐皋的秀才，考了9次才中状元，你才考3次，就这样失落了吗？应该继续努力，总有一天会考取的！”之后，许国的母亲变卖首饰，典当家里所有值钱的东西继续支持他读书，而那时，他身旁的学子大都已经考取了功名，许多弃文从商的同窗也大都经商致富，而许国却又接连两次落榜。

一而再，再而三的失败，许国始终没有放弃。明嘉靖四十四年（公元1565年），38岁的许国终于在第七次科考时金榜题名。万历十二年（公元1584年），许国因平定云南边境叛乱有功，晋升为少保，封“武英殿大学士”，被万历皇帝赞誉为“协忠运筹，茂著劳绩”，他回到家乡，在古城中心建造起这座大石坊。往来于牌坊下的古城人，不以屡考屡败为耻，程瑶田16次科考，60岁考中进士的故事、许其璨15次科考不中，从未放弃的故事都传为佳话。

三　江遂志：弃文从商　破釜沉舟

古代乡试三年举行一次，每次一省中举者不过百人，科考难度之大

商贾往来的重要码头——渔梁坝

可想而知。更多徽州人为了生存，只能选择弃文从商。在众多徽商案例中，明朝商人江遂志的故事很有代表性。

江遂志出身于书香门第，父亲的早逝让整个家庭陷入困境。身为孝子的他深知母亲一人供给家庭的不易，于是便放弃读书，转而经商来维持家庭，供养母亲。古城的渔梁坝是当时商贾往来的重要码头，徽商们就是从此处起航，外出经商。明嘉靖年间，江遂志也从此处登上货船，把家乡的桐油运往北方，开始了他的经商之旅。

沿水路往返南北的江遂志，积累下大量财富。但税吏以逃税的罪名，狠狠地敲诈了他一笔，让他数年的辛苦化为泡影。经受打击的江遂志并没有气馁，他用所剩不多的钱采购了一批徽墨和歙砚，运往江浙贩卖，可是屋漏偏逢连夜雨，运货的船队遭遇风暴，翻覆江中，死里逃生的江遂志回到家乡。

多次经商皆血本无归，就在人们认为他会从此一蹶不振时，已经50多岁的江遂志，却又一次踏上经商之路。这一次，他孤注一掷，卖掉房产、田地，拿着仅有的一点钱到南京，把全部身家都投入到盐业生意中。而这一次，他一跃而起，成为富甲一方的大盐商。

“一贾不利再贾，再贾不利三贾，三贾不利犹未厌焉”，这是徽州的一句古语，意为第一次经营失败了没关系，还有第二次、第三次，甚至

古城风景

四次、五次、无数次的机会，不成功绝不罢休。一半冲劲儿，一半忍劲儿，深深刻在徽州商人的骨子里，他们意志坚定又吃苦耐劳，就像是沙漠当中负重远行的骆驼一般，人们也因此称他们为“徽骆驼”。

四 程光国：贾而好儒 修身为民

贾而好儒，修身为民。读书人出身的徽商，即使不入仕，心中想的也是百姓，“儒贾相兼”是这个群体最显著的特点。经营成功的徽商，回到家乡往往都会做些修桥、铺路、建学堂等“利民”之事。古城中的箬岭古道便是由一位名为程光国的徽商所修。

箬岭古道又称徽青古道，它始建于隋朝，是古徽州和外界联系的主要陆路通道之一，也是徽州人求学、经商的必经之路。历史上，这条古道崎岖难行，经常发生意外。

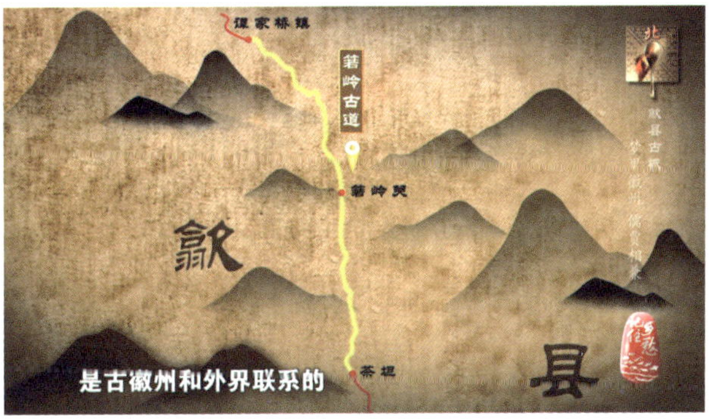

古徽州和外界联系的主要陆路通道——箬岭古道

清雍正年间，秀才程光国去南京赶考，在古道上突遇大雨，在泥泞坎坷的古道上，耽误了几天时间，当他匆匆赶到考场后，却错过了考试时间。程光国只得弃文从商，经营墨业生意。生意发达后，程光国决定重修箬岭古道。

方便路人停放行李休息的四担石

他拿出这些年经商的积蓄，找人在那条泥泞的小路铺上石

■ 整饬一新的箬岭古道

阶，路变得平坦好走许多。一天，程光国看到一队挑夫在古道旁休息，虽然不再赶路，挑夫们却没有放下沉重的担子。原来，狭窄的台阶虽然便于行走，但却放不下箩筐和行李。见状，程光国不断琢磨，设计出一种称为“四担石”的石阶，即 4 个担子能够同时放在一块石头上面，同样，抬一个轿子，也可以很平稳落在一块石头上。

四担石的设计方便了路人，但铺设一块四担石的花费却相当于铺设百级石阶。然而，这位当年因路毁掉前程的书生，始终没有放弃，修路的钱不够了，他就继续经营，等攒够了修路的费用，他再继续修路。就这样一直赚钱—修路—赚钱—修路……用了整整 30 年时间，程光国终于把这段百里山路整饬一新。

路修好以后，大批的茶叶、生漆、山货等，源源不断地运送出去。外面的大米、油、盐等，又通过山路源源不断地运进来。箬岭古道成为繁华一时的交通要道。

五　谢一平：守正创新　大公无私

古城文化的兴盛和经济的繁荣并没有改变当地人吃苦耐劳、勤俭节

研制出黄山毛峰的谢正安

约的生活方式。古城周边，大山里的丰富资源也得以物尽其用。茶叶便是徽州人充分挖掘大山资源的重要见证，炒茶、制茶也已成为徽州人生活的一部分。

年近 60 岁的谢一平是黄山毛峰的非遗传承人，他从小就看着家里人制茶，17 岁进入歙县茶叶公司，已经和茶叶打了半辈子交道。每到收茶的季节，他都会回到祖宅手工炒制茶叶。

在众多茶叶之中，黄山毛峰因白毫披身，茶汤清澈深受人们喜爱。而黄山毛峰的创制者，正是谢一平的五世祖谢正安。当年，谢正安经过孜孜不倦的努力，成功研制出了黄山毛峰，并创立“谢裕大茶行”，成为徽州首屈一指的大茶商。其亲笔写的堂号，“慎裕堂”里隐藏着他成功的秘籍。在刻章时，他刻意把“裕”字上面的一点从印章上抠掉，目的是告诫子孙，对外，富不要张扬；对内，铭记永远都差一点，得持续努力。

徽商做生意讲究以血缘和地缘为纽带结成商帮，宗族意识和同乡观念，让徽商有着相互提携帮衬的传统。生意做大后的谢正安，没有把茶叶的制作技艺私藏起来，而是公之于众，于是才有了名扬天下的黄山毛峰。

20 世纪 90 年代，传统的手工炒茶工艺已经不能满足市场的需求。谢一平意识到，必须把传统炒制工艺和现代化生产结合。为了找到一个最合适的温度，他像当年学习炒茶时一样，又一次站在了灶台旁边。10 年时间，上万次的实验，一遍遍地摸

在田间采茶的古城居民

紫阳书院旧址

索，他不但找到了精准的炒制温度，而且研发出一套全新的机械化制茶系统。立足于整个制茶工艺保持不变的前提之下，谢一平实现了制茶自动化。

如今，“谢裕大茶行”重新回到了人们的视野，谢一平仿效先辈的做法，把制茶的秘密，毫无保留地公布了出来，他希望能和古城中的众多茶商一起，让黄山毛峰的金字招牌再次闪亮起来。

寒来暑往，春秋轮回。古城就像一位母亲，用她宽阔的臂膀，护佑着一代代儿女。精巧别致的“许国石坊”记录着名臣许国锲而不舍的读书之路，新安江上游古老的渔梁坝见证着无数徽商闯荡天下的经商传奇。“贾而好儒，修身为民”，取得成功的徽商回到家乡建设起精美的宅院、来往的道路、授课的学堂，也把吃苦耐劳的生活方式、奋发有为的进取精神和勤学求知的学习态度留给后人。古老的徽州往事虽已远去，但今天的古城以它古朴的神韵仍在书写着新的传奇。

编　　导：颜　飞　韩　双
撰 稿 人：王　冲
指导撰稿：李　攀

海滨邹鲁 无私无畏

台州府城位于浙江省临海市，始建于唐朝，距今已有1000多年的历史。它北倚大固山，东临东湖，西、南两侧灵江环绕，5000多米的府城城墙依山水走势而建，威严雄伟。

古城南侧还有一座高百余米的巾山，由兴善门延展开来，有“江南长城”之称的台州府城城墙，刚好将山裹进城内，据险而守。历史上台州“河网密布、港汊交纵”，水乡风韵不亚于苏杭，有“走遍苏杭、不如温黄”之说。如今，城内依然保持着里坊制格局，每隔几百米都会有一道坊墙，横跨街道两侧。坊间有商户、有院落，比肩而立，鳞次栉比。热闹

台州府城全貌

■ 古城内部

喧嚣的老街有着古城最生动的样貌，在这里，只要开了店门，铺子里都会挤满人。海苔饼、马蹄酥、蛋清羊尾，每样小吃都有着各自的传说；草编、泥塑、剪纸，每种手工艺都有着历史的传承。闲暇时，老人们会坐在街边，晒会儿太阳、喝口热茶。年轻人则会点火做饭，守摊看铺。长长的老街，铺陈出一幅流动的生活画卷。

在山环水绕间，台州府城走过千年岁月。古城的生活是滋味万千的，古城的历史也是百转千回、充满传奇。岁月如歌，当年的金戈铁马之声已经消逝在历史的长河中，但5000多米的台州府城城墙却历经风雨，巍然耸立，岁月烙上的铭文沉默地诉说着故事，陪伴着一个又一个无私无畏的魂灵。

一 郑虔：春风化雨，文脉肇兴

在古城中紫阳街的北端，有一座郑广文祠，供奉的是被唐玄宗誉为“诗书画三绝”的郑虔。在安史之乱中，安禄山欲授予郑虔水部郎中的职位，郑虔拒而不受。他声称自己患有风湿病，不能胜任。战乱平息之后，他仍因陷伪而获贬台州，任司户参军。至德二年（公元757年）的寒冬，郑虔到达台州。

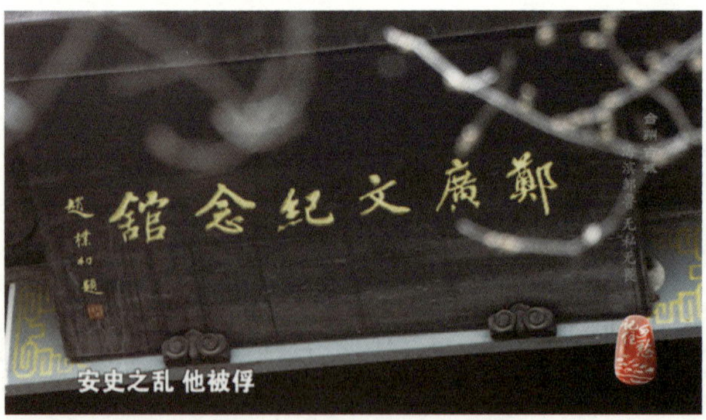

■ 郑广文纪念馆

在唐代以前，地处群山之间的台州曾是一片闭塞之地，为了生存，人们在这里垦荒开田，疏浚水道，劈山凿路。到了唐朝初年，朝廷将州治设在此处，台州才得以建城。

彼时的台州，文风未开，礼教不兴，人们对陋俗恶行习以为常，将有着儒雅之风的郑虔视作异类。郑虔曾在街上遇到两个人吵架，本是上前好心劝说，双方不但不领情，反而讥讽郑虔满口胡话。语言、行止的差距带来的隔阂，使得当地的人们总是远远地躲着这位本应与他们关系密切的司户参军。对此，郑虔还留下一副对联——著作无功千里窜，形骸违俗一州嫌。

郑广文像

祭拜活动

民风不善，让这位被贬谪的官员深感忧虑，为了改变这种状况，郑虔决定开办学堂。没有场地，他就在衙门前搭帐篷，没有学生，他就挨家挨户登门劝学。为了能更好地跟当地人交流，郑虔还学会了用方言授课，所教内容除书经正学外，还有各种风俗礼仪。“大而冠婚丧祭之礼，少而升降揖逊之仪”，他都亲身示范，一一指点。一时间，台州城礼乐之风渐起，“家家户户读书声，老老少少谦和让”。

启一方民智，开千年文脉，在郑虔的影响下，从古至今，台州始终文教昌盛，历史上，这里相继走出过 4 位文状元、907 位进士，有着“小邹鲁”的美誉。文教的兴盛也让台州迎来了发展的机遇。公元 1127 年，宋室南迁。由于毗邻临安，大批文人达士落户于此。当时，南宋朝廷有6位宰辅是台州人，8位宰辅定居台州府城，一时间，台州成了南宋仅次于临安的政治文化中心。

郑虔穿过一道又一道坊墙，叩开一扇又一扇谨慎的门扉。唯有长街与他自己清楚，这条路漫长又艰难。他是父母官，是能够“三年清知府，十万雪花银”的朝廷命官，但他也是杜甫所说“才名四十年，坐客寒无毡”的郑广文。唐肃宗大赦天下之时，有意召他回京为官，但当时的郑虔已与当地百姓建立了深厚的感情，故而上表奏陈愿意继续留在台州，最终如愿，再未离开。在生命的最后阶段，他从颠簸一生中榨尽所有蓬勃朝气，悉数奉献于此。文脉之兴，福泽千年。

二 杜浒：执戈报国，处处青山

公元1276年，元军兵进皋亭山，距临安仅30里，大军压境，文天祥临危受命，北上元军大营谈判，台州杜家之子杜浒一直护卫左右。谈判期间，文天祥据理力争，寸步不让，让元军将领大为恼火，于是将他控制起来，不让离去。

作为护卫的杜浒，一心想要营救文天祥。他假扮成醉汉，携带短刀，决意一旦营救失败，便以身殉国。他骗过了元军的哨兵，设法花重金寻得一艘元军官船，把文天祥藏入筐中，随货物一起运上船。挂着官灯的船有不被搜查的特权，杜浒在元军的眼皮底下把人救出，一路向南。

在杜浒的带领下，大家草行露宿，忍饥挨饿，沿路乞讨。为了躲避元军的搜捕，他们不得不选择荒无人烟的山路，来回穿插，历经几个月时间，几经辗转，终于脱离险境。

脱险后，杜浒和文天祥再次投身前线，杜浒也曾多次回到家乡台州募兵。不久之后，杜浒和文天祥在一次战斗中失散，再见面时已是在敌人的监狱。短暂一见，让文天祥悲痛不已。曾经的英武少年变得消瘦、憔悴，不成人形。几日后，杜浒含恨而终，唯余文天祥一人，在幽暗的监狱中痛哭流涕，作《哭杜贵卿》感怀昔日出生入死的经历，为英武少年的离去而悲恸。

台州城外的石板路千年如一日地迎接日月星辰，曾有许多人从那布满刻痕的石板上走过，有的人回来了，有的人的脚步声，却再也没能响起。

杜浒画像

杜氏祠堂牌匾

直到现在，杜浒的故事还在古城中流传，被人们誉为“台州式硬气”的杰出代表。台州历史多铁血男儿，明末重臣陈函辉竭力辅佐鲁王朱以海，兵败后自缢而亡；两淮都转盐运使杨时熙与史可法死守扬州，城破后自缢于城上，其子同父死难。他们身处王朝更迭的时代，面对满目疮痍的家国山河，不愿散开高束的发髻，不愿脱去祖先留给他们的衣裳。虽不能力挽狂澜，却舍生取义、慷慨赴死。平生壮志难着墨，唯握金戈报家国。埋骨何须桑梓地，人生何处不青山。

报国家，这铭刻在杜氏家谱家规之首的3个字，不仅是对奉献己身的无私，也是慷慨赴难的无畏。这样的精神，在千年后，仍然在这片土地上熠熠发光。

三 台州精神：离离蔓草，风雨不折

明嘉靖年间，中国东南沿海饱受倭寇侵扰之苦，为平定倭患，戚继

■ 戚继光像

光临危受命，组建军队，在台州府城驻守抗倭，长达6年之久。戚继光到台州之后，台州百姓非常拥戴他，积极参军，部队里一半多人都是台州人。

明嘉靖四十年（公元1561年）四月，倭寇万余人驾战舰数百艘，在台州沿海登陆，得知情报后，戚继光马上带部队前去抵御。当时，倭寇故布迷障，引而不发，拖住了戚家军主力，又分兵数千人直插内陆，突袭台州城。

府城有失守之危，戚继光闻讯后，立刻率主力回援。几天的时间，将士们日夜兼程，一路急行，而此时，台州府城的百姓也同守军一道严阵以待，没有一人逃离，誓与城共存亡。

当戚家军入城时，倭寇也已兵临城下。虽然将士连日奔袭，体力已到极限，但他们士气始终不减，在戚继光的带领下，大家一鼓作气，仅以牺牲20人的代价，一举歼灭倭寇5500多人，随后，戚家军又乘胜追击，挥师北进，用一个月的时间，取得了十三战十三捷的辉煌战绩，史称“台州大捷”。

“台州大捷”既打响了戚家军的名号，也磨炼出台州男儿的骁勇与血性。据说在戚家军中，有9名台州子弟，从士兵一路晋升到将军，他们跟随戚继光南征北战，立下赫赫战功。

■ 戚家军救援队

世世代代生活在这里的人们不仅有创造美好生活的能力，更有保卫家园的勇气。

从晋朝开始，台

■ 台风“利奇马”资料

州府城墙就一直承担着防洪抗洪的功能。在史志上有据可查的修筑城墙就有 22 次，其中 9 次是由于水的原因。“台固水国，倚城以为命”，临海的元代学者周润祖曾这样形容城墙对台州的重要性。

2019 年，台风“利奇马”登陆浙江沿海，引发了百年一遇的洪灾，由于水位上涨过快，城门被冲破，整个府城遭遇海水倒灌，全城断水断电，百姓被困家中。

按照以往的经验，一旦洪水来袭，古城门会至少配备 3 层防护：沙袋堆在城门外，初步阻挡水流的冲击；约 3 米高、由东北松木制的槽木墙放置在门洞内侧的闸槽上，槽木墙背后再斜着放置一根金属支撑杆，作为第二层防护；最后，关上 5 厘米厚的红色大木门，并在门后加闩加锁。

■ 台风“利奇马”

但这次的洪水太大了。

当时，直通兴善门的紫阳老街受灾最为严重，很多人家的门板被洪水冲走，大水漫到二层，房屋在

■ 台风“利奇马”资料

强劲的水流冲刷下，晃动不止。

面对天灾，古城人没有退缩，就像当年面对倭寇没有人离开城墙一样。他们很快组织起了 55 支救援队进行自救。救援队员来自各行各业，他们利用网络联络，通过街坊邻居、同事的相互告知聚集在一起，顶风冒雨，在湍急的水流中，挨家挨户搜救。

由于当时城中断电，到了夜间，古城里一片漆黑，在这种恶劣的条件下，救援人员泡在水里探路前行，很多人都被漂浮的杂物刮伤。那天晚上，古城人都自发地来到二楼窗前，在被水流撼动的阁楼上，拿出手电筒为救援队伍照明。洪水本浑浊，却因此粼粼有光。一束束灯光不仅照亮了前行的路，也照亮了人心，温暖了那个风雨交加的夜晚。

四　台州精神：毫末芳草，聚而成原

时光的车轮悠悠荡荡，停留在 21 世纪第一个戊戌年。由 30 多位退伍军人组成的古城戚家军救援队，除了日常训练，队员们还经常到戚公祠进行表演。他们学习的阵法，是戚家军留下来的鸳鸯阵，他们走过的古城墙，是戚家军曾经登上的，由古城百姓一砖一瓦建造修复而成的。

古有谭纶和戚继光采用分段包工主持重修城墙，几十到几百米的城墙，由一户人家负责烧制城砖，并打上印记，以便随时维修；今是古城人自发组织“我为古城献块砖”的募捐活动，在短短几个月时间里筹集了 600 多万元。

即便是在科技发达的今天，面临着泥泞的山路，陡峭的山体，修复工作也不可避免地陷入困境。于是古城人民重新俯下身去，依靠着手攀脚爬，硬是在泥泞的山脊上蹚出一条路。那一块块新砌的砖头，因为由血肉之躯负载，又有汗水润泽，拥有特别的质地。

■ 台州古城墙

当我们说起我们的家乡，总是伴着几分笃定，缺少几分陌生。而在2020年5月，台州古城街道主办了“古城青年硬核打造计划”活动，14支硬核青年队伍登上城墙，通过白云楼、望天台等多个站点，围绕现场奇遇任务完成5个团队探索任务、6个府城趣味深度问答，合力解开台州府城墙背后的历史故事，共同探索并体味古城的人文之美。

■ 相聚一起的台州人

■ 黄沙狮子

对于这座古城，台州人充满着感情，这里的每一条街、每一处景都留有他们生命中最温暖的记忆。一张张斑驳的照片，透露着时光的痕迹，从老人年轻时的合照开始到子女结婚、四代同堂，每一张照片都写满了幸福。

沉睡的枪骸沥干战乱历史，遗落的风沙贴附古老城墙。这边黄沙狮子承载着人们的美好祝愿一跃而起，那边坊间的铺子已经打开了铺门迎接第一缕晨光。世代生活在这方水土的人们，靠着先辈们传续下来的敢想、敢拼、敢干的坚定信念，创造着一个又一个奇迹。

■ 台州市貌

走进新的时代，这片土地仍在续写着辉煌，改革开放后，这里曾诞生了中国第一家股份合作制企业，第一辆民营企业制造的轿车从这里驶出。这里有着中国唯一一个国家级化学原料药出口基地，是全世界原料药采购的“超级市场”。

在城市发展的日新月异中，当年守疆卫土的豪情和国破山河的悲歌早已渐行渐远，但古城人的风骨却如同这屹立不倒的府城墙，永驻世间，无惧无畏，向上、向前。

编　　导：范虹润　马莉娜
撰 稿 人：章简宁
指导撰稿：李　攀

第29集

蜀道雄关 义烈千秋

奔涌的嘉陵江水洄澜不止，巍峨的天雄关与剑门关护卫身后，被誉为“巴蜀第一县”“蜀国第二都”的昭化古城位于四川省广元市，坐落于川蜀北部，秦岭之南，地控秦陇，势扼巴蜀。据记载，公元前400年左右，古蜀国的九世蜀王开明尚用武力征服了世居嘉陵江上游的苴人，并把这块新领地分封给他的弟弟葭萌，史称“苴国”。苴国的都城渐渐演变为今天的昭化古城。

金牛古蜀道是昭化古城最古老的一条街道，也是古代从关中进入蜀地的唯一一条道路。它全长约600千米，从成都出发，翻越天下闻名的剑门关，再穿过明月峡栈道，抵达昭化，最终到达陕西汉中，将成都平原与八百里秦川连接起来。蜀道，是中国乃至世界上保存最为完好的古代大型交通遗存之一，它因山川而诞生，因险峻而闻名，又因交通而繁荣，至今仍然是南北文化交融生动的历史化石。这样的历史化石，也记录了一个个蜀北忠勇义烈的传说，他们因心怀天下而择君尽忠，因坚信人定胜天而勇往直前，达忘我之境而义冲云天，血性使然而成刚烈之风。

一　勇攀险境连天堑

遍布的崇山峻岭与高峡幽谷阻碍了古蜀地与中原的来往。特殊的地理位置使这片土地滋生了与中原文明迥然不同的古蜀文明，也造就并流传着蜀地先民与险峻山川斗智斗勇的英勇刚烈故事。

金牛道

相传春秋战国时期，强大的秦国虽觊觎蜀地却碍于天堑不得入。秦惠王时期，在探得蜀王贪恋财宝的信息后，他命人打造了五头石牛，每日在牛身后摆上一堆金子，诈称自己的宝物石牛夜能粪金，想以此献给蜀王。蜀王果然中计，派五丁力士劈山破石，为运送石牛开道。

五丁力士拥有徒手劈山的气力，竭力开出了金牛路，在将 5 头石牛运回蜀地后，蜀王才知上当。愤怒之下，蜀王托人谴责秦国国君言而无信，并将石牛运回秦国。秦王得知金牛道已经打通，欣喜异常，但又忌惮五丁力士的无穷气力，便又生一计：向好色的蜀王许嫁 5 名美女。蜀王再次中计，又派五丁力士前去迎接。

石牛像

在路过梓潼地带时，五丁遇到一条大蛇正向洞穴中钻去，只余蛇尾尚在洞穴外，他们合力抓住蛇尾，企图将蛇揪出洞外，为民除害。当巨蛇一点点地被从山洞里拖出来时，忽然狂风大作，只听一声巨响，地动山摇，大山崩塌，刹那间 5 个力士和 5 个美女都葬身山地，化为血泥。蜀王为美女丧身惋惜不已，将山命名为五妇。蜀地百姓则感伤五丁力士的遭遇，将山命名为五丁。而秦王因大患已无，兴奋不已，挥师攻取蜀地。

唐代诗人李白在《蜀道难》中曾这样写道：“上有六龙回日之高标，下有冲波逆折之回川。黄鹤之飞尚不得过，猿猱欲度愁攀援。”开路难！

路艰险！五丁力士充满浪漫色彩的传说寄予了劈山开道这一美好愿望，回到写实的生活，把天堑化为通途的凌空栈道更是写着蜀民坚信人定胜天的故事。

作为金牛道上最震撼的一处景观，凌空栈道远看像悬空楼阁，近看则是绝壁长桥。架设栈道的石孔多凿在水位十米以上的崖体。凿孔、架梁、立柱、铺板……每一道工序都在滚滚江流与巍巍绝壁之上完成。人从崖顶上通过绳子拴着吊在半空，找准位置，先用火去烤，接着用水浇，再用錾子一点点地打，如今半日不到就能完工的一个石孔在当时要一月有余才能竣工。

凌空栈道

相传，当年蜀道修建时，为了打通最难的一段栈道，古城先民轮番上阵，参与施工。一日暴雨突降，山洪呼啸而来，险象顿生。峭壁上的20多人来不及反应，从山崖跌落，再无生机。长歌当哭，充满血性的古城先民并没有被困难吓倒，他们愈战愈勇，发誓要为后世子孙凿出一条出川的通道，哪怕坠身江海葬身鱼腹或是掉下悬崖粉身碎骨，始终如战士征战沙场，“不破楼兰终不还”。

在这样艰险的环境下勤劳勇敢又坚韧顽强的蜀民仍然生生不息，瓜瓞绵延，凭借的是人定胜天的信念，通过双手付出血汗，面对险峻的自然挑战不言退却，用奋斗创造出属于自己的辉煌历史，将勇猛刚烈的气节代代相传。

二 力抗劲敌盼安居

英勇顽强的蜀地先民打开了通往平原的通途，天然的屏障也因此有了缝隙。但融进“义烈”的血液让蜀民在强敌面前毫无畏惧，为守护家园前仆后继，奋不顾身。

建安十七年（公元212年），刘备进至葭萌（今四川广元西南），准备回军南袭刘璋，留中郎将霍峻率数百兵士守卫葭萌城。张鲁得知，便派杨帛引诱霍峻共同守城企图夺取葭萌，霍峻知道有诈，对杨帛说：“你们可得到我的头，但得不到这座城。”杨帛无奈，只得退去。毒计落空，刘璋又派扶禁、向存等领万余人，由阆水围攻葭萌，葭萌城为当时刘备在蜀中仅有的根据地，是刘备的后方，一旦城破，刘备大军就会被前后包夹，陷入死局。在这危急时刻，葭萌百姓拼死支持守军，誓与来犯之敌血战到底。一时间，葭萌城外箭如雨下，杀声震天。

■ 霍峻石像

■ 冷兵器

在800名守兵与城内百姓拼死抵抗下，他们竟与上万敌兵相持一年之久，霍峻趁对方疲惫之时，选拔精锐，伺机出击，大破刘璋军，乘机斩了向存的首级，大获全胜。

刘备只留800名士兵守城池，是相信霍峻的用兵能力，更是相信葭萌老百姓的忠义和勇猛。800 名守兵对敌上万取得胜利，这是忠于信念的霍峻与勇猛刚烈的蜀民创造的了不起的奇迹。

霍峻临危不乱坚守城池，他的信念来源于为百姓打造安居乐业的天下。相较于地方割据的刘璋与张鲁等势力，刘备一心坚持复兴汉室，构建统一稳定的国家。对霍峻来说，追随刘备也就是追随正统和国家统一，意味着稳定的社会秩序与百姓的安居乐业。

刘备在成都称帝后，封霍峻为入蜀第一功臣。为了感谢古城百姓以命相抵，刘备下令将葭萌县改为汉寿县，取“汉祚永寿”之意。从此，就有了“蜀汉兴，葭萌起”的说法。而葭萌这些为信仰将个人生死置之度外的忠义节烈的故事被一代代传颂，也必将激励一代代后人为民为国奋不顾身。

三　两袖清风利万民

每到重要节日，古城外的嘉陵江上总会传来阵阵歌声。人们在古渡口对唱山歌，欢迎远方的客人。而这个渡口就是嘉陵江上颇为有名的桔柏渡。

何易于雕像

桔柏渡不仅流传着阵阵山歌，还流传着心系百姓、仁义忠烈的传说。据《广元县志》记载，唐文宗时，利州刺史崔朴邀集宾客游览嘉陵江。众人一路喝酒行乐，船至昭化城外的桔柏渡时，却因水流湍急无法前行，于是崔刺史便令县令何易于去城内征民拉纤。岂料何易于二话不说，挽起官袍，腰插笏板，只身下水，把纤绳扛在自己肩头。崔朴吃惊不已：“你不去找老百姓怎么给我拉船呢?”

何易于从容不迫地作答："现在正是春耕大忙季节，老百姓既在养蚕，又在耕田，只有我闲着没事，我来替你拉船。"何易于不卑不亢，崔刺史羞愧难当，只得与众宾客跳出船舱，骑马而行。

转眼到了第二年，朝廷下达诏书，要求地方官加征茶税。何易于决定抗诏，他深知古城百姓生活清苦，加征茶税无异于让百姓雪上加霜。尽管属下谏言："朝廷诏令说得很清楚，地方官员不得隐瞒税收，否则就是公然抗命，还会罪加一等。"何易于仍坦然道："我难道为了保全我性命，而不顾全县老百姓的死活吗？"并当众撕毁诏书将其焚烧。

小小县令心系百姓，朝廷虽未就此事责罚于他，却给了他政绩考核中评，致使何易于升迁无望。得知消息后，古城百姓纷纷为他鸣不平，上书朝廷希望重新考核。在他离任时，老百姓家家户户门口摆放着一碗清水为他送行。何易于在桔柏渡口挥别送行的人群，身影渐行渐远。200年后，北宋欧阳修在编撰《新唐书》时，不计何易于人轻官微，毅然为其立传，让其仁义忠烈美名千古流传。

以史为鉴，后来，城中历代官员大都以仁义忠烈的何易于为典范，涌现出许多勤政爱民、心系百姓的好官，在他们的清明治理下，昭化城出现了前所未有的繁荣，"日有千人拱手，夜有万盏明灯"。丁宝桢就是这样的后来者。

清朝末期，朝廷日益腐败，局势内忧外患，即使是有着沃野千里的蜀地百姓，也被沉重的赋税压得苦不堪言。当时，丁宝桢正随祖父住在昭化，丁宝桢的祖父丁必荣在昭化任县令，常把自己的养廉银分给百姓抵减赋税。然而杯水车薪，丁必荣时常感到力不从心，最后抱憾而终。

■ 夜市

■ 亲民堂

后来，政绩卓著的丁宝桢调任四川总督，途经昭化，他想起爷爷的夙愿，又因曾目睹了民间的疾苦，便拿出7000多两白银，又发动当地大户募捐，共得白银一万多两。他用这笔钱在成都购置良田200多亩，请人耕种，上缴国库，以充公粮，永久抵减昭化百姓的赋税。

丁宝桢病逝于成都的任上，由于他每年的俸禄多数都拿来救济贫困老百姓，竟使得病危之时仍债台高筑，身边随行的人员纷纷凑钱才办理了他的丧事。丁宝桢病逝后，朝廷为表彰其功绩，追赠太子太保，昭化百姓感念丁宝桢的恩德，在古城西门外建起了丁公祠，并把他生前最喜欢吃的“花生鸡丁”更名为“宫保鸡丁”。

何易于为民抗命，丁宝桢仗义疏财，他们心里装的是黎民百姓，坚守的是仁民爱物的信念，忠于的是苍生生计与儒家仁义传统，为着这份忠义，便是羸弱书生也能迸发无畏无惧的勇气。走过2000多年时光，缔造过繁荣，也饱经过苦难，昭化古城自有一种义烈千秋的气质。在这片钟灵毓秀的土地上，一代代古城人在不同的时代，或以死报国，或为民请命，护佑着古城走向和平岁月，也让古城璀璨的文化得以传承至今。

四　重建家园话沧桑

传承了几百年的国家级非物质文化遗产射箭提阳戏，依然在舞台上演出。古老的唱腔回荡在古城的上空，余味悠长。如今，昭化古城凭借独具魅力的三国文化、蜀道文化吸引着八方来客，人们纷纷来到这里，感受古战场的沧桑，领略古城的独特魅力。

正如同那穿城而过的古蜀道，承载了古城的记忆，体现着古城人的忠义刚烈性格。益禾堂、怡心园……这些几百年的老宅子，历经风雨却依然挺立，即使后来赶上百年一遇的特大地震，也还是屹立不倒。

2008年汶川地震，古城中部分民宅和景点被毁，变得破烂不堪。屋面铺瓦被震落，东城门石拱券开裂，东西城楼侧山墙全部倒塌……满目疮痍，古城又历沧桑。

那场大地震成了古城人挥之不去的记忆，但“敢与天斗”的古城人

■ 街市

■ 古城人民

■ 提阳戏

民不会认输，当灾难过去，他们像历史上无数经历过苦难的蜀道先民一样，开始重整旗鼓，重建家园。重建时第一条规矩便是要保护古城，力求“修旧如故”，也就是说，对古城文物和民宅的修缮和复原，必须尊重这些古物件历史的原貌，并在此基础上修复其木质结构，赋予古城活的灵魂。古城居民做到了！他们费心钻研，精心施工，力求原汁原味恢复古城建筑风貌；政府部门先后投资 2 亿多元，实施古城一期、二期工程建设和灾后重建项目，进一步完善设施配套，丰富商业业态；成立广元蜀道文化研究中心，进一步挖掘昭化文化底蕴，成功举办 4 届昭化古城三国文化旅游节，获得国家历史文化名镇、国家 AAAA 级旅游景区等荣誉称号……这是蜀地先辈留给蜀民的一笔财富，把古城保护好，才能继续享受古城的安逸，才能让子孙后辈在古城里感受老院子、老宅子的风味。

当灾难过去，重建后的古城又恢复了往日的美丽与祥和，人们的脸上依然洋溢着热情的笑容，孩子们依旧在古老的街巷里嬉戏。守护这些老建筑，就是守护古城的记忆，这也是数千年来，古城人对家园无尽的眷念与热爱。勤劳勇敢又敢于斗争的蜀地人民做到的并不仅仅是守护美丽家园，更是用自己的方式书写着属于自己的时代传奇。

“灾后重建加强了道路、桥梁、住房、水、电、气、光纤等基础设施，对我们发展乡村旅游推动很大。没有好的基础设施，客人就进不来、留不住。”村民梁仕伦家有11间客房，一年纯收入十二三万元，每年留宿的客人来自成都、重庆、西安等多个地方，不需要做什么广告，对古城的口口相传已让不少游客慕名而来。

随着剑昭旅游公路全线贯通，以剑门关、大朝驿和昭化古城为代表的蜀道三国精品旅游线已经成形。昭化——大朝三国文化旅游产业园区吸引着八方来客，川主庙会、城隍会、娘娘会、舞狮、牛牛灯、采莲船、走高脚、吹唢呐、哭嫁等传统节日、传统风俗，以及古戏剧活化石的昭化《提阳戏》让来到这里的游客流连忘返，魂牵梦萦。如今的昭化古城，历史底蕴更加深厚，生态环境更加文明。蒸蒸日上的文化旅游业既是古城新景，也是古城新命，它让昭化古城的人民生活更有盼头，古城的风光被更多人传颂，也讲述着属于新时代蜀民守护家乡与建设家乡的故事。

千年时光流逝，古城的精气神始终不散。它的历史就像一场流动的盛宴，铺陈在大街上，更映照在人们心中。所有的过往就像一枚枚勋章，铭刻在古老的城墙上。昭化古城的从容不迫、昭化百姓的忠义刚烈，全都融进现如今恬淡与奋斗并存的日子，也化入那青瓦门楼、危峦蜀道，伴着大江奔流，走向未来。

编　　导：王　剑
撰 稿 人：张毓敏
指导撰稿：李　攀

第30集 秀山古城

鸡鸣三省 和合共生

“一字和，万事着。”用这一俗语来形容鸡鸣三省、五族杂处的秀山古城再合适不过了。秀山古城位于重庆东南部，地处重庆、贵州、湖南三地交界处，是土家族、苗族、汉族等多民族聚居地。整座古城面积0.28平方公里，以“丰”字布局，纵横交错着十街两巷。城内，黛瓦白砖的风火墙留存着江南风韵，黑瓦飞檐的吊脚楼充盈着民族风情。明清风格的木质民居在石板路上依次排开，串联起古城的过往与当下。

秀山古城始建于清朝的乾隆元年（公元1736年），距今已有将近300年的历史。在这百年的岁月里，秀山古城逐步发展成为一座坚固雄伟的城池，秀山古城和合共生的精神也愈加坚韧牢固。如今，走在这纵横交错的街巷，看着两旁林立的商铺，会让人不禁好奇，古城先民们是如何在这武陵山深处，把一座偏远之城建设成商贸重地的。

■“鸡鸣三省，五族杂处”的秀山古城

■秀山古城的早市

一 乌杨过江——凄美爱情唤醒和平改流

秀山古城的所有故事都发端于一棵乌杨树，秀山和合之路便从这里起航。相传，梅江河码头边有一棵乌杨树。当这棵树还只有百余年树龄时，秀山地区归土司统治，田园蛮荒，人烟稀少。当地的土家族、苗族与汉族甚至立下“蛮不出境、汉不入峒”的规定，各族之间互不往来，若有违反会被处以极刑。日子就这样按部就班地过着，直到有一年的元宵节花灯会打破了这一切。河东一个叫乌杨的土家族小伙子，在花灯会上邂逅了河西汉族员外家的千金水莲。两人一见钟情，相互爱慕，很快便坠入爱河，在梅江河畔的乌杨树下，他们誓言相依，决定无论生死都要在一起。可由于当时各族之间争端矛盾频发，少数民族间的接触和结婚根本不被允许，这对恋人只能选择在一个雨夜私奔，不料被发现，并被围困在梅江河畔。他们相看泪眼，决意共同赴死，两人绝望地投河自尽，滔滔江水瞬间吞没了两人的身影，一对有情人便这样生生被分离。不久后，人们惊讶地发现，在两人殉情处的乌杨树上，竟然长出一根粗壮的树干努力伸向河西，树根上还蔓生出一朵洁白的莲花紧紧保护着乌杨，一如他们许下的生生世世、永不分离的誓言，让人惊叹和钦佩。

梅江河码头的乌杨树

乌杨与水莲这段凄美的爱情故事，开始唤醒两岸的热血青年，他们奋起打破陈规陋习，甚至顺着乌杨树干搭起木桥，每天一同唱歌传情，挑灯访友。土家族和汉族首领见状取消了民族间不能通婚的制度，双方逐渐实现了正常交往。乌杨树葱茏的枝叶亭亭如盖，遮护着过往的人们，乌杨树下也逐渐形成了一个热闹的场镇——“乌杨场”。每到叶落时分，乌杨树叶飘落在人们的肩头，就像一粒粒对和美生活向往的种子，落在人们心间，无声地浸润着这片土地。乌杨树逐渐发展成为多民族团结的标志，而这棵乌杨树就是各民族紧密团结的根，那些茂盛的树叶处处书写着我们各民族未来的美好生活。

世间万物，以和为贵，民族交往，不分彼此。打破了民族樊篱后，越来越多的人来到秀山，在秀山耕田种地，频繁往来，安家落户，场市渐渐地繁荣起来。到清代前期，乌杨场开始定期开辟集市，乌杨码头边的力夫们肩挑背扛，号子声此起彼伏。到了清乾隆元年，朝廷实施改土归流，秀山当地的杨氏土司自愿缴铜印献封地，此举被视为西南地区和平改流的典范。与此同时，知县夏景馥也奉命到此，在秀山寻找建城置县的地方。当他沿着梅江河来到乌杨场时，看到岸上民居林立，街道规整，认为只要稍加改造这里就能成为理想的城池，在听到当地流传已久的“乌杨过江”的故事后夏知县更是备受感动，当即决定在梅江河畔的一块烟麻坪上建城。当地人感念他的仁和宽厚，纷纷出工出力，大家团结协作，短短数月就在一片荒芜上建起了秀山城。秀山古城的历史便从这里开始……

二　中正仁和——优质秀油开拓商贾之路

秀山古城自古以来就是一个坚固的城池。“和为贵，谐为美”，依靠着武陵山脉与梅江河形成的天然屏障，秀山古城东南两大方向朝向陆路，西面与北面通向水路，易守难攻。一座风雨廊桥在能望见“乌杨过江”的河岸上稳稳建起，把梅江河两岸连成一座川流不息的城。梅江河边上修建了一个团城，即圆城，所谓“团”，一是依山取势，二是民族团结与民族融合之意。团城的主街被称为中和街，寓意着中正仁和。自此，秀山正式修城建县，梅江河水道得以打通，各民族文化便在这里交汇，秀山也从此商贾云集。

“黄杨扁担颤悠悠呀，挑担白米下酉州呀。”古城里传唱的民歌《黄

秀山地标性的建筑——风雨廊桥

杨扁担》，记录着秀山人挑着扁担，走贩经商的过往时光。川带荆楚，逐步造就了秀山商贸繁荣的码头文化，形成了“以米换钱，以油易物”的商业氛围，这个油便是秀山驰名中外的“秀油”。当时的人们通过土法榨取桐籽油，这是一项既复杂又繁重的劳动，需要人们协同合作才能完成，这种方法和秀山精神不谋而合，用这种方法榨出的桐油清亮如丝，具有防水防腐防锈的作用，秀油还被大量用作建筑、机械、车船等的涂料。这些秀山桐油之所以能名扬海内外，还缘于清末的一段往事。

那个时候，随着梅江河水运的日益发达，秀山古城吸引了许许多多外地的客商。一位单姓的陕西商人只身来到这里，打算经营桐油榨坊。对于这位外地商人，秀山人给予了最大的善意——给他土地，给他建作坊。单掌柜出于对秀山人的感念，把他的商号取名为“万事和”。万事求一个“和”字，也是他开创商号的愿景。一天深夜，“万事和”烤棚不慎失火，火灭之后，单掌柜意外发现经过烈火烧制的桐油品质竟然远比一般桐油还要高，这种桐油的销量和价值反而可以更上一层楼，油坊的伙计们纷纷向他道贺，祝贺他获取新的商机，有人建议他独享秘方，垄断桐油市场，但单掌柜却陷入了沉思和纠结。他认为，在褊狭之地，只有齐心合力才能成就一番事业。于是，单掌柜将秘方无私分享给了平日照拂他的街坊邻居。针对新的产品，大家纷纷建言献策，不断改进工艺，

■ 生产秀油

■ “万事和”商号

甚至还合力组建了浩浩荡荡的船队。从梅江河到洞庭湖，再到汉口，秀山人携手闯荡，打响了“秀油”的名号。直到20世纪90年代，优质的秀油仍然名震大江南北，出口海外。正是因为秀山人从来没有关起门来做生意，大家相互通融，所以秀山人很快便实现了共同富裕。

循着秀油走过的水路，湖北、浙江、福建等地的商人纷纷带着他们的盐号、布店、米铺来到秀山。梅江河环抱的团城越发热闹，酒肆林立，民居比肩，土家族的吊脚楼与江南的风火墙相得益彰。人们不断将古城的面积扩大，齐心协力把土筑城墙改建成更为坚固的石头墙。“斗大方城镇蜀陬，公然黔楚此咽喉。”到民国时期，秀山古城已经成为渝东南的重要门户，城内南来北往的人们始终都遵循着“和”的道理：为人讲究一个“和”字，心里才能踏踏实实；做事讲求一个“和”字，方能事事有着落。“一字和，万事着”的俗语，也就从那时起在古城流传开来。一代代秀山人就是这样，靠着挽起的手臂与相互的扶持，在群山之中开拓出一条通达的商贾之路。

三 和合共生——传承美德铸就温情古城

秀山人的“和”不仅体现在历史和商贾之中，更多的“和”精神渗透在每一个秀山人的骨子里，洋溢在秀山人的日常生活中。秀山的“和”从每天的清晨便开始了，秀山的早市常常会出现一个奇怪的现象：店铺前有一些买卖双方似乎在争执，却又好像在客套。如果仔细打听，就会了解到，这原来是秀山购物“不找零、不收零”的欢喜场景。在秀山，早市被看作一天的开始，这个时候，大家都会图个好彩头，买卖双方少取多予，邻里间相互谦让，用一团和气开启新的一天。古城早市告一段落，赶集的人们无论盈亏得失，都会来到街边的小店里，喝上一壶早酒，与同伴谈天说地。

秀山风景

爱民街、团结巷……光从这些名字中便可以体会到秀山的美德和温情。一条条宽窄正好的居民巷，把人和人之间的距离拉得更近。各家大门要么是打开的，要么是虚掩的，方便邻里走动。“天下大同”的美好愿景在这里得以实现。这家门前，两位大爷举棋对弈；那家小院，大家一起共饮清茶；楼下孩子们嬉戏玩闹，楼上阿婆们正在闲话家常；院子里刀砧声响，烟火升腾，人们忙得热火朝天，张罗着煮社饭的各类食材以祈求年景顺利，家运祥和。串门的邻居帮着动手准备，馋嘴的丫头扒着灶台观望，社饭的香味就飘满了整个院子。“送完了自家的，吃不完别家的”，热腾腾的社饭上桌，邻里街坊围成一桌，品尝的是家乡的味道，感受的是浓浓的乡情。

为了消除不同民族居民间的语言与文化隔阂，古城人民从娃娃抓起，邀请全国各地的志愿者来到秀山与孩子们交流，开设“周末课堂”。课堂上，习惯吃米豆腐和油粑粑的苗族孩子，动手做起了汉族特色美食；并不了解民族乐器的汉族孩子们，吹响了芦笙的生动旋律；苗汉双语课堂上，大家一起说苗语，唱儿歌，自由表达心声，让孩子们更亲近。沟通从来不是单向的。让孩子们看到外面的世界，也让外面的人了解这里，才能让他们真正与大山外的世界融合在一起，才能达到真正意义上的“和合共生”。

秀山民族小学

依着地势高低建成的分格水井

“秀山不大，但很包容。”一如当年来秀山创立“万事和”商号的单掌柜，车玉昕也试图在互联网的经济大潮里，与古城人一起，同舟共济。他邀请做电商的朋友来到秀山，联合当地的数百家网络商户，成立了武陵网商联盟。渐渐地，本着和合共生的精神，返城大学生、田间地头耕种的乡亲们也加入进来。大伙儿将电商联盟取名“村头”，寓意着要一起站在村头，看着大山里的古城走向世界。绽放的笑脸，和婉的话语，商品交易开始有了温度，更多的人在这座古城安顿下来。小小的古城里汇聚了一万余家网络店铺，近 3 万人就地从事电商。“车玉昕”们在秀山待了三年，三年，又三年，秀山便是这样热情接纳着有梦想的异乡人，秀山电商成为全国农村电商十大模式之一，古老的秀山再次焕发出勃勃生机。

和谐的秀山居民

满眼青绿的家园，让生活在秀山的人们生出对美好生活的向往。他们爱千年乌杨树，也爱这里的山、这里的水。当地有一种独特的用水方式为分格水井，水井依着地势高低分为四格，人们从饮用水区取水做饭，也在生活用水区旁洗衣淘米。古城人用这样的方式与这方山水相融，也借由井边的共同忙碌，谈论些日常琐事，一幕幕乡里乡亲、其乐融融的温情就这样在水中荡漾开来。

如今，秀山城内居住着 18 个民族，少数民族人口占到了一半以上。独特的地域文化与秀丽风光，吸引着外界的关注。游人纷至沓来，只为坐一次颤悠悠的拉拉渡，逛一逛秀山的老城，做一日悠闲平和的秀山人。

悠长的老街上，演绎着秀山人平凡喜乐的生活，错落的巷弄里，安放着古城人家邻里和睦的馨香。秀山人相信，只要为人行事讲究一个“和”字，就能事事有回应，件件有着落。就在这亲如一家的温情中，秀山古城延续着绵长的幸福与温暖。

编　　导：王　旭
撰 稿 人：程胜洁
指导撰稿：李　攀

第31集 通海古城

山水古城 和合而居

“孤城临水背依山，忆在江南烟雨间。”清代诗人钱南园在《雨宿通海》中的寥寥十几字，便道出了通海古城的钟灵毓秀。城中杞麓湖，遇朝阳初升，日光倾泻湖中，碧波粼粼；城南的秀山，得自然造化，诗云雅致灵秀，声名远播。而灵秀之地涵养古城之人，千年以来，和谐相与，共生共存。

这座位于云南省玉溪市东部的古城，取名“通海”，意为通江达海，胸怀万里之地。虽占地面积不足一平方公里，但却广纳往来客商，是古南方丝绸之路的重要驿站。往来商客经行此地，少的是争执，多的是和气生财。

■ 通海古城街景俯瞰图

时至今日，通海古城依然保留着明清时期的街巷格局。从空中俯瞰，犹如一颗方方正正的官印，而印纽就是古城的标志性建筑——聚奎阁。“高拱辰居”“四维统纽”“冠冕南州”……这些悬挂在楼阁上的匾额，既昭示着古城辉煌的过往，也承载着古城千年不变的包容和谐的态度底蕴。

以聚奎阁为中心，东、西、南、北四条大街呈十字形散射开来。行走在古城街巷，琅琅的读书声、悠扬的古琴声，是古城人熟悉的旋律。书香墨韵，不仅飘散于巷间书画门店中，也跃然在堂前院中的楹联上。“不除庭草留生意，爱养盆鱼识化机”，一副名联描摹出了人与自然和谐发展的关系。和合与共，是这座古城积淀的气质。

一 政事通：弃甲祈和，民心所向段思平

在秀山东边，坐落着一座始建于明朝年间的段氏宗祠。祠堂内的一块石碑上，记载着段家先祖段思平建功立业的往事。唐朝末年，政权割据混战，远在西南边陲的南诏也四分五裂，为争权夺位，各大势力间展开了长达20余年的激战，最终统治权落入了东川节度使杨干贞手中。然而，杨干贞自立为王之后暴虐无道，对百姓横征暴敛，导致民不聊生，怨声载道。通海节度使段思平想要改变这种状况，他多次深入民间了解民情，探听群众苦处，帮民众解决难题，减租减税，努力减轻百姓负担。

心中常思百姓苦，脑中常谋富民策，一心为民的段思平深受百姓拥戴，民间逐渐流传出这样一句歌谣：“杨本狼，快要亡，段思平，为帝王。”听闻歌谣的杨干贞担心权位不保，于是调集5万兵马，逼近通海。

那时的通海兵强马壮，在双方势均力敌的情况下，许多人表示要决一死战以守卫通海城，但段思平为了黎民百姓免受战乱之苦，做出一个惊人的决定。他命士兵刀枪入库，并主动放弃节度使一职，以自身荣华换回杨干贞一句“日后必会体恤和善待通海百姓”的承诺。

段思平的不战而退平息了刀光剑影，通海城得以保全。然而，让人们没有想到的是，杨干贞并未兑现自己的诺言，他的贪婪残暴有增无

■ 段思平与三十七部浮雕

减，百姓苦不堪言。变本加厉的剥削使得民众纷纷反叛，他们积聚人力财力物力，组织了三十七部，恳请段思平再度出山，救民于水火。民心所向，胜之所往。在各部族的帮助下，段思平用了两年时间，推翻了杨干贞政权，建立了大理国。

生于乱世的段思平深知，只有百姓安居乐业，国家方可长治久安。故而在他主政期间大力推行文教礼治，推广中原文化和农耕技术。从此，大理境内政通人和，百姓安定富足。段思平即位后，不忘通海百姓给予他支持的恩情，不仅将秀山郡的首府设在了通海，还在这里广辟园林，兴建书院，通海逐渐发展成文风炽盛、经济繁荣之地。

二 民安乐：以民为本，文心为民阚祯兆

“地以文章争气势，天于樵牧混英雄。”清朝康熙年间云南按察使许弘勋作此联来称赞当时隐居秀山的才学之士阚祯兆。他借联道出“地方要出彩，要出色，要靠文章，靠文人，靠文气”的见解，表达了邀阚先生出山的恳切请求。受到此联触动的阚祯兆，最终出山到昆明，成为王

继文的幕僚，开启了一段“文心为民”的佳话。

阚祯兆在昆明做幕僚期间，有一年回乡探亲，看到了触目惊心的一幕。当时，官府以暴力逼租逼税，许多百姓在府衙前被打得鲜血直流。阚先生悲愤不已，当即写下了“借使风俗返醇朴，皮肉割去筋可抽”这篇字字泣血的檄文。在这位秀才文士看来，当官必须为民做主，必须想民之所想，急民之所急，如此人民才能和合而居，地方才能昌盛发展。同时，阚祯兆主张文以载道、反映现实，在云南掀起一股文坛新风。当时，刚上任不久的通海知县也深受其影响，特意登门拜访。当知县请教通海治理之道时，阚祯兆挥笔写下 12 个字：“官为民役，以民为本，世道和合。”12 个字铿锵有力，浸透着阚祯兆的民本思想，也让通海官员幡然醒悟，下令减轻赋税徭役，鼓励生育，精兵简政。

“官为民役，以民为本，世道和合”

以民为本，人民安乐，世道才能和合。慢慢地，原本为躲避重税而离乡背井的人们陆续回到通海，开始了新的生活。到了清乾隆年间，通海逐渐发展成云南东南部的一座枢纽城市。无论是南下的中原商人，还是滇缅的马帮商队，都在这里往来贸易，许多客栈、会馆也相继落成，商道的繁荣和文化交流的加深，使得当时的通海有了“小昆明”之称。

三　礼乐兴：礼乐名邦，温言解怨八老人

承袭往圣先贤的智慧，古城人有着一种“腹有诗书气自华”的豁达。老街文庙照壁上的“礼乐名邦”4 个大字无时无刻不在提醒着古城人“不学礼，无以立”的信条。而关于“礼乐名邦”的由来，还流传着一个有

趣的民间故事。

■ 古城老街文庙墙壁上的“礼乐名邦”

清乾隆年间，翰林院庶吉士朱阳担任通海县令，他到任3年都不见有人来衙门打官司，便亲自到民间探访缘由。在一处十字街口，朱阳看到有8位老人坐在青石板上，周边聚集了很多人，这位县令感到十分好奇，上前打探方知这里是断案的地方。朱阳不解断案为何不是在衙门的公堂而是在街上，正疑惑时，来了一些人作势要到县衙里告状，那8个老人就把那些人拦下来，详细地问了情况，和气相劝，最终化解了矛盾，免去了一场公堂对簿。正所谓“温言软语可解怨，何必公堂伤和气”。此情此景让朱阳感慨万千，于是提笔写下了“礼乐名邦”4个大字。所谓礼者，天地之序也，“礼”是维持天下秩序的，只有通过“礼”来调整整个社会，才能规范整个社会，所以要知书达礼；所谓乐者，天地之和也，“乐”是中和人们情绪的，而用美好的音乐就可以调解整个社会的和谐和安宁。

■ 民间乐团演出

礼之用，和为贵，是通海人千百年来的处世之道，至今仍影响着古城人们的生活。每到周末，一个由各行各业、热爱音乐的古城当地人组成的乐团，在秀山上齐鸣合奏古朴音乐，四面八方的人常被吸引过来。“裤脚上裹着泥巴，丢着锄头来玩音乐”，面对这样有趣的现象，通海人早已习以为常。

正所谓移风易俗，莫善于乐；安上治民，莫善于礼。在古城人眼中，音乐是陶冶情操、改善民风的方式。一曲《香赞》优美典雅，如同通海人与人之间的关系，和气而有礼。外乡人来到这里，推开任意一户家门，都会被主人礼让入内，热情招待。无论哪家遇到了困难，街坊邻里都会自发前去帮忙。和合而居、充满温情的通海古城也因此变得更具向心力和凝聚力。

四　人和合：继医扶伤，互帮互助通海人

历时千年岁月，通海人随着古城，经历过磨难，也在不断探索着新的发展。

通海地震50周年纪念日，这个特殊的日子勾起了古城人的回忆。1970年1月5日凌晨，一声巨响惊醒了正在熟睡中的人们，一睁眼，目光所及，一片惨状。由于地震的破坏，古城道路瘫痪，和外界的通信中断，那时的通海就像是一座孤岛，完全失去了与外面的联系，但余震仍然不断，且震级不减。在没有外援的危急时刻，通海人的心却连得更紧了，大家很快便投入到积极的自救中。

地震后通海古城内房屋倒塌废墟

那一夜，寒风刺骨，整个通海却被温暖笼罩。150名青壮年，自发

组成“抗震救灾突击队”参与救援。在寒气透骨的冬夜，他们穿着单衣，有的人甚至赤身裸体。没有任何工具，他们硬是凭着双手，去废墟里边刨人，刨得双手鲜血淋漓，指甲被刨掉了，甚至露出了白森森的骨头，他们却仍不停歇。扒开土坯、扒开瓦砾，救援突击队队员把许多埋在废墟下的人救出来了。那夜，古城人民不分男女老幼，一起参与到了救灾中。许多被救出来的居民又伸出手来，帮助那些还掩埋在废墟下的人。这样的自我救援整整持续了一个月，古城里的每一个人都在为此奔波忙碌着。李家贵至今难以忘记的是左邻右舍的乡亲们给了他第二次生命。

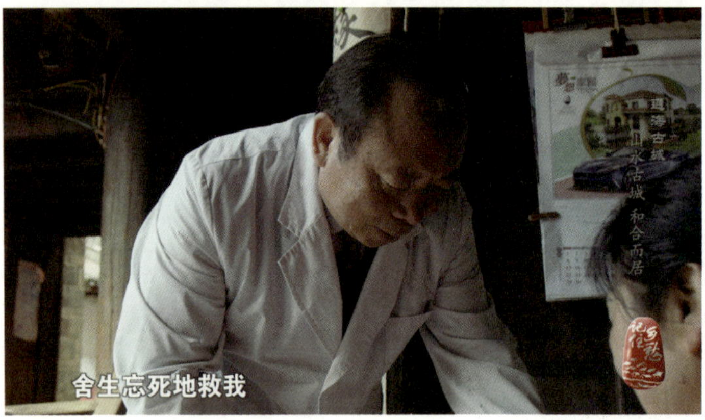

■ 医者李家贵

回忆地震时的情景，李家贵仍深深记得那种身背重物，眼前漆黑不见五指的恐惧。他在废墟里拼命地挣扎、叫喊，幸而乡邻舍生忘死相救，他才重见天日，重获新生。李家贵说，他后来做的事，也是帮助别人。现在的他，以行医治病救治伤者为己任，遇到没有钱的、困难的人，都要去帮助他们，让他们有一个健康的身体。李家贵用实际行动回报着曾经左邻右舍的救助情。

如今，灾难早已远去，但那些温暖人心的画面，却始终留在了古城人的记忆中。和衷共济的生存智慧，依然在这方水土上延续着。地震过后，通海人把灾难化作了一次转机，他们利用房屋整修的契机，重新规划古城，把老建筑都保护了起来。古城繁华依旧，天南地北的游客纷至沓来，老屋门前的潺潺流水是过往生活的记忆；街道两侧的小吃摊，还是儿时的味道；古城文庙的雄伟气势，让人思慕着先贤；四处盛开的鲜花，在古城里散发着阵阵清香。

五 城和谐：天时地利，遵道得法新兴城

通海古城气候宜人，适宜花木生长。十几年前，作为土生土长的通海人，云南云秀花卉有限公司董事长段金辉看到了这一商机，便租下11亩地，开始了种花、卖花的营生。最开始的一年，他很轻松地赚到了20万元，这让许多人看到了商机，开始纷纷效仿。可随着土地的反复使用，花卉品种的增多，病害越来越严重，一时间令花农们束手无策。这份“美丽”的事业成了花农们心头的痛，大家一度想要放弃。那时，段金辉也蒙受了巨大的损失，如果转行，或许能改变他眼前困顿的生活，但是这个不服输的年轻人不想放弃，他决定放手一搏。3年的时间里，他反复试验，投入数百万元，终于攻克了难题，研发出抵抗病害的技术，不仅让鲜花的品质和产量大幅度提升，还获得了专利。当其他花农羡慕他闯出一条新路时，段金辉却做出了一个出人意料的决定：向所有人公开专利。

通海古城花卉产业领头人段金辉（右）

如果不公开，段金辉本可以“一枝独秀”，获利巨大，但他却认为一人独占专利只能赚得一时的利益，让专利惠及更多的人，大家抱团，才能获得长远的发展，才能带动整个产业逐渐向好。正所谓“美美与共，和合共生”，如今，通海县的花农从最初的几十户发展到8000多户，产值达到3.5亿元。花卉成了当地的支柱产业，带领古城人们走向更美好的生活。通海古城中摇曳的花朵告诉了我们这样的道理：遵循自然规律，与自然和谐相处，我们才能获得更大的发展。同样，也只有做到顺天时地利，辅以人的和合，我们才能一步一步实现整个古城乃至整个国家的生态文明发展。

互帮互助，让通海人扛过了灾难，攻克了限制发展的技术难题，真正实现了“依山傍水，和合、长久、安居生活”。

“家居绿水青山畔，人在春风和气中。”这座因“和”而兴的古城，在时间的长河中，传递着先人的和合之道，汲取着“礼之用，和为贵”的智慧，凝聚着人与人之间的浓情厚谊。通海古城中的人们，共同绘制着通海未来的美好画卷。千年山水古城，政事通，民安乐，礼乐兴，人和合，趣事佳话仍在演绎，古城、人家，于一方水土和乐而生、和合而久居。

编　　导：赵东青　邵　晨
撰 稿 人：杨涛宇
指导撰稿：郝　强

第32集

天水古城

羲皇故里 一画开天

地处陕、甘、川三省交界处的天水古城是甘肃省的东大门，这里北依黄土高原，南靠秦岭山脉，渭河水穿城而过。四季滢然的气候，让古城有了“陇上小江南”的美誉。古城始建于先秦，到了明代，逐渐形成了东关、大城、中城、西关、伏羲城“五城连珠”的独特格局。时隔千年，保留下来的伏羲城和西关成为天水古城千年璀璨文化和辉煌历史的见证。

伏羲路是伏羲城的主干道，对直的大道在贯连五城的同时又将伏羲城一分为二，天然形成了一个“S”形的太极图。伏羲庙则坐落于伏羲路的核心位置。大道两侧，近百条古巷纵横交错，中轴对称的四合院分布

天水古城“五城连珠”

其中。

这里是人文始祖伏羲的故乡，是华夏文明的发源地之一。群贤辈出，历史给予了古城一笔可观的“财富”。守旧如旧，文武兼修，古城人用他们自己的方式表达着对先人的崇高敬意。平静祥和又温情脉脉。

一 人文始祖 开天明道

在古城的西侧，群山环列之中，卦台山静静地矗立着。在山的北麓，古老的渭河水环绕东流，把椭圆形的三阳川盆地一分为二，形成一幅天然的太极图。“太极显象无双地，伏羲画卦第一山。”相传，伏羲就是在此创制八卦，开启了一个古老文明的序章。

在中国的远古传说中，伏羲是一位部族首领。相传他的部族就生活在卦台山附近。在当时，人们对风雨雷电等自然现象几乎一无所知。由于无法掌握自然规律，人们经常食不果腹。看着人们困惑的眼神，伏羲的内心十分痛苦。他期望可以改善人们的生活，探索出一种用一法代万法的理论来帮助人们摆脱茹毛饮血的时代。

■群山环绕的卦台山 伏羲一画开天

俯瞰三阳川，宛若一对游鱼环抱

为了看清身边的一切，伏羲经常站在卦台山的山巅之上，仰观天上的日月星辰，俯察周围的地形方位，有时还要研究飞禽走兽的脚印和身上的花纹。伏羲就这样日复一日、年复一年地探索着。

有一天，他又像往常一样来到山上。突然间，他发现了山水走势中蕴藏的种种玄机。奔腾不息的渭河水流经盆地，天然画出了一个S形的曲线，把三阳川一分为二。从空中俯瞰，恰似一对环抱的游鱼。这个发现让伏羲茅塞顿开。互相依偎的山与水，一刚一柔，一动一静，恰到好处地反映了自然界万物相互对立又相互依存的关系。就像白天和黑夜，交替更迭。他把这两种现象取名为阴和阳。

他将世界纳入阴阳之中，用阴阳演绎宇宙、生命和万物。他把天、男性、春夏、动的事物归于阳；把地、女性、水、静的事物归于阴。引导人们用阳性来开拓进取，用阴性来退守，来包容万物、承载万物。这个认知诞生之后，人们开始趋阳避阴，利用资源，避开风险。顺天地而行，这是伏羲从宇宙间寻到的启示。

为了普及这个认知，他用一根连续线代表阳，一根断续线代表阴，以此为基础，创立八卦图。八卦图以阴阳图为中心，每个卦象由3条线组成。乾为天，坤为地，震为雷，巽为风，坎为水，艮为山，离为火，兑为泽。八种意象分据八方，象征自然界的变化与循环。以乾、坤两处占据重要位置，代表天地是自然界和人类社会一切现象的最初根源。阴阳八卦就像探索宇宙万物规律的一把钥匙，以此为基础，伏羲又草创文字、建立婚嫁制度，结绳成网，发明渔猎工具，教民驯养野兽，让人类从此摆脱了愚昧，走向文明。

“立天之道曰阴与阳，立地之道曰柔与刚，立人之道曰仁与义。”开物成务，这是伏羲留给人们的宝贵遗产。阴阳八卦的智慧也随着伏羲部落的游历传播开来，成为中华文化的本源，天水古城也因此有了“羲皇故里”的美名。

来到天水，来到伏羲庙。这座威严庄重的庙宇既是古城的地理中心，也是古城人的心之所向。这里供奉着被称为三皇之首、百帝之先的人文始祖。他不仅是中华民族的先祖，更是华夏儿女信奉的神灵，是古城人最敬仰的“人宗爷”。每逢农历十月十八，伏羲庙内总要举行一场神圣而庄严的祭祀典礼。尽管姓氏不同，但大家都把伏羲视为共同的祖先。供奉伏羲的香火在晨钟暮鼓中延续，陪伴古城度过了千年时光。阴阳和合的古老智慧在这方水土上绵延不息，而伏羲一画开天的壮举，又让古城人的血脉中，多了一分壮志与豪情。

二 大汉飞将 英魂永存

古城南侧的李广纪念馆内，一场传统射箭比赛正在举行。古城人把这种活动称为“射阔狭”。传统的宽窄靶（汉将李广在军中训练士兵用的一种靶子）立在 20 米开外，弓箭在选手手中，弦无虚发。这是一场臂力和准头的角逐。倘若射手失了准头则要被罚一杯酒，这也是当年李广定

■ 古城人在进行传统射箭比赛

下的规矩。饮下这杯酒，仿佛又回到了“汉将辞家破残贼”的战争时代。

天水是李广的故乡，关于他的故事最为古城人津津乐道。李广祭亭内的碑刻中，记载了他的赫赫功勋。

西汉时期，地处边陲的天水一带经常遭受匈奴侵扰，百姓颠沛流离。出生于武将世家的李广，从小就立下了保家卫国的志向。多年的艰苦训练，成就了一代射神。

公元前129年，李广任骁骑将军领兵西出雁门抗击匈奴，却因寡不敌众受伤被俘，被捆绑在匈奴两马之间的担架上。在生与死的抉择中，李广心生一计。他铤而走险，用假死的计策迷惑敌人，等待时机。就在匈奴以为李广已死上前查看的时候，他抓住机会，腾身跳上胡儿马，推下胡儿，夺取弓箭，疾驰向南飞奔，张弓搭箭射杀前来追他的匈奴骑兵，才得以生还入塞。这一跃让匈奴畏服，李广也因此以“飞将军”的称号闻名。

“但使龙城飞将在，不教胡马度阴山。”李广骁勇善战，戎马一生，不仅稳固了汉室江山，更打通了中原通往西域的一座座屏障，为张骞开辟丝绸之路扫清了障碍。云聚云散，风沙在这个西域小城吹拂了数千个年头。悠悠驼铃，勇于探索的商贾们来往于中土与西域之间，一条贯穿亚欧的丝绸之路就这样将世界包揽入怀，又将中原推向世界。他们以执着与生命为筹码，书写了一段段可歌可泣的丝路传奇。而天水也得益于此，成为丝绸之路南线最繁忙的商贸通道。来自西域的马匹、中原的丝绸和茶叶在此集中交易，随商队而来的多元文化也在这方水土中交融荟萃，激发出蓬勃的生机。

如今，“一带一路”的号角已经吹响，以古丝路之名，将和平发展的声音传递到世界各地，与沿线国家携手，共同打造政治互信、经济融合、文化包容的利益共同体、命运共同体和责任共同体。“中国开放的大门不会关闭，只会越开越大。”翻越戈壁与荒漠，跨越河流与海洋，中国的双手沿着古丝路的痕迹伸向了世界的彼方，将中国合作共赢的精神传扬。在开放中把握机遇，在开放中积蓄发展的动力，让国际合作的种子真正生根发芽，让丝路的精神与先人的智慧在全球化时代绽放出全新的光芒。

如今，一座新城在古城一侧拔地而起，经济技术开发区、工业园区、物流园区笔直矗立。陇海铁路、宝兰高铁相继开通，从传统中走来的天水，正在开启新时代的“丝绸之路”。

三 前秦苻坚 以文化人

位于天水的龙园是为纪念天水名人而修建的古建筑群，除伏羲之外，这里还供奉了天水的历代名人 18 位。在这里，我们可以看到孔门七十二贤之一石作蜀、飞将军李广、关内侯段会宗、前秦皇帝苻坚……

天水龙园

如果说“飞将军”李广的赫赫战功尽显了天水的刚烈之风，那么苻坚的存在则给古城平添了文人的清新俊逸，是他让儒学在这个西北小城得以推广。

前秦时期，天水一带是多民族杂居地，人们崇尚武力，民族纷争不断，部族间的仇杀此起彼伏，甚至连孩童都沾染上了戾气，一言不合便拳脚相加的现象屡见不鲜。当时，年仅 8 岁的苻坚就目睹了一场纷争。

一日，苻坚路遇两个小孩打架，你来我往，互不相让。就在他思虑着准备上前劝架的时候，一位老儒士款款走去，将忍让与讲和的智慧娓娓道来。在他的极力劝说下，两个孩子化解了矛盾。这一经历让苻坚意识到，武力并不是解决问题的唯一途径。于是他回到家中，向爷爷提出了希望师从这位老儒士的要求。在氐族尚武传统下成长起来的爷爷倍感惊奇，但他依旧满足了苻坚的要求。此后，苻坚潜心研读儒家文化，立下了经世济民、统一天下的大志。即位之后，他以儒家思想为治国根本，选官纳贤不问民族，治国理政不分家世。在他的统治下，原本战乱频发的前秦很快出现了劝业竞学、养廉知耻的风气。一时间，关陇清晏，百姓丰乐，历经多年战乱的中国北方重归一统。

儒学的兴盛让天水这座西北武城有了文人的细腻。从隋代到明清，150 多位文武进士从这里走出，无数既能执笔，又能从戎的古城人从家乡出发，在中国历史上画下了浓墨重彩的一笔。

“文以载道，文以化人。”以文人的温润化解戾气，以谆谆教诲打动人心。守之以礼，动之以情。将生而为人的准则倾注于举手投足间，以有温度的语言把人规劝。穿越时代的鸿沟，文化如一架天桥，一端伸向过去，一端伸向未来。以前人的精神劝导后人，给历史的经典赋予当代含义，文脉便以此绵延。

如今，文化强国提上日程，将中华优秀传统文化提升为中华民族的基因，将先人的智慧融入国人的文化血脉，让优秀文化在新时代迸发生机与活力。讲好中国故事，以真善美养育国民的心灵，提高民族文化感召力，建设国人共同的精神家园，让社会主义核心价值观背后的民族气质深入人心。

文化是民族千年历史的结晶，是中华民族最闪亮的地标。以文化人，以善统真美，这是中华文化一以贯之的精神。博采众长、兼容并包、与时俱进，中华民族亦因此生生不息。如今，在文化精神的浸润下，一批批时代的生力军前仆后继，奔赴国家发展前线，成为新时代实现中华民族伟大复兴最亮丽的色彩。

四 千年石窟 守护记忆

古城东南面的小陇山中，有一座形似麦垛的孤峰。这是古城人世代守护的麦积山石窟。目前，这里存有 221 座洞窟、10632 身泥塑石雕、1300 余平方米壁画，是中国现存最大的古代泥塑造像石窟。如果说敦煌莫高窟是一座壁画的博物馆，那么麦积山石窟就是一座泥塑的宝库。在这里，最大的造像高达十多米，最小的泥塑却只有拇指盖大小。造像之精美，储量之丰富，令世人赞叹不已。

古城东南，麦积山静静地矗立着

兼容并包，南北融合，这是麦积山石窟造像的最大特征。自后秦时起，人们就开始在麦积山峭壁间镌石成佛。世道变更，不同朝代的风情在造像中呈现，既包含着庄重的民间信仰，也弥漫着淳朴的生活气息。行走在十几米的悬空栈道上，从少数民族挺拔雄健的姿态到秀骨清像、褒衣博带的南朝造像，我们仿佛看到了千年之前民族风采的时代变迁。从北魏的秀骨清俊，到宋代的面貌庄重，一眼千年，泥塑造像艺术之精美，让世人为之惊叹。这是文化的融合与流变，也是一种创新精神的再现。

“有龛皆是佛，无壁不飞天”，惊艳了一代代人的石窟历经千年岁月，也出现了自然的损毁。因此，文物的修复工作便极为重要。

魏晋南北朝的洞窟，宋代的雕塑，明清的绘画，历朝历代的工匠都在这里留下了痕迹，跨越千年的时代记忆便浓缩在这石窟之中。出生在麦积山脚下的牟常有，是当代的保护室修复人。从 1985 年至今，他已在这座艺术宝库中工作了 30 多个年头。时至今日，文物修复保护的质量已经得到了极大提升。然而，技术虽然提升，文物修复的大方向是不能改变的。对于泥塑造像的修复，这位手艺人有着自己的想法。历朝历代修复佛像，都有各自的特点，材料和手法也不同。他和他的团队不仅要保留住祖先留下的宝贵佛像，也要把这个时代的美术印记留于后人。

牟常有和他的团队在修复麦积山石窟

寒来暑往间，牟常有和他的团队沉浸在一尊尊佛像中，精心修补着时光，修复着“守”艺人的梦想，为后来者留下了一尊尊承载着历史文化的艺术精品。

熬煮罐罐茶

古城人钟爱罐罐茶。一个火炉子，一只曲曲罐，配上本地的三泡台，熬到浓酽至极的茶，融进了所有艰涩。此时，仅仅加入一颗冰糖，就会被甜蜜包围。先苦后甜，苦尽甘来，是喝茶，也是在品味人生。熬出滋味，守住传统，就像熬茶，余味苦涩，终有回甘。古城人的处世之道，就在这一杯沸腾的醇香里。

水与火在黑瓦罐间相融，就像从未把文武分家的古城人，在溯源中厚积薄发。天水多古巷，人们为了留住记忆，以英雄的名字命名街巷。每条老巷道中，一定会有另一条巷子横穿而过，就像天水的古树，枝枝覆盖，叶叶交通。伏羲庙的八卦柏、南郭寺的千年古柏、玉泉观的夫妻槐……500多株古树，把光阴浓缩在一圈圈年轮中。虽历经千年，古城的老街巷里依然保留着传统的生活方式。商贩们习惯把小摊儿支在店门外招揽生意。泥人、根雕，多年的老技艺在手艺人日复一日的忙碌中传承。伏羲广场上，练习武术的孩童们伴着远处传来的秦州小曲度过了一天的时光。历史的繁华盛景仿佛凝固在这座古老的城中，余音犹存。

参天之木，必有其根；怀山之水，必有其源。孕育了伏羲的天水古城，诞生了中华民族最初的文明。辉煌的历史，是古城人的骄傲，也让守正出新的精神融入到人们的血脉中。如今的古城中，文庙、孔庙静静矗立，书院、老宅比比皆是，地书依然在写，功夫仍旧在练。守得住，就创得出。在守正与创新间，在变与不变中，这座古城以自己的方式兼容并蓄，最终达成了平衡。站在新的历史起点上，天水古城在新与旧的调和中，又将谱写怎样的篇章？

编　　导：吕　妍　汪　炜
撰 稿 人：魏泽毅
指导撰稿：郝　强

侨乡古城 勇者无畏

“钟灵毓秀桂东南，福天洞地容州地。经略古台练兵厉，真武楼阁聚人气。”容州古城，坐落于广西壮族自治区的东南部，因境内的大容山而得名，同时也是广西最大的侨乡。自西晋置县以来，古城已有 1700 多年的历史。穿城而过的绣江是古代连接长江水系与海上丝绸之路的重要商道，也是朝廷控制岭南地区的重要兵道，容州也因此发展成为岭南重镇。

历经战火洗礼和时代变迁，容州古城经历了数次重修重建，但真武阁一直是这座城市的中心地标。真武阁始建于唐朝，与黄鹤楼、岳阳楼、滕王阁并称为江南四大名楼，是中国唯一一座没有进行重建而完整保留至今的纯木楼阁。著名的建筑学家梁思成在 1962 年发表于《建筑学

穿城而过的绣江

■ 历经岁月的真武阁

报》的文章中惊叹地写道：“容县真武阁的杠杆结构在建筑史中是一个罕见的例子，对我的孤陋的见闻来说，是从来没有见过的结构类型……这座建筑在我国建筑史中占着一个很重要的位置。”而今，每当人们登阁远眺，南岸平原、东南山岭，容州大好风光一览无余。

一方水土养育一方人。从小听着“六旬定八州”的故事长大的容州人勇猛刚烈、不畏艰险，骨子里就有一股不服输的精神。如同400多年依旧屹立不倒的真武阁一般，磨难不仅没有压垮容县人，反而让他们的生命更具韧性。

一　勇臣元次山　六旬定八州

众所周知，深山老林，易守难攻，安史之乱后容州的大量反叛势力便藏匿其中。以往数任经略使一味地征讨，不仅没有平息干戈，反而使动乱愈演愈烈。

唐大历三年（公元768年），50岁的元结因在安史之乱中平乱理政有功，被任命为容州刺史兼容州最高的军职经略守护使。相比以往数任经略使，元结在处理叛乱的问题上有着不同的想法。虽然容州叛军极为彪悍，但是元结深信，没有人想过提心吊胆的日子。于是他派人前往城外的山林，给叛军送去一封信，希望通过谈判进行招安。

元结

为了让对方感受到自己的诚意，元结一袭布衣，孤身前往叛军藏匿的深山进行会面。虽然山崖上不断有人对他进行恐吓威胁，叫嚣着要用石头把他砸成肉泥。但是元结仍不卑不亢地对他们说：“如果不是走投无路，谁愿意担惊受怕亡命天涯，今天我来，就是带你们回家的。”自此一路畅通。

见到叛军首领覃开后，元结动之以情，晓之以理，劝勉抚慰，并与覃开歃血为盟，承诺会立即上书朝廷，免去容州两年的兵役和赋税。元结以诚动人，以智取胜。终于，在他上任后的第六十天，失陷了 13 年的 8 个州全部归顺朝廷。这就是流传至今的元结“六旬定八州”的故事。

后来，元结在古城的险要位置修建起高台，用以操练士兵。在他过世之后，容州百姓为表达感恩之情，便以他的官职来命名这处练兵场所，“经略台”之名由此而来。

斯人已去，而元结亲自指挥筑起的经略台，仍在守望着容州，见证着千年时光中这座城的兴衰荣辱。

二　勇丁封兴桂　有志事竟成

繁荣总是一时的，随着时间的流逝，古城也由辉煌走向平淡。为了寻找出路，一批又一批古城人和其他沿海地区的人们一起，开始远赴南洋拓荒，汇入了著名的“下南洋”大潮中。下南洋是一部血泪史，古城人为这些出去的人起了一个凄苦的名字——“卖猪仔”。他们在异国他乡开荒、割胶、挖矿……受尽屈辱折磨，却没有退路。这其中就有万不得

■ 封兴桂及其妻子

已在新婚之夜舍下娇妻、远渡重洋的封兴桂。

当年，能够获得登船的资格，对于急切想要改变家族命运的容县人来说，无异于黑暗中看到一缕曙光。然而，封兴桂没有想到，上船之日就是自己的大喜之日。已经跟别人约定了船期的他只能趁着夜色，挥泪登上了下南洋的航船，给新婚妻子留下的只有一封在米缸竹筒里的信。

封兴桂最早的落脚点是马来西亚高坞埠矿山，除了拼命讨生活，封兴桂别无选择。因为只有拼命，才能有活下来的机会。他像极了当年单车入洞平定八州的元结，坚毅勇猛，韧性十足。两年后赎身成为自由人。后辗转到了泰国勿洞，当时泰国政府大力推广垦荒种植橡胶树，谁开垦的土地就归谁所有。经过努力打拼，兴桂公终于在这里扎下了根，然后他回唐山接原配覃氏来泰国生活，同时还带走很多乡亲去南洋工作。这一回，同去的乡亲们再也不用被人欺压，可以在异国他乡挺起脊梁打工做买卖。

生活总有风浪，勇敢向来是破局之笔。1000 多年前，元结面对几乎不可能完成的任务，凭借勇气挺身而出，化干戈为玉帛；100 多年前，封兴桂面对生活的绝境，选择再次用勇敢闯出希望之路；如今，这份勇敢会继续指引着古城人，在 21 世纪创造出新的辉煌！

三　勇将夏国璋　铁肩担道义

如六旬定八州的元结一样，勇猛刚烈、不畏艰险是容州人骨子里的性格。如我们所见，在古城的抗日烈士纪念馆内，有史料记载的容县籍抗战英烈就有近 1000 人，列广西各县之首。这些烈士们捐躯赴国难，视死忽如归，在家国蒙难的岁月里，他们投身抗战，奋勇杀敌，“以最后一滴血，为民族求生存，为国家雪耻辱”。这其中，就有毅然投笔从戎的夏国璋。他渴望像那些民族英雄一样，驱逐敌寇，挽救民族，收复河山。

夏国璋

1937 年，抗日战争全面爆发。此后 8 年，人口仅有 1300 万的广西，以出兵 100 万、阵亡 50 万的巨大代价，筑起了保家卫国的血肉长城。当时，已经成为副师长的夏国璋主动请缨，参加淞沪会战。

1937 年 11 月 5 日，日军 3 个师团在杭州湾金山卫一线登陆，企图切断中国军队主力的退路。第三战区长官部急令第 170 师和第 172 师，赴吴兴城郊八里店桥至升山一带阻击日军，掩护主力转移。夏国璋接到命令后即率一个旅的兵力先赶到预定阵地，与日军浴血奋战三昼夜。

在艰苦卓绝的战斗中，夏国璋牺牲了——1937 年 11 月 21 日，夏国璋在前沿阵地视察敌情时，突遇日机轰炸，壮烈牺牲，年仅 41 岁。追随夏国璋的全旅官兵坚守阵地，最终全部战死沙场。英雄们一个个倒下了，但抗战的旗帜却始终飘扬，远在南洋的容县儿女们纷纷回国，加入到这场挽救民族危亡的抗战中。

滇缅公路上运送物资的车辆

1939 年 2 月，3200 多名会驾驶、懂机修技术的南洋华侨放弃了国外富裕安定的生活，组成机工队，奔走在滇缅公路——这条世界支援中国抗战物资的唯一运输线上。在这条运输救国物资的生命线上，200 多位容县子弟与海内外的机工人员并肩抗日。炮火中，6 名年轻人把最宝贵的生命永远留在了这里。

如今，硝烟战火已成往事，但海外侨胞与家乡人民同仇敌忾、同气连枝的袍泽深情却历久弥新。

四　勇侨龚增森　全力救瓷厂

龚增森，马来西亚归侨，少年时跟随父辈们在异国他乡生活。1949 年，中华人民共和国成立后，龚增森和父母回到了古城，此后一直在一家国营瓷厂工作。

20 世纪 90 年代，瓷厂效益不佳，濒临倒闭。当地政府决定把工厂整体出售，但条件是经营者必须承担原来企业所欠的 1000 多万元债务。在那个年代，1000 多万元可以说是一个天文数字，更何况瓷厂还拖欠了所有工人大半年的工资。当时，这家众人口中毫无希望的“倒闭厂”就像是一个烫手山芋，路过的小朋友从外面经过时，都会喊一声“倒闭厂”。

龚增森看在眼里，急在心里。于是他毅然买下工厂，决心要赌上身家，拼一拼，闯一闯。债务沉重，百废待兴。由于厂里有半年发不出工资，许多工人便辞职不干，生产随之陷入停顿。不过，经历过下南洋艰苦的龚增森心里有着一份莫名的笃定，因为他想到了一些人——侨属。他们在国外经历过苦日子，磨练出了吃苦耐劳的良好品格，善于用汗水铸就辉煌。事实证明，龚增森做了个正确的决定，在侨属们的辛勤努力下，工厂的生产逐渐步入正轨。

龚增森将瓷盘放入货架

有了侨属工人的示范和带头，古城人骨子里的那份勇敢和无畏被调动了起来。大家一起贷款融资，改进工艺，提升品质，把市场瞄向了华侨聚集的东南亚国家。经过 20 余年的打拼，当年那个负债累累、濒临倒闭的小厂，如今已是年产值上亿元的容县知名企业。

在古城，由归侨创办的企业还有上百家，它们每年为容县带来近 30 亿元的经济收入，使这座千年古城在新的时代又焕发出勃勃生机。

五　勇农陈桂广　电商卖柚忙

古城的秋天，清香而蜜甜。霜降过后，周边 21 万亩挂满枝头的柚子熟了，大街小巷到处飘扬着沙田柚的香味。

陈桂广从小跟着父辈学习，有一手种柚子的好手艺。在他的精心打理下，柚子园的规模越来越大，陈桂广也成了古城远近闻名的“柚子王”。

陈桂广站在柚子树上

然而，柚子越来越多，卖得却越来越慢，有些年份，柚子要在家里堆积几个月才能卖完。面对困境，种了大半辈子地的陈桂广，在 50 岁那年买下了人生中的第一台电脑。

对于 50 岁的陈桂广而言，学习使用电脑的路上可谓处处是困难。他不懂什么叫键盘，更不知道开机键在哪里，就连最基本的打字，也没办法像年轻人一样得心应手。于是，他只能一个字符一个字符地敲，儿子常开他玩笑，称之为“一阳指”功夫。就是靠着这“一阳指”，陈桂广为自家的沙田柚蹚出了销售的新渠道。20多万斤的柚子，不到两个月时间就销售一空，“柚子王”陈桂广从此又多了一个新的称呼：“电商王”。

尝到甜头的陈桂广没有独自享受胜利的果实，而是亲带亲，邻帮邻，像当年下南洋闯天下的先辈们一样，把新方法分享给其他种植户。如今，每天有多达120万斤的沙田柚通过电商从容州古城走向世界，容县也成了中国有名的沙田柚之乡。

真武以崇文，经略以尚武，它们像极了这座古城的底蕴，儒雅之中带着勇武，坚毅之中带着智慧与谋略。

悠悠古城，千载光阴，当年的容州古城，锁钥边陲，威震一方。今天的容县侨乡华堂依旧，诗文不断。人们在安享幸福生活的时候，从来不会忘记曾经经历的烽烟，跨过的坎坷。那些彪炳史册的家国情怀，勇于求新的精神气质，遗世独立的建筑奇观，都将成为古城人的力量之源，指引着他们奔向更美好的未来。

编　　导：刘　勇　张　源　张艳娜
撰 稿 人：邢晓彤
指导撰稿：郝　强

孔子故里 儒家之源

“道化千年后，明禋一国中。礼犹先世守，制比百王崇。”曲阜，一座位于山东西南部的小城。泰山是它东面的屏障，沂河与泗水穿城而过。在这里，可以任思想穿越，感触先圣脉搏；可以寻文化之根，体悟博大精深；可以用心去感悟，用心去朝拜。

早在5000多年前，人类祖先就在曲阜一带繁衍生息。在中华民族传说中的“三皇五帝”中，有4位曾在这里留下了活动的踪迹。公元前11世纪，西周周武王把曲阜作为其弟周公旦的封地，称为鲁国。周公旦开创了以“礼乐教化”维护族群和谐、社会安定的文治时代，正所谓“周礼尽在鲁矣”。

曲阜城区

曲阜虽小，但在许多人心中却是一座大城，它的“大”——在于作为孔圣故里的雍容气度，在于拥有孔庙所承载的文化向心力，在于儒学遍布神州，走向世界的巨大影响力。曲阜这座礼乐之都孕育了孔子，孔子又成就了这座古城的文化气度。每年有数百万从世界各地慕名而来的炎黄子孙造访这座曾孕育了中国伟大思想家、教育家的古城。

2500多年来，曲阜给予了孔子和儒家文化最厚实的土壤，使得博大精深的儒家思想在这里生根发芽并在世界范围内广泛传播。作为一个有着深厚文化积淀的城市，在圣人思想的观照下，曲阜古城也赢得了世界关注的目光。在这里，人们能够跨越时空，更加真切地追寻孔子的足迹、触摸儒学的脉动。曲阜自身的原始文化底蕴与孔子的大世之道亦相辅相成，双莲并蒂。

一 高博孔圣，而无贵平生

逝者如斯夫，不舍昼夜。2500多年前，孔子面对故土，发出了回望人生的千年一叹。如今，虽先人已逝，却余音犹存。

据史籍《公羊传》记载，公元前551年9月28日，孔子出生在位于曲阜市东南——山川秀丽、五河汇流的尼山。而据现代有关考证，孔子实生于孔子父亲叔梁纥的老家——鲁源村，且鲁源村的村民至今还保留着祭祀孔子的风俗。

相传，孔子的先祖是商朝的开国国君商汤，祖上是宋国的贵族，到了父亲叔梁纥因战乱避居鲁国时，已家道败落。孔子3岁时，父亲病逝，母亲颜徵在带着他和残疾的哥哥，搬到曲阜城阙里街。尽管日子过得十分清苦，但孔子仍不忘勤学苦读。从少年时起，就埋头于鲁国藏书馆的周代典籍中，研习《周礼》，并终其一生修订整理出《诗》《书》《礼》《乐》《易》《春秋》6部儒家经典，成为学识渊博的学者。

乾隆皇帝曾御笔亲题“万仞宫墙”4个大字（仞是古代的计量单位，约为160厘米）。“万仞”既形容孔子学识的高博，也代表了孔子创立的儒家学说至高无上的地位。在《论语》中，还记载了这样一个有关孔子学识渊博的故事。当时一群人在鲁国的宫廷上议论，认为孔子的弟子子贡的学问将来可能要胜过他老师。子贡听说以后讲："学问好比一道墙，好比一个院墙，我的院墙只有肩膀这么高，别人一看就知道里面有多大，有多少东西。而我老师的宫墙有数仞之高，因为找不到它的门，所以进不去，你更加不知道它里面的高深。"

曲阜明故城正南门"万仞宫墙"

孔子的学说不仅持续塑造了世代中国人的心灵与行为，更成为中华民族影响世界的智慧成果。曲阜这座小城也因是孔子的诞生地和儒家思想的发源地而被世人敬称为"东方圣城"，成为喜爱中国传统文化的人们心向往之的地方。孔子所创立的儒家学说也在时时刻刻地影响着中国人的为人处世和日常生活。

二 千古经典，亦传世曲折

"千古文明集大成，悠悠玉振伴金声。"2500多年来，伴随着中华民族四方迁移的脚步，儒家文化传播到了全世界。《论语》——这部孔子去世后，孔子弟子们记录整理师生课堂上的对话语录，更是被奉为流传千古的儒家经典。

历史长河浩浩汤汤，波澜壮阔，孔圣之说也在饿殍哀鸿的时代中沉沉浮浮。在孔庙中，有一面形如照壁的古墙，与富丽堂皇的孔庙建筑群相比，这面高约3米、长约15米的古墙并不宏伟高大，但它却对儒家文化的传承起到了非常大的作用。相传秦始皇统一天下后，为巩固政权，采纳李斯"焚书坑儒"的建议。孔子八世孙孔鲋听到消息后，连夜与弟子们

■藏书古墙

一起，把家中祖传的《论语》《孝经》《尚书》等儒家经典，偷偷地藏在一面古墙的夹层中，然后逃离家乡，直至病逝，孔府故宅的藏书也就成了无人知晓的秘密。

汉景帝时，鲁恭王刘余为扩建宫室，将孔子故宅拆毁。但当工匠们拆除一面宫墙时，忽然听到墙中发出丝竹音乐之声。工人们被吓得魂不附体，赶忙去禀报刘余。刘余也非常胆怯，于是就把这批在宫墙中发现的竹简送还孔家。当时的孔家后人孔安国是位文字学家。他发现这些竹简都是用先秦文字写成，细阅之下方知是《论语》《孝经》《尚书》等，连忙命人妥加保护，才使这些古籍得以传世。这体现出孔氏家族的每一位成员都拥有传承孔子学说的使命感与精神担当。

三　有教无类，启颜回四德

公元 1018 年，宋真宗为纪念孔子开堂讲学，在孔庙中筑起一座土台，周围种上杏树，名曰“杏坛”。

■孔庙“杏坛”

孔子认为“性相近也，习相远也”，即人的天赋素质大致相近，个性差异取决于后天的教育与环境影响。因此，他提倡“有教无类”，并打破当时学校教育垄断于贵族的局面，开办了中国历史上第一所向平民打开大门的“私立学校”。孔子让更多普通人家的子弟获得了受教育的机会。他的三千弟子会聚在其门下，书声琅琅，杏花如雨，而其中包括子贡、颜回等在内的七十二贤人更是学有所成。

颜回，字子渊，13 岁拜师孔子，跟随终生，是孔子最得意的门生。“箪食瓢饮”这个成语，形容的就是住在简陋房子里、家无隔夜粮，却依旧淡然处之、不改其乐的颜回。孔子认为，颜回在学生中最具备君子四德。他并非安于贫穷，而是磨炼自己的德行，虽身处陋巷，却终生追求“君臣一心，上下和睦，丰衣足食，老少康健，四方咸服，天下安宁”的社会理想。在后世的评价中，孔子弟子得其仁学精髓者不过二三人，颜回是第一人，因此被尊为“复圣”。

颜回后人也继承了颜氏忠厚仁爱的家风，并发扬光大。南北朝时期，颜回第 35 代嫡孙颜之推创作了《颜氏家训》，成为中国历史上第一部体系宏大的家训，被奉为“家训之祖”。《颜氏家训》重视早教，认为父母要以身作则，对子女宽严相济；反对高谈阔论，提倡学以致用……开创了一个丰富的教育体系，对后世影响深远。

四 习礼重道，承孔氏家风

唐代以前，孔子的嫡系后代多住在阙里故宅。随着历代帝王对孔子后代不断封赐，孔府的建筑规模也不断扩大。从第 46 代嫡孙孔宗愿被封为“衍圣公”后，改称“衍圣公府”。“衍圣公”是孔子嫡长子孙的世袭封号，位列文官之首。对孔家来说，这个象征意义的封号意味着他们必须做“修身齐家”的表率，庞大的孔氏家族，全由衍圣公一个人通过家族宗法制度来管理。

孔子生活的时代，礼崩乐坏。他为了重整社会秩序，试图用传统礼教协调社会关系。就是从那时起，“诗礼传家”成为孔氏家族的家风传承下来，并影响了曲阜乃至整个齐鲁大地风气的形成。

《论语》记载，孔子曾教育儿子孔鲤：“不学诗，无以言”，“不学礼，无以立”，后来成为孔家家规的开端——“诗礼庭训”。孔府内宅有一幅

■ 孔府内宅“犭贪”画像

画表现的就是一种想象的动物，叫犭贪。其周围是八仙过海的八种宝贝，并要张着口吃掉太阳，最后却掉到大海里淹死了。这幅画警示孔子后代子孙不要贪得无厌。无论是衍圣公还是他的子女们，只要从这个地方过，就有工作人员在这里喊“过犭贪了”。戒除贪念，清正为官。身为一品官的衍圣公只有先正己，才能带动更多的孔氏族人。曲阜当地有句俗语，“做事要看府门头”，“府门头”指的就是孔府。

在曲阜古城中，有一片郁郁葱葱，占地近 3000 亩的树林，是孔子的家族墓地——孔林。它绵延 2400 多年，是世界上延续时间最久、规模最大、保存最完整的家族墓地。墓地的布局，以孔子墓为中心，按照长幼有序的辈分关系层层展开，而那些违反族规、触犯国法的孔氏后裔，则会失去死后安葬孔林的资格。《论语》曾子曰：慎终追远，民德归厚矣。

■ 孔子的家族墓地——孔林

意思说的是，谨慎对待死亡的葬礼，追念久远的祖先，百姓的道德风尚就会日趋忠厚。

在孔子的济世之道中，天下大治源于邦国治理，邦国治理源于家庭和睦，而家庭和睦源于修身养性，君子首先要做好“修身齐家”，才能担当大任。孔家的家规，从“诗礼庭训”发展到明代孔尚贤的《孔氏祖训箴规》，再完善为清代孔宪珍的“六十四字家训”，不仅成就了占曲阜人口 1/5 的孔家家风，更是曲阜民众的表率，“书香门第，诗礼传家”也成为中华大地上千家万户的追求。

学诗学礼的祖训，礼门义路的家风，让曲阜人引以为傲，并一代代恪守着。他们对生养自己的这片土地充满了感情，纵使外面的世界很精彩，他们仍然愿意守着老祖宗留下的古城、街巷和老规矩从容恬淡地生活着。

五　孔庙修复，存古城文化

对于这座千年古城，曲阜人充满了感情，他们传播着家乡的文化，也竭力维护着这里的一草一木、一砖一瓦。人们来到曲阜时，看到的孔庙建筑群绝大部分建于明清两代，曾经精美光鲜的建筑彩绘，在时光荏苒、风吹雨淋中渐渐斑驳、老化，这让曲阜人感受到沉甸甸的责任。

1949 年，一支由曲阜的能工巧匠组成的三孔古建维修队，开始了一项衣钵相传、代代接续的工程，帮助孔庙等古建抵御岁月的侵蚀。从 2015 年 6 月开始，曲阜三孔启动了 100 多年来的第一次古建筑彩绘大规模修复工程。三孔彩绘修复坚持修旧如旧的原则，对保存完好的彩画除尘清理，对开裂的彩画加固保护，对于缺失严重的彩画，根据原工艺、原材料进行补绘。

孔府彩绘修复

■ 孔府古建

古建修复需要耗费大量的时间与精力，仅仅一个大成门的修复，彩绘队就用了一年半的时间。无论是盛夏还是寒冬，他们每天与漆料、灰尘为伴，经常在大殿横梁上，一坐就是一整天。

凭着对传统的崇敬与热爱，他们以超常的耐心与细致，用精湛的技艺让这些绝世之作恢复光彩，成为三孔古建的“时光守护者”。当年的三孔古建维修队已经发展成为一支规模大、技艺娴熟的古建维修队伍。除了对三孔的维护，他们也常常走出曲阜，让更多的古建筑“青春”永驻。曲阜老城的建筑，在长达 5 个多世纪里，都没有超过孔庙大成殿的高度，老城人以这种方式，表达对先师孔子以及儒学传统的崇高敬意。在中国经济、社会高速发展的大潮中，曲阜在保护明故城的基础上，在城南规划、建设新的城区，承载今天的生活与发展。

在新城的中心，刚刚落成的孔子博物馆由吴良镛先生规划设计，拥有馆藏文物 70 多万件，包括明代以来的 30 多万件孔府档案、8000 多件明清服饰以及大量的礼乐器皿。在这里，人们可以借助现代科技，回到 2000 年前的草堂，聆听先师孔子穿越时空的教诲。

曲阜养育了孔子，孕育了儒学，孔子和儒学则让曲阜闻名天下。今天的曲阜，既是国家级的历史文化名城，又是世界著名的旅游胜地。天南海北的游客除了游览古迹，还能在各个国学馆和研学基地体验曲阜人精心挖掘整理的古代礼仪，体味礼仪背后蕴含的伦理道义。

六 游子归来，创儒家学院

近年来，随着人们对中华优秀传统文化的重视，每年会有 500 多万中外游客来到曲阜拜谒孔子，其中，不乏那些早年离开家乡，散落在世界各地的游子。他们选择回到古城，回报桑梓。

曾繁如祖籍曲阜，是儒家代表人物曾子的第 76 代后裔，5 岁时随父母下南洋躲避战乱。20 世纪 70 年代，他创办航运公司，并将其打造成新加坡的知名企业。曾繁如在商海沉沉浮浮，当他面临是否放弃苦心经营了 37 年的邮轮公司的抉择时，正是孔子“观器论道”的故事指引他一条大道坦途：有一次，孔子在鲁桓公庙看到一种器具，名字叫欹器，奇妙的是，它空的时候是歪的，注入一半水是正的，注满水则又会倾覆一空，恢复原样。即“虚则欹，中则正，满则覆”。孔子感叹道：装得太满，哪有不倾覆的？正是这个故事让曾繁如下了决心卖掉生意，结果躲开了一场全球性金融危机的灾难。之后回归故里的曾繁如，投资兴建了曲阜儒学新院并积极开发文化产业。他还应邀担任曲阜师范大学外国语学院兼职教授，指导翻译国学经典，为家乡发展作出了卓越贡献。

曾子第 76 代后裔、新加坡企业家曾繁如

如今的曲阜，依然是儒家文化传播的一方热土，古城里共有 675 所对市民开放的“彬彬有礼教育学校”和 457 个孔子学堂。这些学校、学堂就像播种机一样，把孔子学说和儒家思想的种子深埋进每一个曲阜人心里。

七　面馆经营，续忠信两立

在古城，有一家小小的面馆，面馆老板名叫颛孙顺友，是孔子弟子颛孙师的后裔。据说，颛孙师出身微贱，曾犯过罪行。拜师孔子后，他好学深思，把孔子的教导写在腰间大带上，以示警醒，是孔门弟子中忠信的楷模。从此，颛孙一族便把“忠信”二字作为家风祖训传承了下来。颛孙顺友经营面馆已经很多年了，周围的街坊四邻常来这里光顾，时间久了，都爱上了这锅面汤里的老味道和这里浓浓的人情味儿。

他们的营业方式则是把钱筐放在一个固定的地方，由顾客自行结账，找零。在古城，不止一家面馆这样经营。在近 30 年的时间里，老板和食客们一直保持着这种默契，以心相交，以诚相待。

曲阜是儒学的发源地，自古以来彬彬有礼，讲究有家的感觉。故而这一碗面里既有乡亲的情谊，更有彼此的信任。曲阜的孩子们就是在这样细碎平常的生活中感受着儒家文化对曲阜的影响，并在不知不觉中成长为像父辈、祖辈一样的人。

作为伟大的思想家、教育家，孔子一生艰难传道，备尝艰辛。自汉

■ 古城面馆

武帝“独尊儒术”开始，儒家学说才逐渐得到历代帝王、学者的尊崇，在此基础上发展起来的儒家思想，逐渐成为2000多年来中国传统文化的正统和主流思想。

讲修身，孔子主张“己所不欲，勿施于人”，宽厚待人、真诚助人；

论治国，孔子主张“仁政”，用道德与礼教建立秩序与制度；

讲经济，孔子主张“见利思义”；

论治学，孔子主张“知之为知之，不知为不知”；

讲平天下，孔子主张“亲仁善邻”“协和万邦”。

光阴荏苒，3000多年过去了，曲阜在历史的长河中几多变化，但它厚重的底蕴却愈加深厚绵长；而作为中国历史上一颗明亮的星，孔子和他创建的儒家思想则在岁月的长河中塑造着中华文化的性格与气度，为世界带去古老而又新鲜的智慧与活力。

直到今天，孔子依旧鲜活地“活”在曲阜气势恢宏的建筑群里，“活”在曲阜人的日常行为中。小城曲阜，在与孔子命运的紧密相连中跨越千年，走到今天。一代代曲阜民众在这里演绎自己的故事，创造城市的精彩。

编　　导：张　琳　周　栋
撰 稿 人：朱元凯　赵佳怡
指导撰稿：郝　强

第36集 建水古城

翰墨诗书满城香

“古老孔庙，书香建水。青石古巷，小桥流水……”一首对家乡饱含怀念与赞美的《老家在建水》，唱出了无数建水游子的思乡之情。建水古城，坐落于云南的红河哈尼族彝族自治州。唐朝时，南诏在此修筑土城“惠利”，汉语译为“建水”。明洪武年间，朝廷为稳固疆土，在此设立临安府。来自中原和江南地区的大量移民，依照传统的营造法式，在土城的基础上扩建砖城，今日建水古城格局即为当年之遗存。

古城北依哀牢山，南临泸江河，设东西南北四座城门，东为迎晖，南称阜安，西谓清远，北名永贞，城墙环绕围合成一座长1.3千米、宽1千米的长方形城池。30多条古老的街巷、550多座传统民居遍布城中，

建水古城远景

元明清不同时期、不同风格的古建筑，让人仿佛置身于一座“古建筑博物馆”。在古城的临安路上，矗立着一处建水人心中的精神高地，即始建于元朝的建水文庙。受儒家文化的熏陶，建水年满 18 岁的青年人，都会来到文庙大成殿前，参加儒家传统的成人礼——冠笄之礼。崇文重教、育才兴学的风气深深地融进了建水人的骨血之中，使得建水这座古城处处飘散着翰墨情、诗书意。

一　文教待兴盛，二贤儒启开文脉

建水城中的迎晖路上有一座题为“文献名邦”的牌坊，它是明朝的万历皇帝为赞赏重臣包见捷博通经籍所赐。这令古城人无比骄傲的牌坊，彰显着建水学风之浓郁，文人之济济。文庙的寄贤祠内，被世代供奉的两位大儒王奎、韩宜可，目睹了建水这喜人的文化变迁。

寄贤祠内王奎、韩宜可塑像

文庙内东明伦堂

明朝洪武年间，担任山西右参政的王奎和任右布政使的韩宜可，耿直敢言，因谏获罪，被充军发配云南。这两位浙江籍人士以诗文闻名，是政坛的重要人物。明代以前的建水因为地处偏远，文教环境极差，王奎与韩宜可为了开启建水文脉，付出了艰苦卓绝的努力。两人发挥他们的博学宏才，在文庙中盖学堂、办教育。

但刚刚开始讲学，一个问题就将他们束缚。由于许多百姓家中贫苦，作为教材的《论语》十分稀缺，想要找到几十本已经实属不易。为了让更多学子接受教育，两人商讨出了能暂且缓解教材之困的办法，那就是抄书。于是，两人白天言传身教为学子授课，夜里就在灯下逐页逐行、逐字逐句地抄写，一万多字的《论语》，硬是被他们抄下几十本发给了学子们。王奎与韩宜可的良苦用心让大家深受感动。为了减轻先生的负担，学子们纷纷加入到抄写的队伍中。两人厚德博文的名声很快就传遍了四乡，不仅城内子弟，连周边州县的学子也纷纷赶来，聆听先生讲学。一时间，建水“士习始变，人文始著”。

在建水的15年间，王奎与韩宜可为学子授业答疑，两人回到朝廷后不久，建水就考中了第一位进士。仅明一代，临安府就走出进士52人，由于榜上人数众多，临安府又有“临半榜”的美称。有诗云：“人沐诗书忆二贤。”建水文化之开，自王奎与韩宜可两位贤儒被谪戍而启，于是文教始兴。曾经的蛮夷之地已不再，文教兴盛的诗书礼仪之邦是建水今天的名片。

二 读书可明理，朱朝瑛投身救国

古翰林街中心有一处朱家花园，它曾是城内望族朱家的一处私人园

■ 朱家花园内景观

朱朝瑛戎装画像

林。“翰墨留香远，读书继世长”的家训让朱家这一书香门第文人辈出，成才者众多。在这之中，一个名为朱朝瑛的人为后世留下了一段读书明理、读书救国的传奇故事。

清朝末年，国家内忧外患，殖民越南的法国人意欲掠夺云南矿产。软弱的清廷与法国签订了一系列不平等条约，面对怯懦无能的政府与西方列强的侵略，建水矿工发动起义。铁镐与枪炮不可同论，然而官府不但未维护矿工利益，反而起兵镇压，导致矿工死伤惨重。一心想要振兴家国的朱朝瑛，在听到消息后悲痛万分。生逢乱世，饱读圣贤书的他明白只有国盛，才能家兴。于是，他耗尽心力劝说族人，让朱家拿出大批银两购买武器，送到了工人手中。得到资助的矿工与清政府和法国军队展开了殊死搏斗。然而，因为寡不敌众，起义最终失败。朱家由此被抄，朱朝瑛被迫出逃海外。

虽然人在国外，但朱朝瑛从未放弃救国民于水火之中的理想。在日本，他加入同盟会，毅然踏上了革命救国的道路。1910 年，朱朝瑛秘密回到建水，联络革命党人在朱家花园商议起事。武昌起义爆发后，他们马上发动临安起义，朱朝瑛亲手打开了迎晖门，光复临安城，成立军政府。随后，义军以风卷残云之势攻克了云南多个州县，清王朝在云南腐朽的统治被推翻，全省得以光复。

临安起义成功后，云南军都督府任命朱朝瑛为临元镇总兵，授中将军衔，“朱家花园”因此得名“中将第”。蔡锷将军亲自提写的牌匾“做事须凭肝胆，为人莫负须眉”，就是对朱朝瑛心怀大义、英勇果敢最贴切的写照。“读书志在圣贤，非徒科第；为官心存君国，岂计身家?”，建水古城中，读书明理、忧国忧民之士从未在历史的前进中缺席。

三 强邦需才盛，刘宝煊立学育人

文化浸润乡土，教育泽被后世。在建水，不仅好学之风兴盛，兴办教育也为当地人所热衷。已有将近200年历史的崇文书院，用它古朴肃穆的身躯，帮助人们回忆着一段刘宝煊坚毅无畏、立学育人的往事。

20世纪30年代，社会动荡不安，连年的兵灾匪祸让不少书院关闭，学子们读书难觅去处。历来崇文重教的建水人认为，国家越衰颓，教育越应被视为重中之重。建水乡绅在多番寻访下，找到了在云南大学任教的刘宝煊，希望他能回到家乡兴办教育、广培人才。刘宝煊曾留学于日本，思想活跃，爽心豁目。在家乡人的力邀之下，他带着一批同事、同学回到建水担任教职。依靠地方乡绅与民族资本家的鼎力支持，传承数百年的崇文书院，办起了全新的建民中学。当时的中国内忧外患，刘宝煊在校中教导学生，想要国富民强，不仅要以知识充盈头脑，更要以进步思想为梯，反抗军阀政府的统治，与侵我山河的日本帝国主义抗争到底。刘宝煊的举动引起了当局不满，被诬陷为“思想悖谬，行动乖张”，建民中学也由此被视为眼中钉。1940年，当局下派刘巨全到建民中学视察，他对刘宝煊百般刁难，要求他辞退教师，停止办学。然而，刘宝煊无所畏惧，毫不动摇。在师生们的一致抵抗下，视察员只得悻悻离开。

■ 建民中学内刘宝煊像

在建水办学的8年间，刘宝煊坚信才盛方能强邦，他为家乡教育事业的重新兴盛日日辛劳，使得建水在日新月异的时代发展中获得了源源不断的人才。如今，建民中学依然是建水的优质学校之一，它让古城的立学育人之风，转化为可世代相传的文化资源。

四　文化盼归整，张绍碧聚力编书

建水这座人文荟萃的古城，拥有一套饱含其文化精华的“历史文化丛书”，它对古城文脉的延续有重要价值。张绍碧和建水百姓勠力同心，苦编书籍的故事，至今在古城里仍是美谈。

张绍碧曾担任过县文联主席，在过去几十年中一直从事当地的历史文化工作。在他看来，家乡建水的土司文化、少数民族文化、儒家文化都犹如宝藏值得珍藏。若能有一套全面反映建水历史文化的丛书，不仅能供人参考，更能使古城文化得以传承。2006 年，建水县做地名普查时，太过零散的资料严重影响了工作进程。于是，张绍碧坚定了编写“历史文化丛书”的决心。消息一出，古城震动。由于书籍需要涵盖建水的方方面面，材料既缺乏系统，记载也未尽翔实，因此编书难度非常大。但城中百姓都想为家乡文化的传承尽心，文学、民俗、音乐等爱好者纷纷打听到编委会，为他们提供了不少有价值的资料。70 多岁的莫洪鑫老人，一听到

编纂完成的建水“历史文化丛书”

消息就颤巍巍地走到文联门口，坚决要求参与丛书的编写，想要为建水发挥自己的余热。这位退休的小学教师在岁月中沉淀了不少民间传说故事，他希望这些故事能被录入书中，向人们讲述他们未曾了解到的独特建水。

在 200 多人的支持参与下，本应三至五年内完成的“历史文化丛书”，仅用一年就编纂完毕。这套包含着历史传说、人物故事、民间歌舞、方言等多方面内容的丛书，将这“滇南邹鲁”的广博文化一一归整，使得建水文脉在书中继续绵延。

五　师者代相传，周虹烹菜报师恩

“师者，所以传道受业解惑也。”古往今来，这片红土地上的崇文重教之风，渗入了每个人的身体之中。在建水，教师的职业备受尊敬，一代代教师延续着古城的书香墨韵，他们用传承描绘着古城的未来。

在建水一中已执教 30 年的周虹，虽临近退休，但她依然坚守在语文教学的岗位上。自 1989 年毕业来到建水一中，周虹已经当了 19 年班主任，教授了 6 届学子。新年来临前，周虹和几位同学约好，一起去看望教过他们的倪金昌老师，并要做几道拿手菜报答师恩。一大早，周虹就

■ 周虹（右三）与老师同学们举杯欢聚

在熙攘的菜市场中挑选了新鲜的建水土鸡，准备为倪老师烹制云南十大名菜之首“汽锅鸡”，这是倪老师钟爱的菜肴。周虹与同学们在厨房忙碌着，腌制过的土鸡被放入建水紫陶中，以保证味道的鲜美。古朴幽静的小院，一道道可口的佳肴，勾起了桌上师生们儿时的回忆，师生之情在推杯换盏中越酿越浓。无论时光过去多久，授业恩师的深情不敢忘却。

周虹的父亲为倪金昌师表，倪金昌则教授了周虹，而周虹又是倪金昌儿子的老师。教师的光和热如同火炬一样在他们之间传递，从未熄灭。长大后我就成了你，这是人生责任的承担；教成后你又成了我，更是一种至高无上的荣耀与传承。这传承在阵阵书香墨韵的古城中，从未中断。

朝阳楼又一次迎来了晨晖，建水古城在阳光的抚慰下慢慢苏醒。文庙“洙泗渊源”牌坊前，儒家礼仪的阵阵古风，仿佛跨越时光而来。沐浴在诗书礼仪的氛围中，那份代代向学的精神，就像小巷里那口老井和朝阳楼上的燕巢，一起无声地见证着古城充满希望的明天。

编　　导：李晓晖
撰 稿 人：尚　悦
指导撰稿：郝　强

第37集

合浦古城

廉城廉风 业兴民安

充满海洋气息的古城合浦，坐落在北部湾东北岸，早在2000多年前便是中国古代海上丝绸之路的始发港之一。“合浦”意为江河汇集于海之地。作为南流江注入北部湾的入海口，这里曾是重要的港口。来自中原的丝绸、陶瓷和茶叶，沿湘江过灵渠，南行抵达合浦港，再沿海岸西行，可直达东南亚、南亚各国。悠悠的千载时光，历史在这里积淀，也为这座古城留下了许多传奇的故事。

合浦地处岭南，合浦设郡后不久，一支由汉武帝派遣的远洋船队，满载着黄金和丝绸，由合浦港出发，一路西行，这次由官方组织的航行开辟出一条海上丝绸之路。合浦作为古代海上丝绸之路重要始发港，素

■ 合浦古城

有“还珠古郡，海角名区”之称，有着丰富的廉政历史文化底蕴，悠久的历史为合浦留下了丰富的传统文化资源和人文财富，其中廉政文化无疑是合浦文化中一个突出亮点和名片。从汉代至今2000多年的历史中，合浦涌现了一批批廉吏良臣，记诸史册者多达130余位。

一 官风清正，清廉勤政恤百姓

伴随海上丝绸之路的开通，南来北往的商船为合浦带来了繁盛。为了方便管理，朝廷派遣官员来到这里。然而，早期来到这里的官员常常利用职权欺压百姓、谋取私利，民间怨声载道，叛乱不断。东汉初年，为了稳定时局，汉光武帝刘秀派费贻来到合浦。他在为官期间，不仅没有做贪赃枉法和扰民伤民之事，还励民垦荒，把中原的农耕文化带到这座岭南小城，人们的生活也因此变得安宁富足。

虽然费贻政令严明，但还是有人心存侥幸。一名官员原以为费贻会像前任郡守一样，对稀世珍宝爱不释手，收入囊中，便派人深夜送给费贻一颗拇指大的珍珠，但费贻竟然看都不看一眼，厉声把对方赶出去。次日，费贻以此为例，着手调查官员贪渎之事，并上报朝廷说，正是由于地方官员投上所好，大肆搜刮，才会导致百姓聚怨积愤，引起叛乱，为除弊端，建议严格官员的选拔任用。朝中好友听闻此事，担心费贻的做法会得罪权贵，影响仕途，于是纷纷劝说他学会通融，才能巩固官位。费贻却表示绝不会为一己私利而去做贪赃枉法和扰民伤民之事。

费贻右迁高升离开合浦时，满城百姓扶辕相送，直到百里外的一座大山下才洒泪惜别。人们为了感念他的清廉，从此就把当地的大山称为“大廉山”，山前田垌称为“大廉垌”，南流江称为“廉江”，城中水井称为“廉泉井”。唐太宗就曾有感于此地廉吏辈出，把合浦改为廉州。官风清正则民风淳朴、国泰民安。费贻到合浦，不但带来了先进的生产力，而且把“廉”这种思想，这种儒家文化的要义和礼制，带到了合浦，影响着合浦一代又一代的官员。

“大廉垌”

二 珠还合浦，兴利除弊治乱象

由于盛产珍珠，合浦又被称为是“南珠的故乡”，成语“珠还合浦”，讲的就是一个发生在这里与珍珠有关的故事。合浦许多人祖祖辈辈都以采珠为生。历史上，南珠曾给合浦带来了巨大的财富，也招来了一些贪婪之人的觊觎。东汉时，一些商人企图垄断经营，勾结官员，取消了珍珠的自由交易。贪官与奸商不顾珠贝的生长规律，无论寒暑都强迫珠民下海采捞，珠民稍有不从便会遭受无妄之灾。过度的采捞，使当地的珠贝越来越少，珠民的生活也陷入了困境，珠民们命丧鱼腹的事情时有发生。“夜海无光，行旅不至，人物无资”，路上常常能见到饿死的百姓。汉顺帝派孟尝来到合浦任太守，治理当地乱象。

孟尝上任合浦太守后，废除苛刻的政策，制定了合理的措施，老百姓可以自由地采珠，然后用公平的市价交易。同时也制定了一些保护市场公平交易的措施，禁止强买强卖，禁止克扣百姓。奸商们被断了财路，试图拉拢孟尝，孟尝不为所动，严词拒绝。

责罚了贪官和奸商后，孟尝又减轻珠税，倡导珠民们有节制地采撷。不到一年的时间，迁移到其他海域的珠贝又纷纷回到了合浦珠池，去珠复还，成语“珠还合浦”由此而来。珠贝离而复还，古城也渐渐恢复了往昔的繁盛。后来，孟尝抱病回乡之前，人们纷纷请愿，不愿他离去。

纪念孟尝的“海角亭”

君子爱惜名声，就像孔雀爱惜羽毛。离开时，孟尝没有带走一颗南珠，但他的清廉之名却如同南珠的纯白无瑕，受到世世代代合浦人的敬仰与尊崇。人们为了纪念这位还珠太守，在古城建起了一座“海角亭”，凡到合浦的清官名士都会慕名来到此处，以示敬意。大文豪苏东坡来到“海角亭”的时候，追古怀今，对“珠还合浦”的典故感慨万千，也在这里题写了“万里瞻天”匾，意喻做人做官，要走正道。

二　品清莲，诚信共荣守清白

以费贻、孟尝等为代表的地方廉洁官吏施行仁政，积极发展农业生产，打击垄断海上贸易者，不仅保证了海上丝路贸易正常发展，也促进了地方社会的和谐与稳定，官风清正则民风淳朴。清朝时期，合浦港却因为海禁政策失去了昔日的作用。随着人口的增加，古城人把目光投向商贸。粮油店、布料店、小吃店遍布在城中30多条纵横交错的街道上。李黄宏钜的先祖在城里开了一家金银首饰加工店，在李家的家谱里，记载着一个“鸭子下金沙”的故事。清末的一天，一位老农把两笼没卖完的鸭子寄存到李家店面，半夜，李黄宏钜的叔父发现月光下鸭笼底部泛着金光，他打着煤油灯发现有很多黄金。第二天早上，他起来把鸭粪都

■ 象征清廉的手镯

收起来，用水冲去粪便，发现有几两黄金沙。店里的学徒知道这件事情后，纷纷劝说掌柜把金沙收起来，当作什么也没有发生，但李黄宏钜的叔父却笑着摇了摇头走开了，到了中午，老农如约来取鸭子。李黄宏钜的叔父将情况如实相告于老农，老农非常感动，作为回报，老农将情况告诉他，鸭子是放养在南流江的常乐河段，可能是河里有金沙，被鸭子啄食到了肚子里。掌柜和学徒跟着老农来到河边，果然淘到了金沙。消息一经传开，附近的村民也闻讯前来淘金。

众人把淘到的金沙送到李家的店铺里加工，李家的生意愈加兴旺，开起了六七家分号。但无论是哪家分号，掌柜都要求店里的学徒不能缺斤少两，确保货真价实。当年产品都打有“协荣”印在上面，用来教导后人做什么事都要对得起自己的良心。打在金银上的字号代表的是自己的名誉，更记录着合浦民风廉洁的一段传奇。如今，李黄宏钜传承了祖上的手艺，也恪守着清白做人的祖训。店铺里，刻着莲花图案象征清廉的手镯最受欢迎，这座城兴旺千年的奥秘就深藏在这“一品清莲”的美好寓意之中。

四 慎独慎微，廉洁奉公兴产业

《老杨公》撑船调已经在合浦传唱了数百年，人们为老曲填上新词，讲述着一段50多年前的往事。20世纪60年代，全国粮食短缺，合浦也不例外，在县里最贫困的西场镇，因为耕地大多是盐碱地，粮食产量更低，人们忍饥挨饿，日子过得异常艰难。刚刚到任不久的县委书记黄德赐十分着急，他发现问题的关键在于水，没有水，用再多牛粪也提高不了粮食的产量。于是，黄德赐带领县委一班人来到西场镇，和乡亲们一起建起了水渠和水闸。此处土质有了水以后刚好适合甘蔗生长，所以就把这里设为糖业基地。

看到粮食短缺的问题得到了解决，黄德赐才回到了古城的家中，那是一间只有20平方米的小平房，里面生活着县委书记一家四口。同事们觉得他的住房条件过于简陋，劝他搬进单位安排好的公房，但黄德赐总是婉言谢绝。一次，一位副县长到他家里汇报工作，正好赶上晚饭时间，副县长见饭桌上摆着一瓶酒，顿时心生疑惑。他问黄书记，从来都不见你喝酒，为何今天喝酒？黄书记说平时喝点儿酒解困，但是公共场合不喝，担心知道自己喝酒后，就会在下乡参加活动的时候拿酒来招待，产生不好的影响。

慎独慎微，方以不困。和当年以廉洁闻名的费贻一样，黄德赐在合浦工作了6年后，调任到暨南大学工作，直至离休。在送别会上，他说："几千万元的工程从我手上放出，我没贪污过一分钱公款，没拿过别人一分钱回扣，总算是问心无愧，现在退下来感到非常轻松。"一句"问心无愧"，换来一生坦荡，一位清官，无愧古老的廉州之名。

黄德赐同人民共建水渠

黄德赐是合浦百姓至今仍然怀念的好官，他以身作则，深入民间，为珠乡人民做了许多的好事。直到今天，古城人还常常提起这位老书记，他当年推动的10个产业基地，为合浦农业发展打下了坚实的基础，他也为合浦民生与经济发展作出了不可磨灭的贡献，对珠乡的前行探索影响深远。如今，合浦的经济发展方向中，仍能看到他在任时的规划痕迹。20世纪90年代，合浦成为广西壮族自治区的十强县之一。无论世事如何变迁，大廉山始终提醒着合浦人为人处世的根本。

古城里，一代代清官廉吏的故事还在流传。时代的脚步不断向前，作为曾经海上丝绸之路的始发港，合浦今天依旧连着中国与东盟各国。伴随着“一带一路”的建设，越来越多的企业在这里落地生根，重重帆影已换作巍巍巨轮。走过千年的汉郡古城，正以开阔的胸怀，走向大海，拥抱未来。

编　　导：罗慧钧
撰 稿 人：田　甜
指导撰稿：郝　强

阆中古城

第38—39集

阆苑仙境 历法之源

阆中古城坐落于四川省南充市，地处大巴山脉、剑门山脉与嘉陵江水的交汇处。隔江相望的锦屏山树木葱茏，水波浩渺的嘉陵江蜿蜒而过。数千年来，人们在这山清水秀的古城中道法自然，感悟天地，逐渐形成了“山水城，相依相融；天地人，和谐共生”的传统。这座依山傍水的古城在林海与浪涛的陪伴中静静走过了2300多年，向过往的人们诉说着属于她的自然之韵。

山围四面、水绕三方的阆中古城

在波涛声中

一　落下闳：观天创制“太初历”

自古以来，阆中古城的人们便敬奉天地，尊崇顺其自然、谐和天人的传统。古城人落下闳便是其中的杰出代表，他参与创制的“太初历”影响深远、意义重大，阆中古城也因此有了历法之源的美誉。

创制“太初历”的落下闳雕像

由于当时历法长年未修，无法为农事活动提供精确指导，因此粮食收成不高，百姓生活困苦。从小就对星象有着浓厚兴趣的落下闳，便下定决心要研究四季的变化，找到其中的规律。在每日的观察记录与漫长的摸索中，落下闳注意到竹竿的影子不仅在各时长短不一，在四季也不尽相同。进而他发现当太阳在二十八星宿的不同位置时，大地上就有与之相对应的节气，从而总结出了“二十四节气”更替与天空二十八星宿变化的对应关系。

落下闳的发现引起了朝廷的重视，当汉武帝下旨编造新历时，他便奉旨入京，与唐都等人一起创制了“太初历”。作为中国历法上一次划时代的进步，“太初历”第一次把二十四节气纳入历法，使得各个节气和各时农业生产规律相适应，从而指导人们遵守时令进行耕作。

“太初历”颁行后，官授侍中的落下闳辞而不受，毅然选择回到阆中钻研历法、传道授业。在他的影响下，阆中诞生了大批天文学家，有西汉的任文孙、任文公父子；有三国的周舒、周群、周巨祖孙三代；唐朝时，袁天纲和李淳风也先后来到阆中定居，择地观天，著书立说。阆中逐渐成为古代中国乃至世界的天文研究中心。

川北皮影戏表演

"又是一年春节到，莫忘先贤落下闳。"在"太初历"的创制过程中，落下闳以正月为岁首，将正月初一定为一年的第一天，中华民族最为重要的传统节日"春节"由此诞生，阆中也因此被誉为"春节文化之乡"。古城人为了纪念落下闳，尊称他为"中国春节老人"。每年春节，阆中古城都会进行身穿红色吉庆古装的"春节老人"给孩子们发放红包的民俗表演。古城人还在当地的马王庙街为他修建了名为"星座苑"的落下闳纪念馆。此外，国际永久编号为 16757 的小行星也被命名为"落下闳星"，他的名字以一种永恒的方式，留在了故乡阆中的山水间，也写在了灿烂的星空中。

如今的古城人依然不忘"历法之源"的传统。四川皮影戏的非物质文化遗产传承人王彪、王访两兄弟将落下闳的事迹与当地的文化一绝"川北皮影戏"相结合，编排了《神仙游阆苑》。他们以生动的造型、细腻的表演、优美的唱腔、风趣的剧情向人们讲述着落下闳研究历法指导农时、返回故里传授天文知识的传奇故事，更向今天的人们展现着古代先贤效法天地自然的传统文化。

二 张太守：顺时兴桑植护林

自古崇尚天地人和的阆中城里至今还流传着张飞尊天重地、推行农桑的传说。相传蜀汉时期，刘备任命张飞为巴西太守，驻守阆中。骁勇善战的张飞还兼有治国安邦之能，他一边整修城池、加固城防，一边兴修水利、引水灌田，极大地促进了当地的农业发展。

在张飞巡视城防时，他发现阆中的气候和地形特别适合种桑养蚕，于是因地制宜提出广植农桑、发展丝织的号令，并采取相应的奖励措施以激励农民发展农桑事业。在他驻守阆中的7年里，百姓养殖桑蚕，丝织业快速兴起。直到今天，阆中的丝织业仍在持续发展，古城西北的地毯厂生产着以蚕丝为原材料的真丝地毯，向今天的人们传递着古老的东方之美。

张飞镇守阆中，保境安民、发展农桑，虽不幸被叛将杀害，但他“顺天时，促农桑；顺民心，致民和”的理念却赢得了阆中百姓的尊重和敬仰。三国时期的古城人民为了纪念张飞，在他的墓地周围建起了“汉桓侯祠”，四时祭祀，香火不断。后重修于明代，经多次扩建，如今已成为占地6000多平方米的多重四合院式古建筑群。祠内挂有一块牌匾，题为“虎臣良牧”。正是在这位“虎臣良牧”的治理下，阆中逐渐成为川北地区的农业经济中心，百姓生活富足、安居乐业。

“虎臣良牧”张飞铜雕像

安定的生活让古城人始终对世间万物保持着一颗敬畏之心，对一草一木都极尽爱护之能。这也造就了阆中古城人植树造林、造福子孙的古老传统。敬国和与敬兴明父子便是这万千古城人的代表，他们将满腔热血浇灌在了阆中的山林之中。

1971年，敬国和开始在当地林业部门上班，主要负责培育树苗，栽种树木。自1989年四川政府启动“长江中上游防护林体系建设工程”，他便每天带着干粮，和当地村民一起植树，直到1992年退休，敬国和共栽种了两万多亩树苗。敬兴明现在是阆中市自然资源和规划局的一名工作人员，他从小看着父辈们自发地卖粮买苗、上山植树，自然对山中林木有着不一样的感情，从而更发自内心地想从事林业工作。因此，“长江中上游防护林体系建设工程”启动后，他毅然放弃原来的中学教师职业，加入了林业系统工作，参与到植树造林中。每天早上6点，敬兴明

■ 远眺古城　山清水秀

便来到老牛山上整地打窝，直到晚上 7 点才能结束工作。仅仅两年多的时间，他便和其他古城人一起在这座山上栽种了 11 万株树木。

两代人的接力，使得古城周围的山上早已林木葱郁，但古城人几千年传承下来的敬畏山水的精神却永远不会休止。

三　黎学锦：因势修堤治水患

嘉陵江水为阆中古城带来了经济的繁荣与兴旺，但同时也带来了夏秋时节暴虐的洪水。洪灾不仅极大地影响了水上航运贸易，还时常淹没古城周边的街道和民居。古城人在同洪灾抗争的过程中，逐渐总结出借用自然之势、抵御自然灾害的方法。其中记述较为清楚的当属志书中关于清代黎学锦治水的记载。

公元 1806 年，黎学锦担任阆中川北兵备道。作为当地最高行政长官，他将百姓安居乐业视为重中之重。要解决长久以来的水患问题，黎学锦深知，解决水患宜疏不宜堵，如何借用自然之势才是关键。于是他每天到江边观察水势，当发现鱼在嘉陵江中逆流而上，划起一道道水痕时，他从中得到启发，决定效仿鱼鳞的形状修建堤坝，借用自然之势疏解江水冲击。

黎学锦和保宁知府徐双桂、阆中知县李傅杰率先捐出养廉银，又向当地富商募集钱款，修建堤坝。为防止江水直接冲刷城池，他在修筑好原来河堤的基础上，还在河堤外边搭建石堤，以此阻杀水势。在众人历经数月的努力下，堤坝终于落成。因新修的分水堤形似鱼背上的鳍，所以当地百姓亲切地称为“鱼翅”。梯级形“鱼翅”逐级延伸到江边，既起到了分水作用，又有助于水运枢纽，还方便了古城居民日常用水。

东抵城南、北接玉台山的“鱼翅”，将阆中城环抱其中。它的修建让桀骜不驯的嘉陵江水变得温顺起来，成为古城的护城河，多年水患自此得到圆满解决。巧借自然之势的阆中人创造了和谐安宁的古城生活，商贸活动也更加繁荣，赢得了“春城天不夜，人语市如潮”的赞誉。

四　袁天纲：遵道修城缮屋舍

阆中古城的建设规划和建筑风格同样也体现着古人所追求的天地人和的居住理念。天地合欢的神奇、天人合一的美丽在阆中这座古城应运而生。

早在商朝时，先民就以古代风水学理论为指导，选择了“水绕三方，山围四面”的地理位置修建阆中古城。这里的风水地形可谓是浑然天成：城北盘龙山、东面白塔山、西侧西山、南方锦屏山，正应中国传统风水中“青龙白虎相伴

阆中古城地貌图

左右，朱雀玄武福佑前后”的“藏风聚气”理念。城内的中心在中天楼，以中天楼为坐标，向四面层层铺开，十字街布若棋局。山、水、城在这里交相辉映，融为一体。

唐朝时期，袁天纲来到阆中，当时百姓频繁遭受江水泛滥之苦，便求其帮忙解决此患。他在勘探古城时发现，古城的旧时选址已不合时宜，想要避免水灾，就必须迁城南移，同时还建议古城人趁此机会，重新对城市格局进行更加合理的规划。

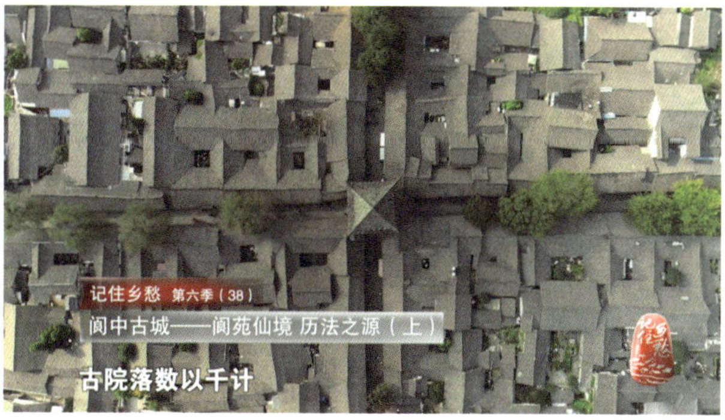

■ 古城俯瞰图

身为玄学家、天文学家的袁天纲对阆中古城的规划建设非常独特：他遵循传统风水中“山管人丁水管财，富贵要从脉上来”的理念，颠覆了传统建筑模式和城市规划中左右对称、中轴平衡的格局。在街道布局上特别讲究地采用了北宽南窄的布局，正应了中国传统的建筑设计中“藏风聚气、关水引财”的理念。街巷以中天楼为核心，十字大街为主干，层层展开，以应“天心十道”的大吉之相。漫步阆中，大街小巷，无论东西南北，都能与远山相对，无论身处何处，都仿佛置身于一幅绝美的山水画卷之中。融山、水、城于一体的阆中古城，也因此成为中国古代建城选址“天人合一”的典型范例，成就了独具东方特色的审美表达和人文情怀。

如今，古城依然保留着唐朝时期的城市布局和明清时期的建筑风貌。这种融合了北京四合院与江南园林的建筑风格，既布局严谨，又精巧别

■ 蒲氏宅院内景

致，独具风水特色和文化内涵。在总面积达 2.1 平方公里的古城核心区域中，存有古街巷 61 条，古院落数以千计。其中，坐落于笔向街 40 号的蒲氏宅第建于明代万历年间，是川北古民居代表性建筑，也是全国唯一倒插门式、原汁原味的古民居。为了改变古宅坐南朝北的朝向，宅内修建了一条 40 多米长的巷子，用来改变古宅风水，达到坐北朝南的向阳理念。古宅与巷子之间彼此呼应，形成了“倒座房”格局，可谓小园子藏有真山水。当然，这精巧的营造并非仅仅为了赏心悦目，更是身居市巷、心归田园的悠悠心境，是收拢自然、涵养天地的人居理想。

五　陈冯氏：教子有方得盛誉

在山水的涵养下，阆中古城的人们在教育子女方面也极其善用自然之道。作为科甲圣地，阆中古城至今还流传着“状元洞”内陈母教子的故事。相传北宋时期，阆中古城中有陈氏一家，父亲陈省华赴陇城为官，母亲带着三兄弟居住在热闹的三陈街。可是陈冯氏发现，兄弟三人每日总想着去闹市玩耍，无法专心读书，于是将孩子们送到古城南面的大象山上，让他们在竹林间的天然洞穴里读书。

在山洞前，陈母问三兄弟：“知道为什么要带你们到这里读书吗？”陈尧咨看了看母亲，谨慎而小声地说：“让我们勤奋求学，以后能像父亲一样当官。”陈母又问，“你们知道怎样才能当一个好官吗？”陈氏兄弟摇了摇头答不出来。陈母指着眼前的山洞说：“你们看这山洞，夏天的时候，可以为人们遮阴，冬天的时候可以为人们挡风。当官就要像这山洞一样，在百姓需要的时候，为他们提供帮助，让他们过上好日子。”此后，陈母每天过嘉陵江给孩

陈母教子石刻像

子们送饭食，在她的悉心教导下，兄弟三人幡然醒悟，终日在山洞里发奋读书，以武练体，以文修身，感悟自然。

经过多年努力，陈氏兄弟终于在科考中一举夺魁，大哥陈尧叟、三弟陈尧咨相继高中状元，官至宰相，二弟陈尧佐也考取了进士，文武双全，官至将军。于是此地有了“状元洞”之称，元代杂剧家关汉卿根据三陈的故事，专门写了一个杂剧叫《陈母教子》，明代冯梦龙还将它收进了“三言二拍”当中。

陈氏三兄弟深受母亲教诲与家乡文化的影响，在为官时讲求取法自然，解决了不少难题。陈尧叟担任广南西路转运使时，当地天气炎热，疫病肆虐，百姓不堪其苦。他深知仅靠药物治疗并非长久之计，唯有改变环境，才能从根本上消灭疫病。于是下令组织百姓植树造林，教人们凿井取饮用水。几年后，大片荒山变成绿地，不仅改善了环境，水源地也得到了净化，疫病得以根除。陈尧咨在郓州为官时，采用疏导之法，带领官民凿出了一条长达 40 多里的运河，把梁山泊的积水引到河中，化解了数万顷良田被水淹没的危机。

状元洞前“紫薇亭”

兄弟三人的杰出才华，让皇帝也为之赞叹。传说他们在此读书时，常有紫薇星出现，宋真宗便御笔为“状元洞”前的凉亭题写匾额“紫薇亭”。后来，阆中人为了纪念他们，又在“状元洞”一侧建起“捧砚亭”和“教子堂”。

“夫大人者，与天地合其德，与日月合其明，与四时合其序”。陈氏兄弟的故事在阆中世代相传，后世官员也纷纷效仿，阆中地区因此政通人和、百业兴旺。

六 保宁醋：佳酿醇郁传天下

一方水土养育一方人，古城人的生活离不开嘉陵江的水，它滋养了这里的一草一木，而敬畏山水的古城人也孕育出了许多美食，其中闻名遐迩当属冬水高醋保宁醋。

中国四大名醋之一保宁醋，是四川省的地方传统名优特产，始于五代后唐长兴元年（公元 936 年），距今已有 1000 多年的历史。当时的阆中是保宁府治的所在地，这里的特产常以“保宁”为名，保宁醋也因此得名。

如今，名扬中华醋苑的百年老字号保宁醋，依然沿用古法酿制，在用料上极为考究，以阆中麸皮为主要原料，取嘉陵江冬水精酿而成。据《阆中县志》记载，早在唐朝时期，阆中出产的小麦就十分有名，用它酿醋，色泽红棕，酸味柔和，携之处境，清香四溢。而酿醋的水，必须取自城南傍江一带，且一定要用冬天的水才能让口感更为柔和，故有冬水高醋之名。

占尽天时地利的保宁醋名扬天下，被人们誉为川菜精灵，甚有“离

■ 古城人运用古法正在酿醋

开保宁醋，川菜无客顾”的说法。每天清晨，城东的醋厂飘散出浓郁醇厚的香味，闻在鼻尖，漾在心中。就连南宋大诗人陆游也对其赞不绝口，留下了“阆州斋酿绝芳醇”的诗句。

保宁醋在古城人日常生活中占据了重要的位置，但由于当时出行不便带醋，古城人便想出一个办法：把蒸馍浸泡在醋里，充分吸收醋后，取出来晒干，这就是清乾隆年间创制的保宁蒸馍。用这样的方法，不管老城人身在何处，都可以把保宁蒸馍研磨成粉，当醋使用。当熟悉的味道流转在唇齿之间，思乡之情便有了着落。无论是保宁醋、保宁蒸馍还是松花皮蛋，这些用嘉陵江水制作的食物，不仅是人们日常生活中不可或缺的美食，更是每一个在外打拼的阆中游子最难以忘怀的滋味。

阆中的山水人，与古城一起构成了一幅诗情画卷，它用独特的笔触，诠释着古往今来人们千年的眷恋。“小满前后，种瓜点豆”，“知了叫、割早稻，知了飞、堆草堆”这些源于时令与节气的农谚依然在被阆中人口耳相传；“春喝花茶夏吃红豆，秋喝银耳冬食大枣”，遵守时令，随季节而变的养生之道也早已融入了阆中人的传统生活；兴于东汉永平年间的古老习俗“游百病”，更是成了阆中人陶冶性情、享受自然的独特方式。

2000 多年的悠悠时光中，古城人仰观天宇、俯察地势，在山水间找寻着自己的生活节奏，保持着天地人和的传统生活方式。居住在这里不仅能够欣赏到山清水秀、鸟语花香的自然景貌，还能够享受到时光静谧、优雅舒适的田园生活，更能够感悟到山水相融、感通天地的愉悦。时代在变，而不变的是古城人们依旧秉承古训、敬天法地，犹如这嘉陵江水缓缓流淌、生生不息。

编　　导：郭宗福
撰 稿 人：王丹妮　张桂云
指导撰稿：郝　强

第40集

淮阳古城

羲皇故都 弦歌不辍

淮阳，古称宛丘、陈，位于我国河南省周口市，是我国古代文明发源地之一。其历史十分悠久，据我国著名地质学家李四光考证：五亿七千万年前，在中国境内大部分都是海洋的情况下，就出现了淮阳古陆。

数千年前，人文始祖太昊伏羲氏带领族人从甘肃天水一路东迁，统一华夏各个部落，定都于此，创立了先天八卦和龙图腾，播下了中华民族文明的种子。后来，炎帝神农氏又在此地建都，尝百草艺五谷，开创了中国农业的先河。春秋战国时期，这里成为陈国的国都。为进一步扩大城市的规模，人们在龙湖中央隆起的方形地带，建立起一座东西宽 1.2 千米，南北长 1 千米的新城，这也就是后来淮阳城的雏形。可以说，在

淮阳城俯瞰图

中国数千年的历史长河中，曾 3 次建国、5 次建都的中原腹地淮阳始终扮演着举足轻重的角色。

在漫长岁月的洗礼下，如今的淮阳好似一座巨大的历史宝库，其现存的名胜古迹数量繁多，文化价值丰盛。先有人文始祖伏羲在淮阳创立文明礼乐之道，奠定了人类文明进步的基石。后有“天下文官祖，古代帝王师”孔子，3 次来陈，讲学 4 年，谱写了在危难中“弦歌不辍”的历史传说。而现在，淮阳人民用虔诚的敬意和不倦的努力将千古文明传承，用满腔的热血与质朴的坚持浸润淮阳，洒播四方。

一　礼乐滥觞　城市伊始

数千年时光流逝，古城的故事渐渐被风沙掩埋。1979 年，一个惊人的考古发现，让一处远古的文明重现在世人面前，这就是平粮台古城遗址。根据相关文献记载及地理方位分析，学者们初步判定平粮台即是太昊之墟、神农之都的古宛丘都城。

平粮台遗址是目前中国发现年代最早、规模最大、保存最完好的龙山文化时期的古城遗址，其最大的特征在于它的城市功能规划性。河南省文物考古研究所的专业研究人员曹艳朋先生说，这是一套比较完备的城市排水系统——城中的水通过沟渠汇聚到排水管，再通过排水管穿过城墙向外排出，以明渠方式将水排至外侧护城河。

这座距今已有 4600 多年历史的高等史前城址，开创了中国城市规划建设的先河，以厚重的形式诉说着古老的龙山文化。从平粮台遗址出土的大量珍贵文物和残留的历史印迹，也让今天的人们对更远古的故事充满了期待和想象。

《竹书纪年·前编》中记载：“太昊庖牺氏，以木德王，为风姓。元年即位，都宛丘。”在中国历史上，伏羲是文献记载中最早的帝王，被视为华夏民族的人文始祖，对文明的进步和发展起到了不可估量的作用。

相传，伏羲根据天地万物变化，悟出阴阳之道，创立八卦，开启了中华民族的文化之源；还通过对自然界的观察，发明渔网，掌握了农作

■太昊伏羲陵

规律，并把渔猎和耕作的技术教授给族人，提高了人类的生产能力；另外，又根据各个部落的不同特征，如所养的动物、植物、居所等，给人们确定代号，为群体生活和治理提供了便利。当时，伏羲认为风的威力最大，飞沙走石无坚不摧，便自姓为风。后来，他又制定了嫁娶制度和宫、商、角、徵、羽五音。自此，礼乐滥觞，文明伊始。

淮阳古城作为伏羲曾经的定都之地，也是中国最古老的城市之一。春秋时期，人们为了纪念伏羲，便在城中建起一座太昊伏羲陵。该陵庙以伏羲先天八卦之数理兴建，是中国帝王陵庙中大规模宫殿式古建筑群之孤例。陵园分为外城、内城和紫禁城，占地面积共875亩，规模宏大，肃穆庄严，历代帝王的御祭活动达52次，历来被称为“天下第一陵”。

陵园里有一片蓍草园，相传，伏羲当年就利用这些蓍草摆八卦、辨阴阳。之后，历代君王每逢春秋二季都会派官员朝拜人祖，官员返京复命时也必须带回一束蓍草作为信物。因此，蓍草也被后人视作神圣之物，淮阳人世世代代守护着它。

为了表达对人文始祖伏羲的敬意，每年农历二月初二到三月初三，当地人还会在这里举办“人祖庙会”。每逢此时，许多华夏子孙便从各地赶来寻根问祖，祭祀朝拜。

与其他庙会相比，太昊陵庙会有两处特有的民俗活动。其一是一种名为“担经挑”的祭祀舞蹈，经挑舞舞者全身着黑色服装，偏大襟上衣，均镶彩边的大腰裤及绣花黑鞋。一般每队 4 人，3 人担花篮，1 人打竹板，红火热闹，寄托着后世子孙虔诚的敬意和质朴的祈愿。其二则是名为“泥泥狗”的传统手工艺品。这是一种造型较为古拙、荒诞的黑色泥玩具，其身上有孔，可以吹奏，声音浑厚。这种泥塑既有古陶器的制作方法，又蕴含着古代祭祀礼仪的风格，寓意避灾、祈福。据泥泥狗传承人许述章先生说，泥泥狗也被看作女娲捏泥人繁衍后代的后续。实际上，作为承载着远古信息和文化的“活化石”，泥泥狗不仅是对原始艺术的延续，更寄托着民间艺人对于生存愿望的美好期许。

许述章制作泥泥狗

二 孔子传学 弦歌不辍

淮阳作为上古时代华夏的政治、经济、文化中心，圣人孔子曾 3 次到此游历讲学，其门下 72 位得意门生中，就有 4 位来自这里。相传，公元前 489 年，当孔子第三次来到陈国（今淮阳）时，吴国举兵攻打陈国。陈国君主陈湣公无奈之下向楚昭王求助。楚昭王听说孔子正在陈国讲学，于是派人前去礼请。可就在孔子带领弟子前往楚国的途中，蔡国国君因担心孔子被楚国聘用对本国不利，就派兵将孔子及其弟子围困起来。

在长矛利戟的包围下，孔子依旧泰然自若，每日向弟子讲学，很快随身携带的粮食都吃完了，弟子们都饿倒了，但孔子仍旧坚持弹琴，他的弟子感到不解，便去质问孔子，说我们现在这么困难，老师还弹琴，

■弦歌台

这是不是不合乎礼？孔子回答道，面对困难，只要我们有一颗冷静的心，就一定能战胜困难。在悠扬琴声的慰藉下，他们熬过了苦难。后来，楚昭王派兵营救，获救之时，孔子和他的弟子已经绝粮 7 日。

为纪念孔子孜孜不倦的精神，陈国人在孔子被围困处修建了一座弦歌台，现位于淮阳古城西南隅水静如练的南坛湖中。唐开元年间，淮阳人又将孔庙迁至弦歌台，开办弦歌书院，也就是今天淮阳中学的前身。

在弦歌不辍、薪火相传精神的熏陶下，淮阳中学培养了一批批优秀人才，其中有一位名为王富洲。王富洲实际上就是电影《攀登者》中登山队员方五洲的原型。1975 年，王富洲等中国登山队员突破重重险阻，背负着民族的尊严与梦想奋力攀登，于 5 月 25 日凌晨 4 时 20 分成功登顶珠穆朗玛峰，站在了世界之巅。他们成为最早登顶珠峰的中国人，实现了人类历史上首次从北坡登顶珠峰的壮举，在中国乃至世界的登山史册上留下了辉煌的一页。

三　兴办学堂　殚精竭虑

一方文脉尽管历经战火，百般坎坷，但总有人高举文明的火炬，将满腔热血奉献给这片土地。

1938 年，日军攻占淮阳，强迫学校必须使用日本人编写的教材，城内的师生不愿蒙受耻辱，便陆续转移到河南南阳的大别山区办学。但淮阳中学教师薛朴若考虑再三，决定留下，他回到 20 千米外的家乡薛孟庄办起了小学。炮火中的书声琅琅，犹如 2000 多年前绝粮困境下响起的琴声，为战争阴霾里的人们点燃了希望。但好景不长，1939 年春的一天，战火将这里也变成了一片废墟。薛朴若在此立誓，等到抗日胜利了，一定要把它再建起来。

扬眉堂教学楼

战争结束后，薛朴若担任淮阳专署专员，并兼任淮阳中学校长，但他始终惦记着自己重建学校的誓言。然而，在国民经济尚不富裕的年代，凭一己之力修建学校，谈何容易。为了筹集款项，他四处奔波、省吃俭用，终于集腋成裘、聚沙成塔，1987 年，一座名为“扬眉堂”的三层教学楼拔地而起，75 岁的老人兑现了誓言，完成了心愿。

在淮阳，像薛朴若这样的人还有很多，退休教师张云生老人就是其中一位。1946 年秋，时任淮阳中学教师的张云生因战乱被迫停课在家，看着孩子们无学可上，他心里很不是滋味。反复思量后，他决定自己办一所学校。于是他变卖了家里的存粮，拿出家中的积蓄，在淮阳人民的支持下，1947 年春，惜阴小学开学了。古城人得知张云生开办学校的事情，纷纷把孩子送来上学。1952 年，为了惜阴小学能有更好的发展，张云生把它交给了国家，自己成了一名兢兢业业全心教学的任课教师。一块黑板，三尺讲台，他一站就是几十年。2020 年 2 月 4 日，张云生老人安然离世，享年 98 岁。斯人已去，但文化的火种将永不熄灭。

在淮阳这片文化热土里，一代又一代人为传颂文明礼乐而勇敢担当、前仆后继，用尽毕生心力燃起文明火炬。

四 文化淮阳 书香墨韵

今日的淮阳，依然浸润在书香墨韵里。几乎每一所学校都有文学和书画小组，弦歌书院会定期举办关于淮阳历史文化的讲座，淮阳的文学爱好者也常常自发集会，诵读雅集、评论新作。

■ 弦歌书院举办历史文化讲座

和很多从淮阳走出的作家一样，文化丰盛的家乡带给了墨白和哥哥无尽的灵感。墨白的哥哥名叫孙方友。50 多年前，为了解决一家八口的生计，14 岁的孙方友被迫辍学打工，依靠体力赚取微薄的工钱。尽管条件十分艰苦，但孙方友始终没有放弃读书，他会在结束一天的工作后，把早年间父亲买来的书反反复复地品读。苦心人天不负，在一本本典籍作品的熏陶下，25 岁的孙方友被县文化馆录用，正式成了一名文化工作者。当时，文化馆的办公室设在太昊伏羲陵，孙方友就每天在那里写作，把生活的经历、家乡的见闻和自己的所思所想融进文字中，出版了一部部长篇小说、中篇小说和极具代表性的新笔记小说《陈州笔记》和《小镇人物》。

他曾和弟弟墨白说过，小到一个人、一个家庭，大到一个国家、一个民族，只有文化翻身，才算真正的翻身。受到哥哥的影响，墨白也开始了写作。但无论什么题材，他们的作品都蕴藏着家乡的人、家乡的事、家乡的风情。

2013 年，孙方友突发心脏病去世。哥哥的离去让墨白觉得肩上的担子更重了，内心的写作愿望也更加强烈。在他看来，那条从太昊伏羲陵开启的文学之旅，正是一条连接历史、沟通人们心灵的精神通道。

一方水土养一方人，一部文集述一腔情。在淮阳，还有许许多多个墨白和孙方友，以文字滋养着这片土地。

淮阳，这座千年古城，镌刻着人文始祖的光辉，映衬着圣人孔子的思想，蕴藏着礼仪之邦的风骨，从远古时期缓缓走来，把弦歌不辍的历史余音和风雅颂的儒者气质传递给后人。如今，一代代淮阳人承载着数千年的华夏文明蓬勃生长，以最虔诚的祈愿致敬先哲，以最质朴的行动守护文脉。在这里，既奔赴明朝也铭记去日。

编　　导：董伦峰　王占宏
撰 稿 人：常媛媛
指导撰稿：郝　强

《记住乡愁》第六季演职人员表

总　监　制：李欣雁

监　　　制：王　峰

制　片　人：王海涛

主　　　编：周　密

策　　　划：夏　静　郭文斌　张海龙　赵　翀　张春煌　蒋　延　蓝云剑　刘卫斌　曲　展　张东灵　王文汇　赵　昱　张闻兵　朱广皓　徐　杨

片头题字：金鉴才

撰　　　稿：周　密　张海龙　王　寅

编　　　导：（按节目播出顺序）

王晓宇　胡涵嘉　张曙丽　陈海清　林丽银　何汉立　张艳娜　周应军　吕明月　马莉娜　李金燕　赵东青　邵　晨　范虹润　吕　妍　李晓晖　汪　炜　朱海青　周　栋　王　洁　韩　双　赵奕琳　姬　斌　韩　辉　王星晨　孙清秀　颜　飞　王　剑　王　旭　刘　勇　张　源　张　琳　罗慧钧　郭宗福　董伦峰　王占宏

出镜记者：（按节目播出顺序）

王端端　杨　阳　宫柏超　孙亚鹏　王　静　蔡丽娜

摄　　　像：（按节目播出顺序）

齐浩杰　王丕宪　张明华　郑忠诚　林　伟　何汉立　李达锋　胡　韬　郑　建　林　毅　潘　磊　毛远东　郭晓哲　姚良洪　姚春生　王晨光　孙玉宝　张华宁　孙　鹏　石永蒙　关　兵　陈　凯　安　然　王　方　宋帅兵　方文俊　温国兵　向时伟　陈　见　赵汉良　孙玉宝　张华宁　孙　鹏　胡小帆　庞　意　廖烈炀　尹南天　张　舟　李长波　陈国银

摄像助理：（按节目播出顺序）

石永蒙　陈远辉　连而森　谢冬梅　覃玲端　李尚昆　赵　冰　李　研　刘佳欣　张旭光　郑　建　王丕宪　魏琳琳　李　鹏　许雅童　张海涵　李旭晨　孟祥义　袁东明　冯浩伟　雷　磊

周　松　胡　朋　杨　柳　王成岩　罗　莹　周海媚　徐乾博
孔媛媛　高　曼　韦　锡　韦　炜　王南野　靳胜云　郭海涛

录　　音：（按节目播出顺序）
曾　恒　陈　波　江逸民　罗孝功　唐尚珺　姜　阅　张小兵
万玉鹏　刘天阳　周　斌　宋　波　许　晨　齐　辉　刘币钧
刘广川　张　杰　张凯琦　刘恒伟　杨　鑫　史亚涛　邢　丁
赵鑫诚　吴维峰　严　敏　周　斌　宋　波　王瑞克　时　丹
严德柱　李博闻　兰梦飞　欧阳曦　史亚涛

航　　拍：（按节目播出顺序）
董　博　王成岩　张明华　郑艺武　霍云鹏　陈　瑜　姚赳赳
高　翔　周　桐　王丕宪　孙玉宝　王政平　刘忠意　胡文轩
乔志强　裴誉骁　赵良宇　齐浩杰　郑亚威　张光强　刘非同
徐乾博　廖泰龙　孙玉宝　王政平　莫　毅　范一鸣　郑亚威
文明智　杨明珂　吕少峰

解　　说：方　亮
片 尾 曲：《乡愁》
作　　词：黄　石
作　　曲：孟庆云
演　　唱：雷　佳
音乐制作：孟庆云　赵　洁
技术总监：栗小斌
视频剪辑：查东山　辛青原　林子源　唐圣宇　蒋　平
动画制作：申　欣　谢客胜　张丛月
调　　色：康郁馨　何志刚
音频统筹：关朝洋
音频编辑：苑学成　张　爽　何安丽　欧阳宇晴　罗　骞
技　　术：王欧阳　郭　鹏　郝　然　高　俭　王凤龙　高与遥
责　　编：雷震婷　丁冉晋　马莉娜
制　　片：王喜焕　张丽丽　周　靖　张秋洋
节目推广：赵　翀　樊东媛　韩　双　刘　晨　齐　飞　王琳艳
合作新媒体推广：学习强国　央视频　今日头条　抖音　微博台网　微博纪录片
指导单位：中共中央宣传部　住房和城乡建设部　国家广播电视总局
国家文物局